应用型高校本科专业
产教融合型课程体系改革与实践
工程管理专业

晋芳　蔡海勇　编著

清华大学出版社
北　京

内容简介

本书基于黄河科技学院工程管理专业在产教融合型课程体系改革与实践过程中形成的部分教育教学改革成果进行编写。本书共包括4章，第1章是工程管理专业概况，介绍了工程管理专业的历史背景、发展现状及未来趋势。第2章是工程管理专业课程体系，通过对产教融合型课程体系的构建，修订了新版人才培养方案。第3章是工程管理专业课程知识建模，包括部分项目化教学课程和专业基础课程知识建模。第4章是基于OBE理念的教学设计，体现以成果为导向的教学设计与评价方法。

本书既可以作为工程管理专业教学改革的参考书，也可以为其他专业教学改革提供参考。

图书在版编目(CIP)数据

应用型高校本科专业产教融合型课程体系改革与实践．工程管理专业/晋芳，蔡海勇编著．--北京：清华大学出版社，2025．5．--ISBN 978-7-302-69107-5

Ⅰ．G649.21

中国国家版本馆CIP数据核字第2025J80R75号

责任编辑：陈凌云
封面设计：常雪影
责任校对：袁　芳
责任印制：沈　露

出版发行：清华大学出版社
网　　址：https://www.tup.com.cn，https://www.wqxuetang.com
地　　址：北京清华大学学研大厦A座　**邮　　编**：100084
社 总 机：010-83470000　**邮　　购**：010-62786544
投稿与读者服务：010-62776969，c-service@tup.tsinghua.edu.cn
质量反馈：010-62772015，zhiliang@tup.tsinghua.edu.cn
印 装 者：天津安泰印刷有限公司
经　　销：全国新华书店
开　　本：185mm×260mm　**印　　张**：15.5　**字　　数**：297千字
版　　次：2025年7月第1版　**印　　次**：2025年7月第1次印刷
定　　价：56.00元

产品编号：109541-01

序　一

课程是教育教学活动的基本依据，是实现教育目标的基本保证，是学校一切活动的中介。课程教学是师生共存的精神生活过程，自我发现和探索真理的过程，生命活动和自我实现的方式。具体而言，课程的重要性体现在4个结合点：第一，课程是学生和学校的结合点，学校提供课程，学生学习课程；第二，课程是学校和社会的结合点，社会对人才（学生）的不同要求通过课程结构和内容的改变来实现；第三，课程是教学和科研的结合点，科研促进教学，载体是课程；第四，课程是学生个体文化和社会文化的结合点，是学生社会化的重要渠道。课程是学校最重要的事，同时也是最容易被忽视的事。学校领导往往认为，课程教学是教师们的事；教师则容易将自己的研究、关注点放在学术上，忽视对课程的研究。实则，课程是一个开放体系，与政治、文化、经济、民族、语言、性别、制度、学科等紧密相连；课程教学是一项合作的事业，需要政府、社会、大学、领导、教师、学生、职员广泛参与。

黄河科技学院是一所高度重视课程建设的大学。我与该校董事长胡大白先生、执行董事兼校长杨保成教授有过多次交流。2024年10月，我和我们院校研究团队师生到该校进行了为期两天的考察学习。同年11月，我指导的一位博士生又到该校进行了为期一周的调研学习。黄河科技学院的课程建设给我留下了极为深刻的印象。

黄河科技学院遵从党中央“全面提高人才自主培养质量”的要求，从“让每个学生都享有公平而有质量的教育，使具有不同禀赋和潜能的每一个人都得到充分发展”出发，积极开展课程改革。在课程改革中，学校立足为地方和产业发展培育应用型人才的人才培养目标，开展大样本、全覆盖的专业岗位需求调研。通过调研，抓住在应用型人才培养中存在的“产教融合不够深入、师资实践应用能力不够、课程体系与市场需求无法紧密衔接”等问题，探索能够满足中国式现代化发展需求，以提升学生的岗位胜任力、就业适应力和职业发展力为目标的应用型本科教育模式。在这一课程改革过程中，影响深远、成效显著的当属创造性地提出并推进项目化教学体系改革。

项目化教学以能力目标为导向，以企业岗位任务为课程载体，通过真实的项目来促进学生主动学习。项目化教学具有真实性、实践性、探究性和创新性。实施项目化教学有利于增强学生知识整合和应用能力，有利于提升学生综合能力，有利于培养学生职业能力。从我们的考察中了解到，黄河科技学院从2018年开始推动项目化教学体系改革。在改革的过程中，学校做了大量工作。

（1）营造课程建设和改革的制度环境。学校积极营造有利于课程建设和改革的制度环境，出台相关支持政策。首先，开展覆盖全校的课程立项工作，制定各类课程建设标准，每门课给予相应的立项经费支持，累计投入了3000多万元支持全校1300多门课程的建设和改革。其次，实行优课优酬的制度，根据课程评估结果，给予教师们最高五倍课酬的课时费。最后，给予学校教师横向项目20%的配套经费，支持教师们将科研成果、横向项目转化落地、公司化、市场化，落地后给予10万～15万元的经费支持，并鼓励教师们将这些成果积极转化，反哺到课程教学中。

（2）构建课程建设和改革的组织机构。大学产教融合课程体系的改革需要联合各个教学单位、职能管理部门和一线教师进行互动合作，逐步构建一个有利于产教融合型课程体系建设的组织机制。首先，学校进行了体制机制改革，在学校职能部门层面进行“大部制”改革，将原来的13个处级单位整合成教师中心、教育教学中心、学生中心三大中心，以及思政工作部、科技发展部、资源保障部等五个大部，实现了职能部门的扁平化管理，大大提高了职能部门服务课程建设和改革的效率。在教学单位进行“学部制”改革，将12个学院整合成工学部、艺体学部、商学部、医学部四个学部，打通了院系壁垒，整合了学科、专业、师资和平台等各类资源，为课程改革提供了有力支持。其次，学校创建了上下协同的组织机制。自上而下，主管校领导、教育教学中心组织项目化和产教融合型课程体系建设研讨会，激发和启蒙教师对于课程建设的热情和想法，鼓励教师投入课程改革实践，并通过咨询和课程指导推进课程改革的进行和完善。首批试点课程建设完成后，引导优秀教师利用教学学术思维进行研讨、反思和改进，并作为导师培训其他教师开展课程改革，起到了自下而上的效果。上下协同，推进产教融合型课程体系建设的良好发展。

（3）提供课程建设和改革的资源条件。资源条件包括软件条件和硬件条件。其中，软件条件是指利于课程建设和改革的“人”的资源，主要关注产教融合课程教学团队师资建设。聘请国家教育行政学院刘亚荣教授牵头的专家团队，主管校长亲自带队，通过多种方式对学校管理人员和教师进行培训，制定各类课程评估标准，掌握课程知识建模方法；定期组织课程改革交流工作坊，供教师们学习、研讨和互动；鼓励和动员教师到企业挂职锻炼，提高教师们的实践能力，更好地服务产教融合课程改革。硬件条件是指利于课程建设和改革的基础资源，主要包括项目实践场所、项目设计和实施物资以及产业和企业资源的支持。学校主动协调联系校内资源和企业资源，创办大学科技园、创客工厂、众创空间、各类工程实训中心等场所，并保证各类工具和物资的供应，为课程设计和实施提供条件。学校层面和学部层面都设有产教融合办公室，积极联系和对接企业，进行沟通合作，帮助教师们开拓更广泛的企业资源，保证课程植根于产业并最终走向社会。此外，学校还自主研发了集智能管理、智慧教学和数智评价于一体的数字化课程建设平台，为课程建设和改革提供了优质高效的数字化资源保障。

在实施项目化教学的同时，学校倒推整个课程体系的调整和改革，最终构建了“2＋1＋1”（基础＋实践＋应用）的产教融合型课程体系。在学校构建的产教融合型课程体系中，前两年的基础课阶段聚焦学生基本能力的养成，设置基础性课程，通过一些综合性项目，让学生“见过”和“做过”；大三的实践阶段，通过项目化教学课程对接企业实践工作岗位的真实项目，培养学生实践创新能力，让学生能够“做成”；大四的应用阶段，设置应用型课程，教师直接带领学生进入企业生产一线，通过企业委托项目，让学生能够“做好”。

黄河科技学院课程体系改革已经取得了丰硕成果，产生了广泛的社会影响。学校在教育教学改革后的师生满意度调查中，总体满意度高于98％。在改革的过程中，全校师生积极参与，共同创造，凝聚改革共识，产教融合走向深入，教师、学生能力显著提升，人才培养与行业企业岗位需求的对接愈发紧密，课程教学质量有了明显提升。改革成果受到省内外高校和社会的广泛关注，130多所高校、240多家企事业单位到校交流；课程改革总体设计者、负责人杨保成教授，应邀在国内各类教育学术研讨会及多所高校介绍改革的做法和经验。

现在，学校以“应用型高校本科专业产教融合型课程体系改革与实践”为题，在清华大学出版社结集出版系列图书，十分有意义。一方面，为应用型高校深化教育教学改革、创新人才培养模式、优化课堂教学方式方法、开展常态化课程评价、全面提升育人水平提供了参考。另一方面，为专业负责人、任课教师如何改革课程结构、改进教学方法，特别是在项目化教学中如何将企业的真实任务或者项目与专业课知识真正融合，以构建一门与人才培养目标相匹配、内容适度的课程等提供了借鉴。综上，我十分高兴地向高校同人们推荐系列图书。

黄河科技学院的“应用型高校本科专业产教融合型课程体系改革与实践”属于规范的院校研究。他们在立足本校课程体系改革的院校研究中，体现出了热心教育、关爱学生的奉献精神；学习教育理论、探索教育规律的科学精神；“勇立潮头，敢于破局”，在突破难点、痛点中不断奋进的坚韧不拔的精神，值得我们学习。期望高校同人像黄河科技学院那样开展院校研究，通过院校研究推进学校的建设和发展。

是为序。

华中科技大学原党委副书记

中国高等教育学会院校研究分会创会会长

刘献君

2024年12月8日

序　二

党的二十大报告明确提出了“全面提高人才自主培养质量”的要求，党的二十届三中全会在此基础上审议通过的《中共中央关于进一步全面深化改革　推进中国式现代化的决定》进一步提出了“分类推进高校改革”的要求。为构建高质量的人才自主培养体系，教育部提出了具体的技术路径，包括编制学科专业知识图谱、能力图谱，推动项目式、情景式和研究式教学等深度探索，实现从“知识中心”到“能力中心”的转变。河南省教育厅出台的《河南省本科高等学校深化产教融合促进高质量发展行动计划》，紧密结合本省传统产业提质发展、新兴产业培育壮大、未来产业谋篇布局，全力推动人才培养供给侧和产业需求侧结构要素全方位融合，为加快构建河南现代产业体系，确保高质量建设现代化河南、确保高水平实现现代化河南提供强有力的人才和智力支撑。

作为高等教育体系的重要组成部分，应用型本科高校是形成产教良性互动、校企优势互补的产教深度融合发展格局的高等教育主要生力军，为全面建设社会主义现代化国家提供强大的人力资源支撑，在推进中国式现代化进程中扮演着至关重要的角色。然而，当前应用型本科人才培养体系改革存在很多堵点、痛点和难点，其中以下三个方面尤为关键。

其一，产教融合不够深入。高校与企业合作存在合作浅层化、利益差异化、供需不对接等问题，高校难以准确把握产业需求和企业的实际需求，服务产业发展和行业企业技术升级的能力不够，企业参与高校人才培养过程的积极性、主动性不够。

其二，师资实践应用能力不足。大部分教师毕业后直接到高校授课，理论知识丰富扎实，但缺乏行业经验和企业实践经验，难以紧跟行业最新发展趋势，在解决企业实际问题方面的实践应用能力不足。

其三，课程体系与市场需求无法紧密衔接。现有课程体系没有从市场导向出发进行系统设计，与市场需求衔接不紧密，课程教学目标、内容、测试方法不能有效促进应用型人才培养目标的实现，导致课程体系对人才培养目标的支撑力不够，学生能力与企业岗位任务要求出现脱节。

习近平总书记在2024年9月召开的全国教育大会上的重要讲话，向全党全社会发出了“建成教育强国”的动员令，系统部署了全面推进教育强国建设的战略任务和重大举措。习近平总书记指出，建设教育强国是一项复杂的系统工程。中共教育部党组在《人民日报》发表文章强调，面对新一轮科技革命和产业变革对全球秩序和发展格局带来的深远影响，能不能建成教育强国、为加快实现高水平科技自立自强提供支撑，能不能培养出世界一流人才和经济社会发展所需的大批高素质建设者，是摆在我们面前的重大课题。如何让每个学生都享有公平而有质量的教育，使具有不同禀赋和潜能的每一个人都能得到充分发展，是每一个教育工作者长期努力、不断改革的方向。

黄河科技学院作为全国第一所民办普通本科高校，肩负着为地方和产业发展培育应用型人才的使命。在新时代全面推进教育强国建设的背景下，学校清醒地认识到，要想真正实现面向未来培养人才，必须勇立潮头，敢于破局，重新规划未来学校发展定位，重构全新的产教融合人才培养体系，并且在专业层面、课程层面、课堂教学层面层层深入、彻底落实。教学改革改到深处是课程，改到痛处是教师。办学理念再好，体系设计再先进，没有教师的落地实施，人才培养成效是无法见真章的。为此，黄河科技学院从 2018 年开始，以英语课程和体育课程为破局起点，通过创新探索，让教师们初试初尝“以学生学习成长为中心”的课程和教学模式改革小成功的喜悦和红利；继而通过体制机制重构，全面触发和激励更深层次的人才培养体系创新和方法论创新；通过构建思想引路、问题导向、自我学习探索以及专家咨询等一系列行动学习式的有组织学习，推动全校所有专业所有教师，共同构建和实施了全新的人才培养体系。

人才培养是一个系统复杂的工程，体现在目的—目标体系多层复杂。具体而言，宏观层面必须以党和国家的意志和要求为根本遵循，即落实立德树人根本任务，培养德智体美劳全面发展的社会主义建设者和接班人；中观层面要体现区域需要，即精准对接国家战略和河南省“7＋28＋N”产业链群，深度聚焦发展新质生产力要求；微观层面，学校明确提出，要以学生的成长发展，提升学生的岗位胜任力、就业适应力和职业发展力为目标。

为实现上述目的—目标体系，学校以支撑目标实现的课程体系改革为突破口，构建了以能力逐级进阶提升为导向的“2＋1＋1”（基础＋实践＋应用）产教融合型课程体系（见图 1）。其中，立德树人的课程思政点作为每一门课的育人目标，纳入教学设计要求。课程体系中的“2”代表本科阶段的大一、大二聚焦学生“基本能力”养成，设置基础性课程。学生通过基础性课程学习专业基础知识和技能，实现“见过”和“部分做过”，为后续学习与实践筑牢坚实的理论基础和技能基础。中间的“1”代表大三基于企业真实项目和市场评价标准，创设基于培养实践和创新能力的项目化教学课程，设置就业、创业、应用型研究三个方向，实施分类培养。学生可根据职业发展方向自由选择，实现个性化发展。学生在参与项目化教学课程的学习与实践中，将理论知识与实际项目紧密结合，有效提高实践能力和创新能力，实现“做成”。最后一个“1”代表大四开设应用型课程，教师带领学生直接进入企业生产一线，直接参与工作实践，在获取工作报酬的同时接受职业应用性评价，更深入地了解职业需求，为未来职业发展做好充分准备，进一步提升职业发展力，实现“做好”，同时为即将步入职场的学生增强信心与竞争力，铺就应用型人才成长之路。学校创新课程体系的最终目的是实现应用型人才的高质量培养，助力学生实现高质量就业。

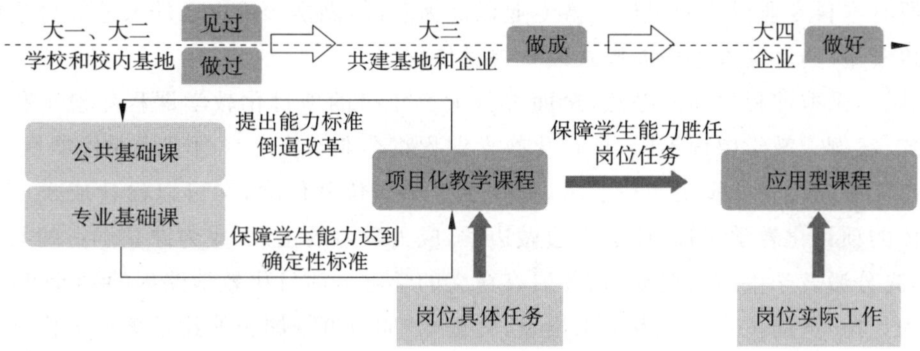

图 1　黄河科技学院“2＋1＋1”(基础＋实践＋应用)产教融合型课程体系

之所以进行这样的课程体系设计，是基于学校在多年产教融合的探索实践中发现，教师按照基于学习产出的教育(outcomes-based education，OBE)理念构建课程和课程模块，将能力作为课程目标，其背后的假设是“课程直接可以支撑能力目标”，实际上在操作层面较难实现；而把行业企业的真实岗位任务或工程项目、技术研发项目转化为项目化的课程，其背后的假设是“能力内含在操作真实任务的过程中”。因此，将项目化教学课程作为能力培养的真实载体，教师更容易操作。教师可将自己做过的项目转化为课程，用任务承载真实能力训练，学生完成任务即受能力训练，且培养的能力可在任务结果中体现并进行评价。当然，其难点在于如何将企业的真实任务或者项目与专业基础课程知识真正融合，以构建一门与人才培养目标相匹配、内容适度的课程。在此实践逻辑基础上，学校以此类课程为起点，倒推整个课程体系的改革、调整和融合。产教融合型课程体系构建涉及学校及教职工的办学理念层面、工作系统方法层面、落实行为层面和办学效果评价反馈等，是一个复杂的系统工程。为构建这套全新的产教融合型课程体系，学校做了以下基础性改革工作。

一、抓住关键环节，重构人才培养体系

其一，大样本、全覆盖的专业岗位需求调研。由学校商学部人力资源专业团队牵头，专业设计调研方案，培训所有参与调研的专业负责人和教师。学校所有的专业负责人组队深入到学生就业的主要用人单位，开展产业、企业、岗位调研，利用调研数据进行工作分析，最终建立就业数据库：产业—行业—企业分类标准、产业链人才需求标

准、专业人才培养质量标准。学校编制了人才需求能力标签，构建了职位标签等，以便更精准地匹配人才与市场需求。学校紧跟产业需求，将这些标签全部纳入自主研发的数字化平台，形成产业、行业、用人单位就业信息数据库。这些标签都是企业人力资源部门熟悉的用人标签，用人单位后续能够在平台上更新和组合自己的就业数据标签，进而发布就业信息。开放的就业信息数据库能够吸引越来越多的用人单位进驻，逐步覆盖所有本科专业对应的岗位。各专业以此为基础，倒推形成自己的人才综合素质能力评价模型，为后续人才培养模式改革提供依据。

其二，采取课程立项的办法，全面推行大三年级的项目化教学课程建设工程。与项目式、案例式教学课程不同，项目化教学课程将企业真实项目“化”为课程项目任务，既可以无缝对接企业真实岗位要求，提升学生的岗位胜任力；又可以设计成学生是学习主体的项目化教学课程，让学生边做边学，成为学习的主人，成为课堂学习的共同设计者，充分激发学生的内在动力，开展有意义的学习。项目化教学课程的设计，以市场需求为导向，从岗位真实任务要求出发，先提取“职位群—岗位典型任务—工作项目”，然后优化这些项目所需要的专业知识图谱，将专业知识图谱与工作项目融合，形成一种新型的项目化教学课程的知识图谱。在此基础上，确定课程教学目标、项目任务、教学内容、课上课下学习任务等。学校制定了项目化教学课程的建设标准：一是强调项目“真实性”，必须是来源于企业的实际项目，可以是即时性项目或延时性项目，按照岗位任务逻辑，将项目任务、项目流程、项目能力、常见错误和解决办法编排成学习任务单元；二是建立对接企业行业的项目资源库，及时更新，确保项目的延续性和内容的有效性；三是制定以成果为导向、市场直接评价或仿真评价的三级评价标准，学生考核合格即能达到课程对应的岗位任务要求，胜任岗位工作。项目化教学课程是“2＋1＋1”产教融合型课程体系中的核心环节，具有承上启下的关键作用。这个环节不进行改革，其他课程改革都只是理念，无法真正落地实施。因此，学校将大三的项目化教学课程的改革作为整个课程改革的切入点，以分批立项的方式完成了大三所有的课程改革。

其三，依托数字化学习平台，基于知识建模、课程教学设计的技术方法全面重构课程体系。作为课程改革的突破口，学校在全面实施项目化教学课程后，开始倒逼前修专业基础课程改革，支撑大四的应用型课程建设。前修基础课程需在目标制定、内容选择、教学模式和评价考核等方面提供有力支撑，以确保知识的系统性和连贯性。同时，项目化教学课程也为大四学生直接参与用人单位的真实项目和工作，提供更具技术性和实用性的知识，以及解决实际问题能力和创新能力的基础。为此，学校邀请国家教育行政学院刘亚荣专家团队，以课程知识建模为基础，全面重构公共基础课程和专业基础课程。一是绘制所有课程的知识建模图。本科专业的全部课程绘制知识建模图为新型人才培养体系搭建坚实的知识体系基础。二是重构基础课程。从支撑项目化教学课程或后续专业基础课程的需要入手，倒推专业基础课和公共基础课的知识容量和结构，全面梳理项目化教学课程所需的知识、能力和素质，将知识点进行详细分解、重新组合，重塑现有的知识体系，对前修专业基础课程的知识、能力、素质主模块进行组合，形成新的专业基础课和公共基础课。三是明确课程建设标准，推动新版教学设计和课程大纲的制定。基于课程知识建模图，重新制定 1206 门本科课程的教学设计和课程大纲，每门课的教学设计都重新设计和匹配了“以学生学习为中心”的各种教学、学习资源，包括线上课程、作业练习、各种学习评价工具等。四是建设数字化学习平台系统。所有课程的教学、学习资源都实现了线上师生共享，有效满足了教师教学和学生学习对各种学习资源和工具即时性、便利性的需求；解决了公共基础课学生基数大、师生互动难等问题；也解决了教考分离、多维评价、客观证据翔实的教学和学习评价真实难题；真正实现了学生随时可学，不受限于学期和专业，学完即可结业的泛在学习理念。

其四，基于市场真实评价的应用型课程建设。作为学校“2＋1＋1”产教融合型课程体系的最后环节，应用型课程是对应用型人才培养效果的有效检验和直接体现。学校指导各本科专业开展高质量充分就业调研分析，通过定性定量相结合，从知识能力素质要求、工作岗位经验、职业资格证书考取等维度对毕业生高质量充分就业的本质属性进行画像，提出高质量充分就业标准，并落实到应用型课程目标中。应用型课程的设计基于实际的产业发展和市场需求，由教师承接研发创新类等高质量真实市场项目，通过相应的教学设计(如学分、教学安排、课程考核等)赋予其课程要素，从而转换为课程。教师带领学生承接真实的市场项目，接受市场评价，产生经济与社会效益。在此过程中，教师的实践教学能力得以显著提高，逐步向“双师型”教师队伍转型。学生通过岗位任务从合格的入职者变成优秀的入职者，实现从“做成”到“做好”，直接实现高质量充分就业。

其五，建立优秀本科生荣誉体系。为引领学生积极进取、全面发展，持续提升学生德智体美劳综合素养，进而激励学生追求卓越、奋发向上，营造“逢一必争，逢金必夺”的优良校园氛围，学校以德智体美劳全面发展为导向重构本科生荣誉体系，促进学生成长成才。一方面，学校表彰在学习、创新创业等方面表现突出的学生。他们或项目成果获企业采纳，实现高质量充分就业目标；或创新创业能力强，勇启创业征程；或勤奋好学，有一定学术成果。学校为他们颁发“全能英才奖”“创新创业奖”“学业卓越奖”，激发学生的内在潜能和创新精神，促进学生更加积极主动地投入到学习和实践中，不断挑战自我，追求更高的目标。另一方面，学校表彰积极参与学校产教融合工作并做出努力和贡献的优秀毕业生。他们或积极牵线搭桥，为学校与企业搭建合作桥梁，不断拓展合作渠道；或参与学校课程设计，将企业实际需求与行业最新动态有机融入教学内容，助力学校构建贴合市场需求的人才培养模式；或为在校生创造大量实习与实践机会，促使学生在实践中茁壮成长。学校为他们颁发“杰出校友奖”，对其做出的贡献和取得的成就给予充分肯定。同时，学校激励在校学生努力提升自己，力争成长为创新引领型人才。

黄河科技学院“2＋1＋1”产教融合型课程体系不同于传统学科逻辑下的本科人才培养体系，也不同于当前很多应用型大学倡导的校企合作的本科人才培养体系。三种人才培养体系对比分析见图 2。传统高校人才培养体系根植于学科逻辑，偏重知识传授，为学生筑牢坚实的理论基础。然而，在对接企业实际工作所需的应用技能培养方面却极为薄弱，使得传统本科教育的毕业生大多呈现出“眼高手低”的特点，必须经过培训期后才能适应岗位任务要求。在知识匮乏、缺乏信息技术传播知识的时代，这种培养方式是大学的不二选择。但在信息技术时代，知识可以泛在索取，这种人才培养体系已经不能再作为任何大学人才培养的基本方式。

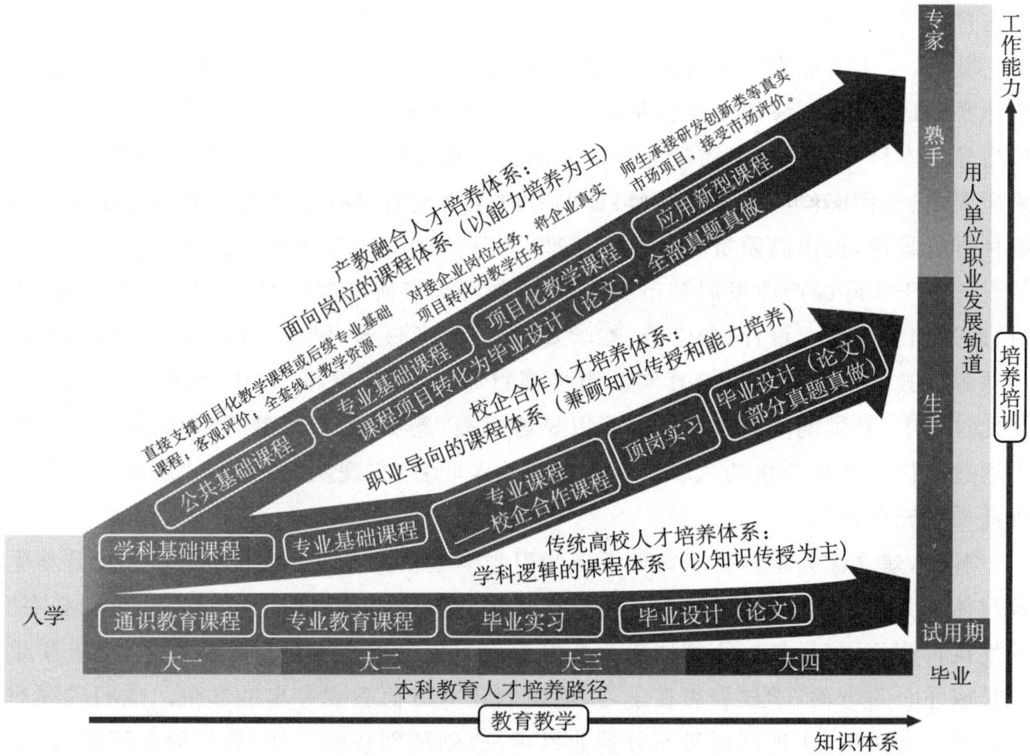

图 2　三种人才培养体系对比分析

校企合作人才培养体系以职业为导向，设置校企合作课程、顶岗实习及毕业论文真题真做等实践类课程和环节，既注重知识传授，又兼顾能力培养，尤其强调实践与应用，对提高学生实践能力和职业技能有较大帮助。但是也存在四方面的主要问题：一是课程体系内容衔接度不够。校企合作课程与前端的基础课程以及与企业真实岗位要求之间都缺乏有效衔接，导致课程体系连贯性欠佳，人才培养与市场需求不匹配。二是师资队伍实践应用能力不足。教师因缺乏行业经验与企业实践经验，难以有效解决企业实际问题。三是校企合作课程个性化程度不高。课程多由企业研发，雷同性强，与学校办学特色联系不紧密，无法满足学生的个性化发展需要和市场的多样化需求。四是校企合作课程覆盖领域不广泛。合作项目往往依托"订单式"人才培养开设，局限于企业所需的特定岗位，未能全面覆盖专业面向的所有岗位。

我校的产教融合人才培养体系，从锚定岗位需求出发，重新梳理了人才培养的学习逻辑。在未来的人才培养中，一旦产业中的工程师和学校的教师都具备课程领导力，便能够突破产业和学校的界限，随时将岗位的需求转化为培养的课程。届时，学校将成为任何产业人才随时获取学习机会的场所，也将成为产业孕育未来科技产品的场所。

二、强化支持保障，全面推进综合改革

人才培养体系改革是牵一发而动全身的系统工程，外部需要全社会方方面面的配合与支持，内部也涉及体制机制、数字化平台、课程建设、教学质量评价与持续改进等全要素多维度的支撑和保障。为此，学校主要从以下几方面进行了衔接配套改革。

其一，自主研发数字化平台，实现评价与建设全流程智能化。搭建集智能管理、智慧教学、数智评价于一体的课程建设数字化平台，统筹全校课程资源，对外实现各高校课程资源共建共享，对内实现课程数据与教师数据、学生数据互联互通，协同推进课程建设与评价、学生服务和师资培养；构建基于质量标准、全量化采集、大模型分析的智能化课程评价支持体系，通过统一规划、统一建设、统一管理、统一评价，优化课程结构、明确课程规格、分析课程目标达成度、智能化提供课程画像、过程性规范课程准入与退出，保障一流应用型课程的优质、高效、充足供给。

其二，评价牵引，推进课程高质量建设。学校与国家教育行政学院共同研创课程评价指标体系。分类研创教学设计、教学实施、教学产出评价标准，重点关注课程知识建模的完整性、教学活动目标与任务的一致性、师生交互过程的有效性、教学评价的客观性。聚焦教学设计、教学实施、教学产出三个关键环节，实现课程评估精准化。一是聚焦教学设计。考察 OBE 理念在每个任务和活动设计中的体现，强调选取活动的目标、交互、成果及评价标准的一致性，课程知识建模的完整性等。二是聚焦教学实施。评价教学过程与教学设计的一致性，重点考查学生是否进行高阶思考、是否积极参与各项学习活动、知识能力是否达到预期目标。三是聚焦教学产出。将课程考核评价标准、企业评价标准、企业采纳证明等纳入课程成果重点考察，将教师教学能力提升、课改论文发表等作为教师成果进行评价，将学生考核结果、学生作品、创作等作为学生成

果重点考察评价。学校充分利用大数据技术，将日常教学动态数据与专家评估相结合，建立线上线下相互支持，专业、学部、学校三级进阶式评价机制，实现常态化全覆盖"课程＋教师团队"评价。通过线上审阅课程资源和评审材料、深入课堂随机听课、组织课程答辩汇报、强化反馈改进四步骤，构建评价闭环，促进课程评价"反哺"课堂教学，推动全部课程锻优提质。评价结果打破职称定课酬惯例，实行优课优酬，最高给予5倍工作量奖励。

其三，深化体制机制改革，推动教学改革落地生根。学校充分利用体制机制灵活、行动决策迅速等优势，深入开展"大部制""学部制"体制机制改革，推动高校与产业、行业、企业资源共享、深度融合、协同发力、共同育人。在职能部门推行"大部制"改革，通过整合13个处级单位，成立教师中心、教育教学中心、学生中心三大中心，以及思政工作部、科技发展部、资源保障部等五个大部，提高职能部门服务教育教学工作的效能度和协同性。在教学单位积极推动"学部制"改革，打破原有的"校—院—系—教研室"多层级结构，将12个学院整合为工学部、艺体学部、商学部、医学部四个学部，依据专业集群下设科教中心，赋予其资源配置的自主权力。通过体制机制改革，充分汇聚学科、专业、师资、平台等各类优势资源，实现了以下三方面的提升。一是教师中心的成立，为教师提供了更专业的发展平台。鼓励教师深入企业实践，提升实践教学能力与专业素养，提供更多职业发展机会和激励机制，打造高素质、专业化、创新型教师队伍。二是教育教学中心的成立，有利于整合教育教学资源，推动产教深度融合。通过搭建教学平台，教师与企业专家共同设计与实施课程、共同制定并修订人才培养方案，促使专业设置紧密贴合产业需求，大幅提升专业与市场对接的精准度与紧密性。同时，引导教师将行业最新动态和技术及时引入课堂，促进教学方法创新，增强教学的针对性和实效性，为培养具有扎实专业知识和较强实践能力的应用型人才筑牢坚实基础。三是学生中心的成立，为学生提供了更多实践机会和职业发展指导。开展职业规划、职业咨询服务、优秀本科生表彰以及行业专家和成功校友经验分享等丰富多彩的活动，为学生在职业选择和发展中遇到的困惑提供个性化指导和建议，进而提升学生的就业竞争力和职业适应能力。

三、发挥改革效能，凸显人才培养成效

学校始终秉持"办一所对学生最负责任的大学"的办学愿景，全心全意为教师服务，全心全意为学生服务，人才培养新体系改革得到广大师生的高度认可和肯定。

学校采用调查问卷、访谈等多种形式开展了教育教学改革后的师生满意度调查。结果显示，总满意度高于98%。教师董菲菲分享村庄规划授课感悟时谈道："当学生真正成为课堂的主人时，他们便不再是学习的被动承受者，而是积极投身于教学活动之中，化身为学习的主动探索者与协同合作者。他们的学习热情空前高涨，思维也更

加活跃。”教师杨颖分享道：“投身于学校课程改革实践，我深切认识到，卓越的教学绝非因循守旧，而在于大胆创新、勇于实践。身为一线教育工作者，我们不只是知识的传播者，更是变革的推进者。课改给予我宽广的舞台，使我能尝试新教学理念与方法。我将项目化、合作学习等理念融入课堂，激发学生兴趣与创造力，实现师生平等互动、共同发展。”学生崔锴洁分享了自己在服装与品牌设计课程中的体验：“在这门课程里，同学们模拟不同岗位，大家分工协作，展现出极强的团队协作精神和学习热情，我能深切地感受到有一股强大的力量推动着我在交叉创新的道路上不断向前。”学生司双颖谈道：“项目化教学课程风景园林规划与设计具有很强的实践性、应用性和挑战性。在一次次的项目构思与创作过程中，我被激发出全身心投入学习的热情，对这门课程产生了浓厚的兴趣。特别是当自己设计的园林方案被采纳并且最终得以建成的时候，之前所有的辛苦付出都转化为满满的成就感，那种激动和自豪难以用言语来表达，感觉所有的努力都是非常值得的！”

回顾6年的改革历程，学校聚焦人才培养模式改革、课程体系构建、课程开发、课程设计以及课程评价等关键环节，先后召开了主管教学部(院)长、科教中心主任、骨干教师等不同层面人员参与的研讨会300余场，投入3000余万元用于1300多门课程的建设。在此过程中，教师们对于人才培养模式改革理念、思路及步骤等有了更清晰、更深刻的认知。在全体师生的充分认可与深度参与下，全校上下已然凝聚起改革共识，产教融合持续走向深入，教师队伍的能力得到显著提升，人才培养与行业企业岗位需求的对接愈发紧密，课程教学质量有了明显提升。改革成果受到省内外高校和社会的广泛关注，130余所高校、240余家企事业单位等到校交流；受邀在中国高等教育学会、国家教育行政学院等举办的院校研究高端论坛，郑州大学、成都大学等高校做主题报告28次；成果在第61届、第62届中国高等教育博览会上展出，获得省内外高校教学管理人员和一线教师的高度好评；办学成效被中央电视台《新闻联播》、新华社、《光明日报》《中国教育报》等广泛报道。

斗转星移，岁月如梭，黄河科技学院在时光的长河中稳健前行。2024年5月，学校迎来了辉煌的四十华诞。值此之际，我们集结学校人才培养新体系改革成果，分专业出版“应用型高校本科专业产教融合型课程体系改革与实践”系列图书，为应用型高校深化教育教学改革、创新人才培养模式、优化课堂教学方式方法、开展常态化课程评价、全面提升育人水平提供有效借鉴和参考。这一本本沉甸甸的册子，凝聚着全校教师在课改历程中的智慧与汗水，折射出全体教师的睿智与灵性，更满溢着全体教师“以学生为中心”的教育理想与不懈追求。

此举，一为抚今追昔，以文字铭刻学校波澜壮阔的发展历程，为辉煌历史留存厚重见证；二为激励莘莘学子奋发图强，在知识的海洋中砥砺前行，以拼搏之姿努力成才，为未来铸就璀璨华章；三为鼓舞吾辈同人不忘初心，励精图治，以昂扬斗志勇攀高峰，在教育的新征程上再创佳绩，为国家培养更多栋梁之材，为时代书写更壮丽的教育诗篇。

回顾往昔，那些奋斗的足迹、拼搏的身影，皆是前行的动力源泉。展望未来，我们深感责任重大、使命光荣。我们定会牢记为党育人、为国育才的初心使命，不负重托，与时俱进，努力谱写无愧于前人、无负于时代的璀璨新篇章。

黄河科技学院执行董事、校长

杨保成

2024 年 10 月 16 日

前　言

黄河科技学院工程管理专业在学校产教融合型课程体系改革背景下，针对岗位任务和岗位职责，构建了以企业真实项目为主的项目化教学课程体系，建立了以多学科交叉融合的专业基础知识体系培养为核心的两年制课程教育、以工程实践能力培养为核心的一年制工程教育和以科技创新或工程创新能力为核心的一年制创新教育的“2＋1＋1”应用创新型人才培养体系。本书针对专业核心的项目化教学课程和专业基础课程进行了基于 OBE 教学理念的教学设计，绘制了专业知识图谱，对促进本专业教学质量提升起到了重要作用，同时为同类专业教学改革提供了参考。

本书第 1 章和第 2 章由晋芳、蔡海勇编写，第 3 章和第 4 章由专业任课教师编写，具体分工如下：“工程招投标与合同管理”由张颖编写，“建筑工程计量与计价Ⅰ”由晋芳编写，“建筑施工技术与组织Ⅰ”由王利平编写，“安装工程计量与计价”“建筑制图Ⅰ”由胡晓娜编写，“平法识图与钢筋算量”由蔡海勇编写，“房屋建筑学”“建筑结构”由刘秦编写，“土木工程材料”由王莉编写，“工程造价管理”由冀洋洋编写。

本书是黄河科技学院工程管理专业教学成果的体现，是全体专业教师共同努力的成果。由于水平有限，经验不足，本书难免存在错误之处，恳请广大师生和读者批评指正。

编著者

2025 年 4 月

目 录

第 1 章 工程管理专业概况 …… 1
1.1 专业发展历程 …… 1
1.2 专业现状 …… 2
1.3 专业发展趋势和展望 …… 3
1.3.1 发展趋势 …… 3
1.3.2 未来展望 …… 4
第 2 章 工程管理专业课程体系 …… 5
2.1 人才需求分析 …… 5
2.2 岗位任务分析 …… 6
2.2.1 工程管理专业职业群 …… 6
2.2.2 工程管理专业就业岗位及任务 …… 8
2.2.3 工程管理专业就业岗位能力分析 …… 10
2.3 课程体系构建 …… 11
2.3.1 工程管理专业课程体系结构图 …… 11
2.3.2 工程管理专业课程知识结构体系 …… 12
附:工程管理专业人才培养方案 …… 13
第 3 章 工程管理专业课程知识建模 …… 31
3.1 项目化教学课程知识建模 …… 31
3.1.1 工程招投标与合同管理课程知识建模 …… 31
3.1.2 建筑工程计量与计价Ⅰ课程知识建模 …… 33
3.1.3 建筑施工技术与组织Ⅰ课程知识建模 …… 36
3.1.4 安装工程计量与计价课程知识建模 …… 39

3.2　专业基础课程知识建模 …… 43
3.2.1　建筑制图Ⅰ课程知识建模 …… 43
3.2.2　建筑结构课程知识建模 …… 46
3.2.3　平法识图与钢筋算量课程知识建模 …… 49
3.2.4　房屋建筑学课程知识建模 …… 51
3.2.5　土木工程材料课程知识建模 …… 54
3.2.6　工程造价管理课程知识建模 …… 58

第4章　基于OBE理念的教学设计 …… 61

4.1　以OBE理念为核心的项目化教学设计思路 …… 61
4.2　项目化课程教学设计实例 …… 62
4.2.1　工程招投标与合同管理项目化课程教学设计 …… 62
4.2.2　建筑工程计量与计价Ⅰ项目化课程教学设计 …… 70
4.2.3　建筑施工技术与组织Ⅰ项目化课程教学设计 …… 89
4.2.4　安装工程计量与计价项目化课程教学设计 …… 114
4.3　专业基础课程教学设计实例 …… 127
4.3.1　建筑制图Ⅰ课程教学设计 …… 127
4.3.2　建筑结构课程教学设计 …… 133
4.3.3　平法识图与钢筋算量课程教学设计 …… 158
4.3.4　房屋建筑学课程教学设计 …… 171
4.3.5　土木工程材料课程教学设计 …… 173
4.3.6　工程造价管理课程教学设计 …… 206

结语 …… 220

参考文献 …… 221

附录　知识建模法 …… 222

第 1 章

工程管理专业概况

1.1 专业发展历程

工程管理专业作为一门综合性学科，其发展经历了从古代传统管理到现代科学管理的演变。古代工程管理主要依赖于权威人物的组织策划，其计划和执行主要依靠个人经验和职权，缺乏一定的科学性和系统性。

19 世纪末 20 世纪初，工程管理从经验管理向科学管理转变。管理学家弗雷德里克·泰勒提出了科学管理的原则，强调通过科学管理增效的重要性。

20 世纪初，科学管理理论开始引入到项目管理中，以甘特图为代表的传统项目管理方法强调规划、执行和控制，但是忽略了项目之间的协调和整合。

20 世纪中叶，项目生命周期理论和项目管理学派兴起，促使工程管理逐渐发展成为一门独立的学科，开始形成系统的理论和方法体系。这一时期的项目管理更加强调整体规划、组织和控制。

20 世纪 70 年代，信息技术的高速发展催生了现代项目管理方法的出现。网络计划、计划评审技术(program evaluation and review technique，PERT)、关键路径法(critical path method，CPM)、敏捷项目管理等新方法的应用，极大地提高了项目管理的效率和质量。在这一阶段，先进的信息技术和工具开始广泛应用于工程管理，管理效率和准确性得到了提高。

我国工程管理的发展经历了起步阶段、成长阶段和成熟阶段三个阶段。从最初的工程项目管理理念的普及、人才培养和体系的建立，到各类工程项目管理软件和工具的应用，标准体系的逐渐完善，再到工程管理呈现出创新化、国际化和信息化的特点。

同时，随着科技的不断发展和社会需求的变化，工程管理正面临着全球化、信息化和可持续发展等方面的新挑战。为了应对这些挑战，工程管理不断进行整合和创新，借鉴其他学科的理论和方法，推动能源、环境、社会等各方面的可持续发展。

黄河科技学院工程管理专业的发展可追溯到 1989 年学校工民建全日制高等自考大专班。学校 1994 年开始实施普通高等学历专科教育，2001 年开设土木工程专业普通高等学历本科教育。2006 年，学校正式开设工程管理专业。经过近 20 年的建设和发展，学校工程管理专业构建了完善的人才培养体系，具有鲜明办学特色，并紧跟时代步伐，开拓智能建造、碳中和等就业方向，为社会培养了2500余名毕业生。本专业坚持以培养“立足河南、面向全国工程建设基层一线”的创新应用型人才为目标，践行学校“本科学历教育与职业技能培养相结合”的育人模式，突出技术应用和创新能力培养的特色，以“教学为主、强化实践、校企合作、增进就业”为手段，以项目化教学课程为抓手，构建了“四融四促”专业建设模式和“四段四结合”人才培养体系与运行机制，将实践育人工作贯穿于教学全过程，致力于全面提高学生服务区域经济社会发展和创新驱动发展的能力。

1.2　专业现状

黄河科技学院工程管理专业致力于培养适应社会主义现代化建设需要，适应市场需求，德、智、体、美、劳全面发展，具备土木工程领域技术知识，掌握与工程管理相关的管理、经济、法律和信息等基础知识，具有较高的专业综合素质和解决实际问题的能力，具有良好的职业道德、创新精神和学习能力，能够在土木工程领域从事全过程工程管理的应用型专业人才。

本专业现有在校生800余人，专兼职教师18人，其中具有硕士以上学位的教师16人，博士4人，具有副高及以上职称的教师占比为83%。本专业以市场需求为导向，构建了以项目化教学课程为核心的产教融合型课程体系，课程教学以真实工程项目为载体，提高了学生的工程实践能力，学生毕业后可在各企事业单位从事建设工程技术与管理、建设工程造价与管理、建设工程监理等工作，就业率连年保持在97%以上。

经过多年发展，学校工程管理专业与河南省一流专业——土木工程专业实现了共同建设、协同发展，注重加强教学资源建设与产教融合工作，建有建筑材料实验室、工程测量实验室、工程造价软件实验室等各类实验室20余个。2017年，实验中心获批河南省实验教学示范中心。2022年，河南省教育厅、河南省工业和信息化厅等十五部门下发《关于公布省级特色行业学院立项建设单位的通知》(豫教高〔2022〕122号)，黄河科技学院超低能耗建筑行业学院获批省级特色行业学院立项建设立项。本专业与河南省交通建设有限公司、河南省第一建筑工程集团有限责任公司等企业开展产学研合作，2023年与河南省第一建筑工程集团有限责任公司等公司合作，获批河南省大学生校外实践教育基地立项建设。

本专业注重加强师资队伍建设。专任教师中，有工程实践经验的教师占比75%，8位教师具有注册一级造价工程师、注册一级建造师等执业资格证，每年选派青年教师到相关企业挂职锻炼，提升教师实践能力。鼓励教师参加各类业务培训，在工程造价、项目管理、新型建筑材料等方向开展科学研究，在混合式教学、项目化教学等方面开展教育教学改革研究。教师发表各类教科研论文 100 余篇，授权发明专利 15 项。2020 年，“建设工程招投标与合同管理”课程获批河南省本科教育线上优秀课程二等奖，教师获黄河科技学院教学创新竞赛一等奖、二等奖 5 次。

本专业全面实施学业导师制，为每位学生匹配学业导师，在学业规划、职业规划、学业指导、升学就业、学科大创等方面给予一对一指导。近年来，学生在学科竞赛、就业升学等方面取得优异成绩。学生团队在全国高校建筑信息模型（building information modeling，BIM）毕业设计创新大赛中多次获全国特等奖、一等奖，在全国大学生先进成图技术与产品信息建模创新大赛等国家级竞赛中多次取得团队一等奖、个人单项一等奖等优异成绩。学生考研录取率逐年提升，2024 届工程管理专业升学率达到 22%，多名学生考入郑州大学、西安建筑科技大学等高校攻读硕士研究生，人才培养成效显著。

本专业全面开展项目化教学。2021 年以来，本专业开展多轮基于就业岗位调研的项目化课程体系改革，构建了以企业真实项目为主的项目化教学课程体系，建立了以多学科交叉融合的专业基础知识体系培养为核心的两年制课程教育、以工程实践能力培养为核心的一年制工程教育和以科技创新或工程创新能力为核心的一年制创新教育的“2＋1＋1”应用创新型人才培养体系。经过 3 年实践，项目化教学成效显著，学生在校期间接受基于真实工程项目的课程教学，就业质量得到显著提升。

1.3　专业发展趋势和展望

1.3.1　发展趋势

随着科技的进步和社会的发展，工程管理专业正面临着一系列新的机遇与挑战。

1. 数字化转型与智能化发展

在信息化时代，大数据、人工智能等前沿科技将深度融入工程管理实践。通过采集、分析和应用项目数据，提高决策的科学性和效率，促进工程管理的数字化转型和智能化发展。

2. 可持续发展与环保理念的融入

在全民环保意识日益增强的背景下，工程管理需积极响应可持续发展战略，关注环境保护和资源的合理利用。通过采用绿色建筑材料、节能技术和环保施工方法，推动工程项目的绿色化进程。

3. 敏捷项目管理方法的推广与应用

随着市场竞争的加剧和客户需求的多样化，敏捷项目管理方法在工程管理领域得到广泛应用。通过灵活调整项目计划和交付流程，提高团队响应速度和创新能力，可以应对不断变化的市场需求。

4. 国际化发展与合作

在全球化的趋势下，跨国合作项目日益增多。工程管理专业需培养具备国际视野和跨文化沟通能力的专业人才，以适应跨国项目的需求，推动国际合作与交流。

5. 自动化与机器人技术的应用

随着自动化技术和机器人技术的快速发展，工程管理将逐步实现自动化和智能化。通过引入自动化设备和机器人系统，可以提高工程管理的效率和质量，降低人工成本和安全风险。

1.3.2 未来展望

1. 就业前景广阔

工程管理专业涉及住宅、商业、工业和基础设施等多个领域，为毕业生提供了丰富的就业选择。未来，随着基础设施建设的不断推进和建筑业的转型发展，工程管理专业的就业前景更加广阔。

2. 职业发展机会多

工程管理专业毕业生可以在政府经济管理部门、建设单位、设计单位、建筑施工企业、工程建设监理单位、房地产开发企业、工程咨询公司、国际工程公司、投资与金融等单位从事工程管理等工作。未来，随着工程管理领域的不断拓展和深化，毕业生将拥有更多的职业发展机会和晋升空间。

3. 创新创业空间大

工程管理专业毕业生不仅具备扎实的专业知识和技能，还具备较强的创新思维和实践能力。未来，毕业生可以在创新和创业领域发挥重要作用，推动工程项目的创新和发展。同时，随着国家对创新创业政策的支持和推动，工程管理专业毕业生将拥有更多的创新创业机会和平台。

总之，工程管理专业的发展前景十分广阔且充满挑战。面对未来的变化和发展，我们需要保持严谨、稳重的作风，以理性的思维不断探索和创新，从而推动工程管理专业的可持续发展。

第2章

工程管理专业课程体系

2.1 人才需求分析

在我国,工程管理专业最早开设于1998年,该专业是一个跨土木工程、管理科学与工程和经济学的宽口径专业,它以管理科学与工程、土木工程为主干学科。截至2023年年底,全国设置工程管理专业的高校已超过321所,分布在各综合性大学、建工类院校、矿业类院校、电力类院校、财经类院校中。但是,由于各高校工程管理专业的发展历程各不相同,因此在专业方向设置、院系设置及研究方向等方面都存在一定的差异。不同学校的侧重点不同,但都致力于培养具有管理学、经济学和土木工程技术的基本知识,掌握现代工程管理科学的理论、方法和手段,具备从事工程项目管理的基本能力,能在国内外建设领域从事项目决策和全过程管理的复合型高级管理人才。

工程管理专业的毕业生就业范围十分广泛,可在政府经济管理部门、建设单位、设计单位、建筑施工企业、工程建设监理单位、房地产开发企业、工程咨询公司、国际工程公司、投资与金融公司等从事工程管理工作。随着用人单位对人才需求的多样化和工程建设领域发展动态的不断演进,黄河科技学院工程管理专业人才培养逐步呈现出与市场需求不能有效契合的趋势。因此,在分析确定工程管理专业现有办学资源及人才培养定位基础上,考虑社会的用人需求,构建科学、合理的人才培养方案,对促进工程管理专业的发展,提升其核心竞争力具有重要作用。

为提高人才培养与社会需求的适应度,推进以项目化教学为引领的产教融合应用型课程体系综合改革,深度创新"本科学历教育与职业技能培养相结合"的人才培养模式,构建与用人单位和市场需求无缝衔接的人才培养体系,黄河科技学院工程管理专业自2021年9月起开展专业人才需求调研专项工作,项目旨在通过深入调查研究专业职业岗位(群)及岗位能力分析,厘清本专业毕业生就业岗位的岗位职责和要求、岗位典型工作任务等,分析出人才市场对本专业从业岗位在知识、能力和素质方面的具体需求,倒逼本专业的项目化教学课程内容和课程设计的改革,构建专业对应市场需求的应用型课程体系,促使本专业更好地开展教学和人才培养,提高学生的专业技能和职业发展能力,提高人才培养与社会需求的适应度。

2.2　岗位任务分析

2.2.1　工程管理专业职业群

本专业开展了岗位任务调研专项课题，师生通过分析招聘平台、走访用人单位等途径，收集了覆盖工程管理专业有关职位招聘信息，梳理出本专业就业的主要岗位（职位群），如表 2-1 所示。

表 2-1　工程管理专业岗位群

<table>
<tr><th>专业领域</th><th>职位类别</th><th>职 位 名 称</th><th>最终职位名称</th></tr>
<tr><td rowspan="18">建筑施工</td><td rowspan="18">工程施工业</td><td>土建造价员</td><td rowspan="2">造价员</td></tr>
<tr><td>安装造价员</td></tr>
<tr><td>精装施工员</td><td rowspan="5">施工员</td></tr>
<tr><td>项目施工员</td></tr>
<tr><td>综合工长</td></tr>
<tr><td>助理施工员</td></tr>
<tr><td>土建施工员</td></tr>
<tr><td>技术员</td><td rowspan="3">技术员</td></tr>
<tr><td>工程技术人员</td></tr>
<tr><td>土建技术员</td></tr>
<tr><td>安全员</td><td>安全员</td></tr>
<tr><td>土建施工测量员</td><td rowspan="2">测量员</td></tr>
<tr><td>测量放线员</td></tr>
<tr><td>土工试验员</td><td rowspan="3">试验员</td></tr>
<tr><td>现场检测员</td></tr>
<tr><td>质检员</td></tr>
<tr><td>材料员</td><td rowspan="2">资料员</td></tr>
<tr><td>资料员</td></tr>
<tr><td rowspan="4">工程咨询</td><td rowspan="4">造价咨询类</td><td>工程造价咨询员</td><td rowspan="4">造价员</td></tr>
<tr><td>造价咨询管培生</td></tr>
<tr><td>初级咨询师</td></tr>
<tr><td>造价咨询客服</td></tr>
</table>

续表

专业领域	职位类别	职位名称	最终职位名称
工程咨询	招标代理类	招投标专员	招投标专员
		招标代理	
		招标项目助理	
	工程咨询类	工程咨询工程师	工程咨询师
		全过程工程咨询师	
		可行性研究报告编制员	研究报告编制员
	工程监理业	土建监理员	监理员
		实习监理员	
		水电监理员	
		工程监理资料员	资料员
		工程资料员	
		实习资料员	
		造价实习生	造价员
		工程造价员	
		造价管培生	
		造价项目助理	
房地产开发	房地产开发业	造价咨询管培生	造价员
		房产估价师	
		开发专员	开发专员
		前期报建	报建员
		项目成本专员	成本控制专员
		合约预算员	合同员
		合约管理员	
		经营报价专员	报价专员
新兴领域	BIM 工程应用类	BIM 操作员	BIM 助理工程师
		BIM 工程师助理	
		BIM 技术工程师	BIM 技术工程师
		BIM 土建工程师	BIM 专业工程师
		BIM 装饰工程师	
		BIM 造价工程师	
		BIM 建筑工程师	

2.2.2 工程管理专业就业岗位及任务

工程管理专业团队通过对岗位群进行分析，对相近岗位进行归并，对相关用人单位进行走访，对用人单位在毕业生招聘、人才培养（培训）中的关注点和相关就业岗位的岗位任务进行了细致的调研。再结合近年毕业生就业岗位的实际情况，最终将就业岗位归纳为施工员、技术员、测量员、造价员、招投标专员、监理员等主要工作岗位。根据调研分析，核心工作岗位的任务可以归纳如下。

1. 施工员岗位任务

(1) 参与施工项目的管理工作，包括项目的策划、组织、协调和监督等。

(2) 负责编制施工方案，制订施工计划，确保施工进度符合要求。

(3) 负责施工现场的日常管理工作，包括现场安全、质量、进度、成本等方面的管理。

(4) 负责与设计、监理、质检等岗位进行沟通协调，解决施工中出现的问题。

(5) 负责施工现场的技术管理工作，包括技术方案的编制、技术交底、技术复核等。

(6) 负责施工现场的质量控制工作，包括质量检测、验收、整改等。

(7) 负责施工现场的安全管理工作，包括安全检查、隐患排查、安全教育等。

(8) 负责施工现场的环境保护工作，包括环境保护方案的制定和实施等。

(9) 负责施工现场的材料管理工作，包括材料的采购、验收、保管和发放等。

(10) 负责施工现场的资料整理和归档工作，包括施工图纸、施工记录、验收资料等。

2. 技术员岗位任务

(1) 协助项目经理进行技术管理工作，参与项目的技术方案制定和评审。

(2) 负责施工图纸的审查和理解，确保施工图纸的准确性和可行性。

(3) 协助编制施工进度计划和施工方案，确保施工过程中的技术要求和标准得到满足。

(4) 负责技术交底工作，向施工队伍解释施工方案和技术要求，确保施工过程中的技术操作正确无误。

(5) 负责施工现场的技术监督和指导工作，解决施工过程中出现的技术问题，确保施工质量和进度符合要求。

(6) 协助进行施工现场的质量检查工作，参与质量事故的调查和处理，提出改进措施，并跟进实施情况。

(7) 负责施工现场的安全技术管理工作，参与制订安全技术措施和应急预案，确保施工过程中的安全可控。

(8) 协助进行施工现场的环境保护工作，推广并应用环保技术和材料，减少对环境的污染。

(9) 负责技术资料的整理和归档工作，包括施工图纸、技术交底记录、质量检查记录等。

(10) 不断学习和掌握新的建筑施工技术和方法，提升自身的技术水平和专业能力。

3. 测量员岗位任务

(1) 负责施工过程中的控制线投测及标高传递、监督检验工作，包括各种几何形状、数据和点位的计算与校核。

(2) 负责开工前的交接桩复测、形成测量成果，施工期间的控制网布设、施工放样、测量技术资料交底等工作，保证工程项目正常施工。

(3) 深入施工现场，能看图下料、安排施工，协助项目经理做好工程资料的收集、保管和归档，对现场施工的进度和工程质量负责。

(4) 了解误差理论，能针对误差产生的原因采取措施，以及对各种观测数据进行处理。

(5) 负责编制测量放线实施方案。

(6) 随时向技术负责人汇报测量放线情况和检查中出现的问题，认真做好本职工作。

(7) 负责各测量仪器的请领、保管工作，了解仪器构造、原理和掌握仪器使用、检校、维修能力，确保仪器保持良好的工作状态。

4. 造价员岗位任务

(1) 负责编制各工程的材料总计划，包括材料的规格、型号、材质。在材料总计划中，主材按部位编制，耗材按工程编制。

(2) 负责编制工程的施工图预算、结算及工料分析，编审工程分包、劳务层的结算。

(3) 编制每月工程进度预算及材料调差(根据材料员提供的市场价格或财务提供的实际价格进行)，并及时上报有关部门审批。

(4) 审核分包、劳务层的工程进度预算(技术员认可工程量)。

(5) 协助财务进行成本核算。

(6) 根据现场设计变更和签证及时调整预算。

(7) 在工程投标阶段，及时、准确做出预算，以提供报价依据。

(8) 掌握准确的市场价格和预算价格，及时调整预、结算。

(9) 参与编制投标文件、标书和合同评审，收集各工程项目的造价资料，为投标提供依据。

5. 招投标专员岗位任务

(1) 负责办理招标代理整个过程中的相关手续，确保招标流程的合法性和规范性。

(2) 根据招标人要求编制资格预审文件和招标文件，确保文件的正确性、严谨性和逻辑性。

(3) 负责组织现场答疑会、开标会和评标会等工作，确保招投标过程的公正、公平和公开。

(4) 在招标人确定中标人后,及时办理中标手续,确保中标结果的合法性和有效性。

(5) 协助招标人与中标人签订承包合同,并到相关部门备案,确保合同的合法性和规范性。

(6) 负责整理项目档案原始资料,提交招标人并做好交接记录,确保档案的完整性和准确性。

(7) 不断学习和掌握招投标法律法规和政策,了解市场动态和竞争对手的情况,提高自身的专业能力和综合素质。

(8) 负责制作工程项目标书及整理投标文件,对投标文件进行排版、打印、装订、封标及投递等。

(9) 负责跟进项目执行流程,确保投标工作的顺利进行。

(10) 具有一定的文字功底,熟悉标书编写与投标流程、规范,能分析招标文件,并制订有效的投标计划。

(11) 负责起草、审核各类合同、协议,为公司编制招投标方案、整理基础方案提供支持。

(12) 负责提供合同各阶段的执行信息,为合同顺利执行提供保障。

(13) 负责制定产品定价和报价策略,为产品销售及时提供报价支持和服务。

6. 监理员岗位任务

(1) 负责工程项目的设计协调和现场施工管理工作,确保项目顺利进行。

(2) 根据公司对场地工程的要求,审查工程施工组织设计,编制工程项目的现场施工进度,并确保工程项目进度计划的完成。

(3) 根据合同的约定、规程规范和设计图纸的要求,严格监督监理单位工程项目的施工质量,参加工程检查验收,参加工程材料设备选型、封样及进场检查验收,对工程质量负责。

(4) 严格控制工程项目的施工成本,对项目的隐蔽工程和其他形式的现场签证严格监督,确保工程项目成本控制目标的实现。

(5) 保证项目按工期要求完成,并执行公司质量、环境、职业健康安全体系文件中确定的其他质量职责。

2.2.3　工程管理专业就业岗位能力分析

通过对各类就业岗位所需岗位能力进行分析、归纳,工程管理专业就业岗位的能力可以按通用能力和专业能力两大类进行整理。

1. 通用能力

(1) 沟通能力:无论是与业主、施工单位、政府部门的沟通,还是团队成员之间的沟通,良好的沟通能力都是确保项目顺利进行的关键。

(2) 团队合作能力：在各类项目中，本专业的各类就业岗位都需要与其他部门或团队成员紧密合作，共同解决问题，确保项目的顺利进行。

(3) 学习能力：随着技术和规范的不断更新，本专业的各类就业岗位都需要具备良好的可持续学习能力，并不断更新知识与各方面能力。

2. 专业能力

(1) 技术能力：掌握基础的土木工程技术知识，包括结构设计、建筑材料、施工工艺等；熟悉并能够使用各种工程测量仪器，掌握施工测量、控制测量和变形观测的基本技能；能够运用所学技术知识解决实际工程问题，如施工方案的制订、技术难题的解决等。

(2) 经济能力：掌握工程经济分析的基本原理和方法，能够进行工程项目的财务评价、国民经济评价等；了解工程项目的成本构成，具备进行工程项目成本估算、预算和控制的能力；能够基于经济效益分析，优化资源配置，从而实现工程项目的经济效益最大化。

(3) 管理能力：熟悉项目管理的基本流程和方法，具备制订项目计划、组织项目实施、监控项目进度和质量的能力；具备组建和管理项目团队的能力，能够协调团队成员的工作，确保项目顺利进行(团队管理)；能够识别和分析工程项目中的风险，制定风险应对策略，降低项目的风险水平(风险管理)。

(4) 法律能力：熟悉工程项目的合同管理，包括合同的起草、谈判、签订、执行和争议解决等；了解并遵守与工程管理相关的法律法规，如《中华人民共和国建筑法》《中华人民共和国环境保护法》等，确保工程项目的合法性；具备防范法律风险的能力，能够在项目实施过程中识别和应对可能出现的法律问题。

(5) 信息能力：熟悉工程管理相关的信息技术工具，如项目管理软件、BIM 软件等，并能够熟练运用这些工具进行工程管理；具备收集、整理、分析和利用工程管理信息的能力。

综上所述，工程管理专业的学生需要具备全面的技术能力、经济分析能力、管理能力和信息处理能力，以适应工程管理领域具有复杂性和多样性的各类工作。这些能力需要学生在校期间通过课程学习、实践锻炼等多种方式不断积累和提升。

2.3　课程体系构建

2.3.1　工程管理专业课程体系结构图

根据黄河科技学院产教融合型课程体系改革要求，黄河科技学院工程管理专业构建了以项目化课程为核心的“2＋1＋1”的课程体系，即前两年主要是公共基础课和专业基础课程，第三年是项目化教学课程，第四年是应用型课程、毕业实习、毕业设计等。工程管理专业课程体系结构图如图 2-1 所示。

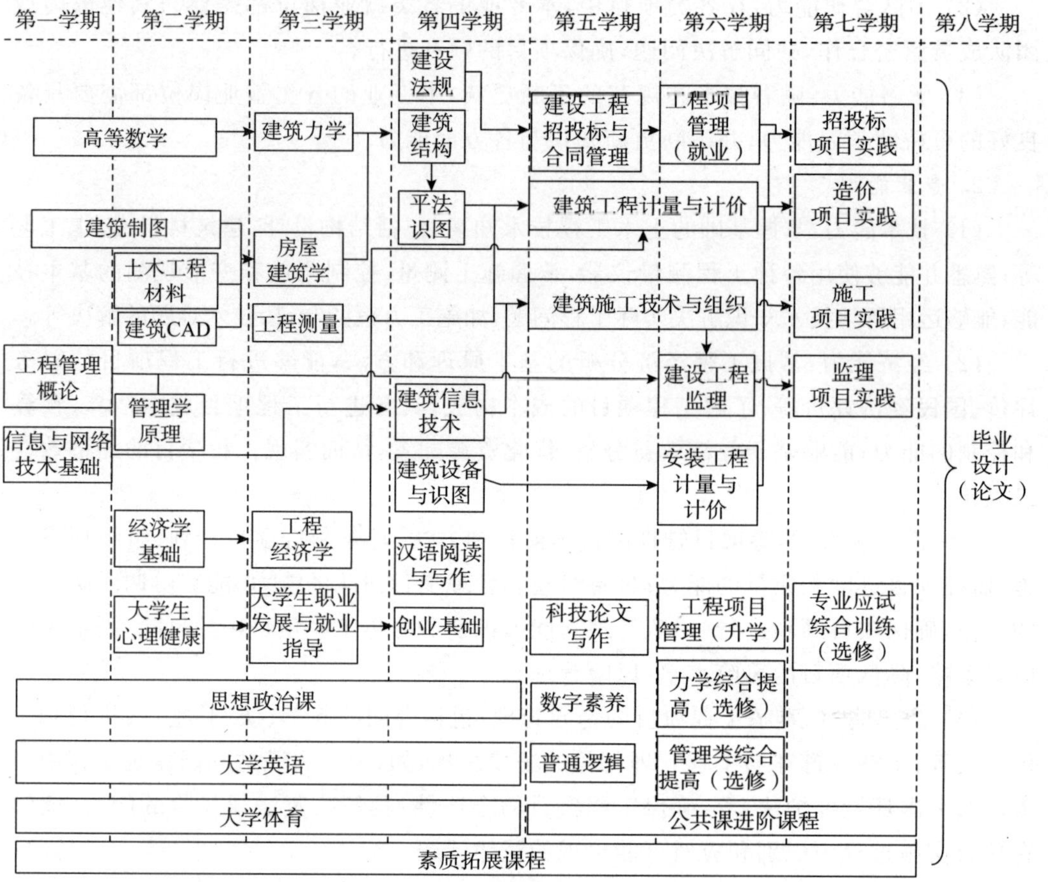

图 2-1　工程管理专业课程体系结构图

2.3.2　工程管理专业课程知识结构体系

根据前期的岗位调研，工程管理专业梳理出了造价类、招投标类、施工类和监理类等岗位群，并针对不同岗位群设置相应的项目化课程，以及支撑项目化课程的专业基础课程。工程管理专业课程知识结构体系如图 2-2 所示。

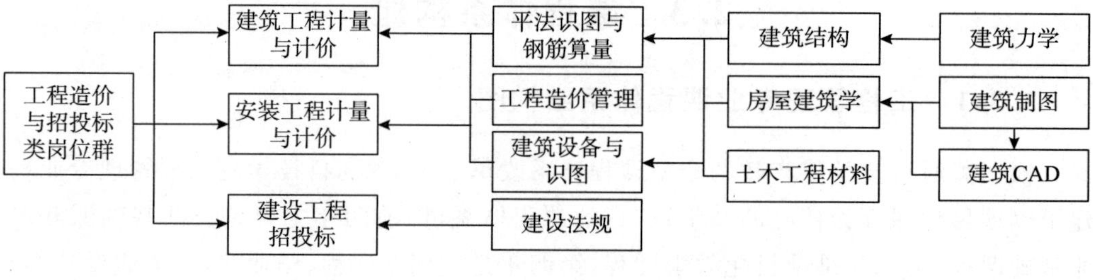

图 2-2　工程管理专业课程知识结构体系

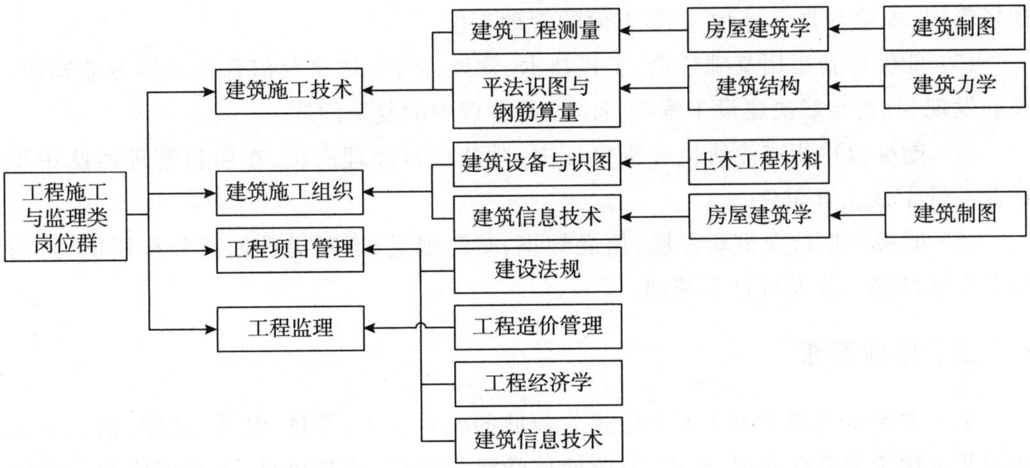

图　2-2(续)

附:工程管理专业人才培养方案

一、专业基本信息

专业名称:工程管理

专业代码(国标):120103

专业代码(校标):0209

专业开办年度:2006 年

学科门类:工学

标准学制:四年

授予学位:工学学士学位

二、培养目标

工程管理专业培养适应社会主义现代化建设需要,德、智、体、美、劳全面发展,具备土木工程领域技术知识,掌握与工程管理相关的管理、经济、法律和信息等基础知识,具有较高的专业综合素质和能力,具有良好的职业道德、创新精神和学习能力,能够在土木工程领域从事全过程工程管理的应用型专业人才。本专业学生毕业后五年左右预计达到的具体目标如下。

(1) 具有较高的人文素养、职业道德、学习能力、社会责任感和创新能力,服务国家与社会的能力显著增强。

(2) 能够胜任土木工程领域建设工程项目的投资与融资、可行性论证、工程项目现场管理、竣工验收、运行维护等方面的管理工作。

(3) 能够综合运用基础理论、工程技术、管理、经济、法律及信息技术等专业知识，独立发现、分析与解决建设工程项目全过程管理中的复杂问题。

(4) 能够取得相应注册执业资格证书，胜任项目经理岗位，在项目管理团队中担任业务骨干或主管角色。

(5) 能够根据行业最新发展，拓展知识、与时俱进，不断提升创新和科研能力，为职业生涯的进一步发展打下基础。

三、毕业要求

本专业学生主要学习土木工程相关领域的工程技术、管理、经济、法律、信息等方面的基本理论和基础知识，全面、系统地接受科学思维、管理思维、人文思维和工程师思维的基本训练，具备知识获取、知识应用和创新、分析和解决工程管理问题的能力。本专业学生毕业时应达到的要求如表 2-2 所示。

表 2-2 毕业要求

毕业要求	指标点分解
1. 工程知识：能够适应现代信息技术发展，融会贯通工程数理基本知识和土木工程领域专业知识，将数学、自然科学、工程基础和专业知识用于解决土木工程领域的基本工程问题	指标点 1.1：掌握数学和自然科学的基本知识，具有将其运用到工程技术领域的能力 指标点 1.2：掌握工程管理专业基础知识，具有对土木工程领域基本工程问题的施工方案、关键环节等问题的分析能力 指标点 1.3：能够将数学、自然科学、工程基础和专业知识运用到土木工程领域基本工程问题的归类与描述
2. 问题分析：能够应用社会科学和自然科学的基本原理，通过文献研究和分析，完成土木工程相关领域的工程策划、设计管理、成本控制、进度控制、质量控制、安全管理、合同管理、信息管理和组织协调等工作	指标点 2.1：具备较强的语言与文字表达能力，具备对专业英语文献进行读、写、译的基本能力，具备运用计算机信息技术解决专业相关问题的基本能力，具备进行专业文献检索和初步研究的能力，具备创新意识和初步创新能力，能够在工作、学习和生活中发现、总结、提出新观点和新想法 指标点 2.2：具备在土木工程领域进行工程策划、设计管理、投资控制、进度控制、质量控制、安全管理、合同管理、信息管理和组织协调的基本能力，具备发现、分析、研究、解决工程管理实际问题的综合专业能力
3. 设计/开发解决方案：能够发现、分析、研究、解决工程管理实际问题，并考虑社会、健康、安全、法律、文化及环境等因素	指标点 3.1：具备进行建设工程项目可行性研究的能力，熟悉建设项目决策分析与评价的基本内容、流程方法，熟悉建设方案的主要研究内容和比选方法，能进行建设方案的评价工作 指标点 3.2：具备进行建设工程项目管理的操作能力，掌握合同管理的基本原理与方法，能针对具体工程编制招标文件；掌握工程造价管理的基本原理与方法，能针对具体工程编制招标控制价、工程结算文件；掌握进度、质量、安全与环境保护等管理的基本原理与方法，能针对具体工程编制相应的管理计划，并能有效组织实施与控制

续表

毕 业 要 求	指标点分解
4. 研究：能够基于科学原理、采用科学方法对工程管理专业的复杂工程问题进行研究，具备系统的工程意识和综合分析素养，能够发现和分析工程系统的不足与缺陷，解决工程系统的重难点和关键问题	指标点 4.1：针对建设项目的评估问题，能够考虑新工艺、新设备、新技术、新材料，提出具有一定创新性的工程方案 指标点 4.2：针对建设项目的管理实施问题，能够有效进行数据采集和分析，并提出改进方案
5. 使用现代工具：能够运用计算机信息技术解决专业相关问题，并使用恰当的技术、资源、现代工程工具和信息技术工具，包括对复杂工程问题的预测与模拟，并能够理解其局限性	指标点 5.1：掌握文献检索的基本方法，具备利用现代信息技术工具收集、分析、判断和选择相关技术信息的能力 指标点 5.2：掌握工程项目管理信息系统及软件应用；掌握 BIM 的技术原理及其应用
6. 工程与社会：能够基于工程管理相关的知识和标准，评价土木工程项目的设计、施工和运行方案，以及复杂工程问题的解决方案，包括其对社会、健康、安全、法律和文化的影响	指标点 6.1：能够基于管理科学、土木工程相关的背景知识和标准，评价建设工程项目的设计、施工和运行方案对社会、健康、安全、法律及文化的影响 指标点 6.2：理解在工程项目全过程中，工程管理人员于公众健康、公共安全、社会和文化，以及法律等方面应承担的责任
7. 环境和可持续发展：能够理解和评价针对工程管理专业的复杂工程问题的工程实践对环境、社会可持续发展的影响	指标点 7.1：熟悉建设工程法规对环境保护的要求 指标点 7.2：理解绿色建筑的内涵，在工程管理实践中厉行节能、节地、节水、节材等，保护环境和减少污染，践行和实施绿色发展理念 指标点 7.3：掌握绿色施工的内涵，熟悉建设工程项目建造过程中可能产生的污染源及相应的应对处理措施，牢固树立绿色施工意识
8. 职业规范：了解中国国情，具有人文社会科学素养、社会责任感，能够在工程实践中理解并遵守工程职业道德和行为规范，做到责任担当、贡献国家、服务社会	指标点 8.1：熟悉住房和城乡建设部对建筑业各执业资格人员的相关管理规定，熟悉我国建设行政主管部门的“建筑市场诚信体系监管平台”的内容和作用 指标点 8.2：熟悉建筑业相关行业协会发布的职业道德行为准则，在工程实践中能自觉遵守职业道德和规范 指标点 8.3：具有正确的价值观，了解国情，维护国家利益，具有推动社会进步的责任感
9. 个人和团队：具有健康的体格和良好的心理素质，具有一定的协调、管理、竞争与合作能力，能够在多学科背景下的团队中承担团队成员及负责人的角色	指标点 9.1：能够理解在多学科背景下的团队中不同角色的职责，在团队中承担好自己的角色，具有团队合作精神和意识 指标点 9.2：能组织团队成员开展工作，胜任团队负责人的工作

续表

毕业要求	指标点分解
10. 沟通:能够就工程管理专业的复杂工程问题与业界同行及社会公众进行有效沟通和交流,包括撰写报告、设计文稿、陈述发言、表达或回应指令;具备一定的国际视野,能够在跨文化背景下进行基本沟通和交流	指标点 10.1:能及时跟踪土木工程相关领域及相关行业的发展状况,并就当前的热点问题发表自己的见解 指标点 10.2:具有良好的表达能力,专业的描述方法,能与业界同行及社会公众进行准确、高效的沟通和交流 指标点 10.3:具有一定的国际视野,能够在跨文化背景下审视问题
11. 项目管理:在与工程管理专业相关的多学科环境中理解、掌握、应用工程管理原理与经济决策方法,具有一定的组织、管理和领导能力	指标点 11.1:具备统筹兼顾土木工程专业相关的多学科要求、开展工程组织和管理的能力 指标点 11.2:能够基于工程经济理论做出合理的经济、管理和领导决策
12. 终身学习:具有自主学习和终身学习的意识,有不断学习和适应发展的能力,拥有自主学习和适应土木工程领域新发展的意识和能力	指标点 12.1:具有自主学习和终身学习的意识,掌握自主学习的方法,了解拓展知识和能力的途径 指标点 12.2:能针对个人成长和职业发展的需求,采用合适的方法进行自主学习,适应不断变化的国内外形势和环境。养成终生学习的习惯,能够通过继续教育或其他渠道更新知识,实现能力和技术水平的提升,能跟踪工程管理专业学科的前沿发展,具有适应行业发展的能力

四、主干学科及主干课程

主干学科:管理科学与工程、土木工程。

主干课程:建筑制图、建筑力学、建筑结构、土木工程材料、管理学原理、工程经济学、工程造价管理、建筑施工技术与组织Ⅰ、建筑施工技术与组织Ⅱ、工程招投标与合同管理、建设法规、工程项目管理、建筑工程计量与计价Ⅰ、建筑工程计量与计价Ⅱ等。

五、课程结构体系

(1) 能力结构图(图 2-3)。

(2) 课程拓扑图(图 2-4)。

六、课程体系总体设计

课程体系总体设计如表 2-3 所示。

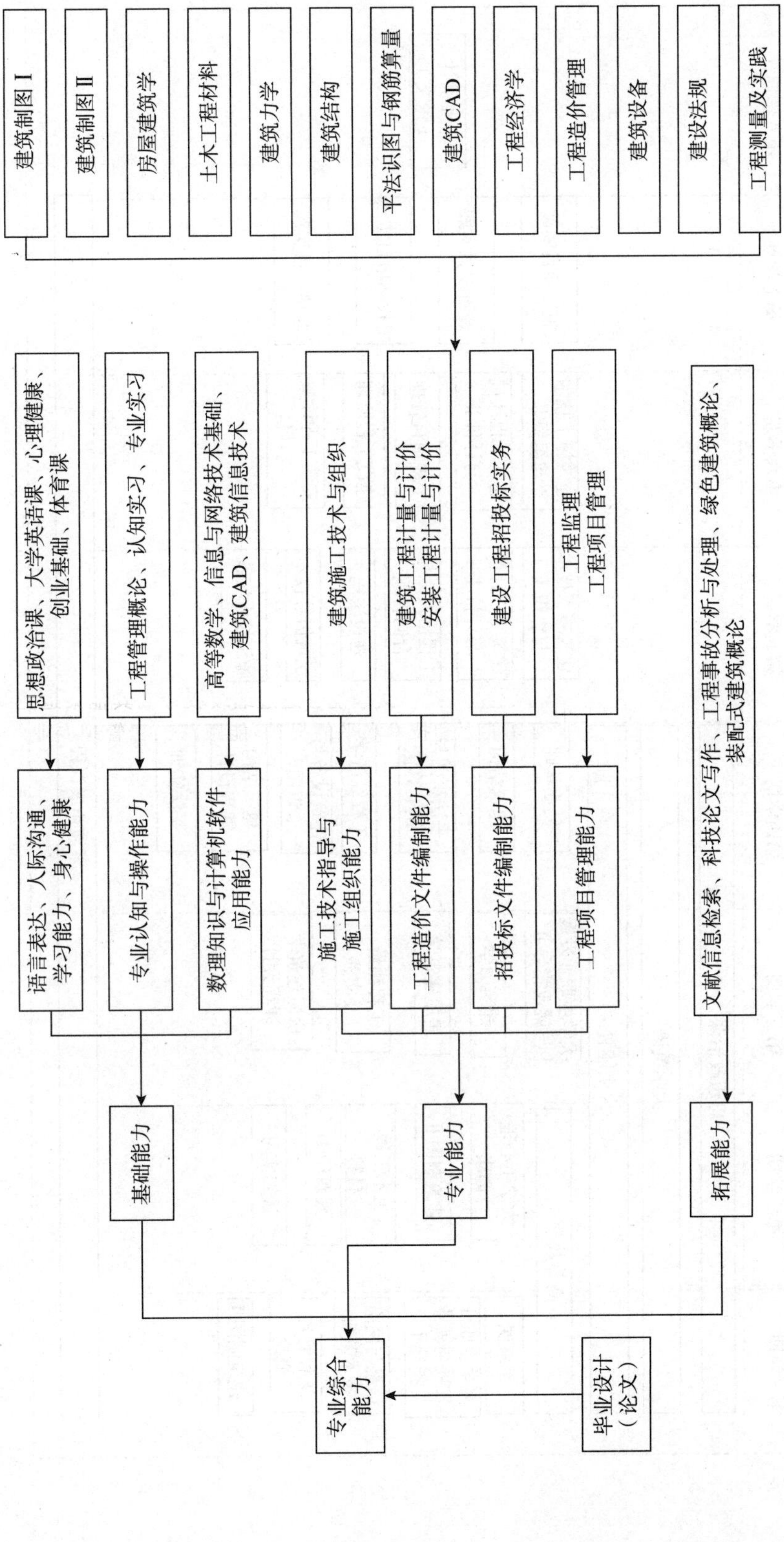
建筑制图 I
建筑制图 II
房屋建筑学
土木工程材料
建筑力学
建筑结构
平法识图与钢筋算量
建筑CAD
工程经济学
工程造价管理
建筑设备
建设法规
工程测量及实践
思想政治课、大学英语课、心理健康、创业基础、体育课
工程管理概论、认知实习、专业实习
高等数学、信息与网络技术基础、建筑CAD、建筑信息技术
建筑施工技术与组织
建筑工程计量与计价
安装工程计量与计价
建设工程招投标实务
工程监理
工程项目管理
文献信息检索、科技论文写作、工程事故分析与处理、绿色建筑概论、装配式建筑概论
语言表达、人际沟通、学习能力、身心健康
专业认知与操作能力
数理知识与计算机软件应用能力
施工技术指导与施工组织能力
工程造价文件编制能力
招投标文件编制能力
工程项目管理能力
基础能力
专业能力
拓展能力
专业综合能力
毕业设计（论文）

图 2-3　工程管理专业能力结构图

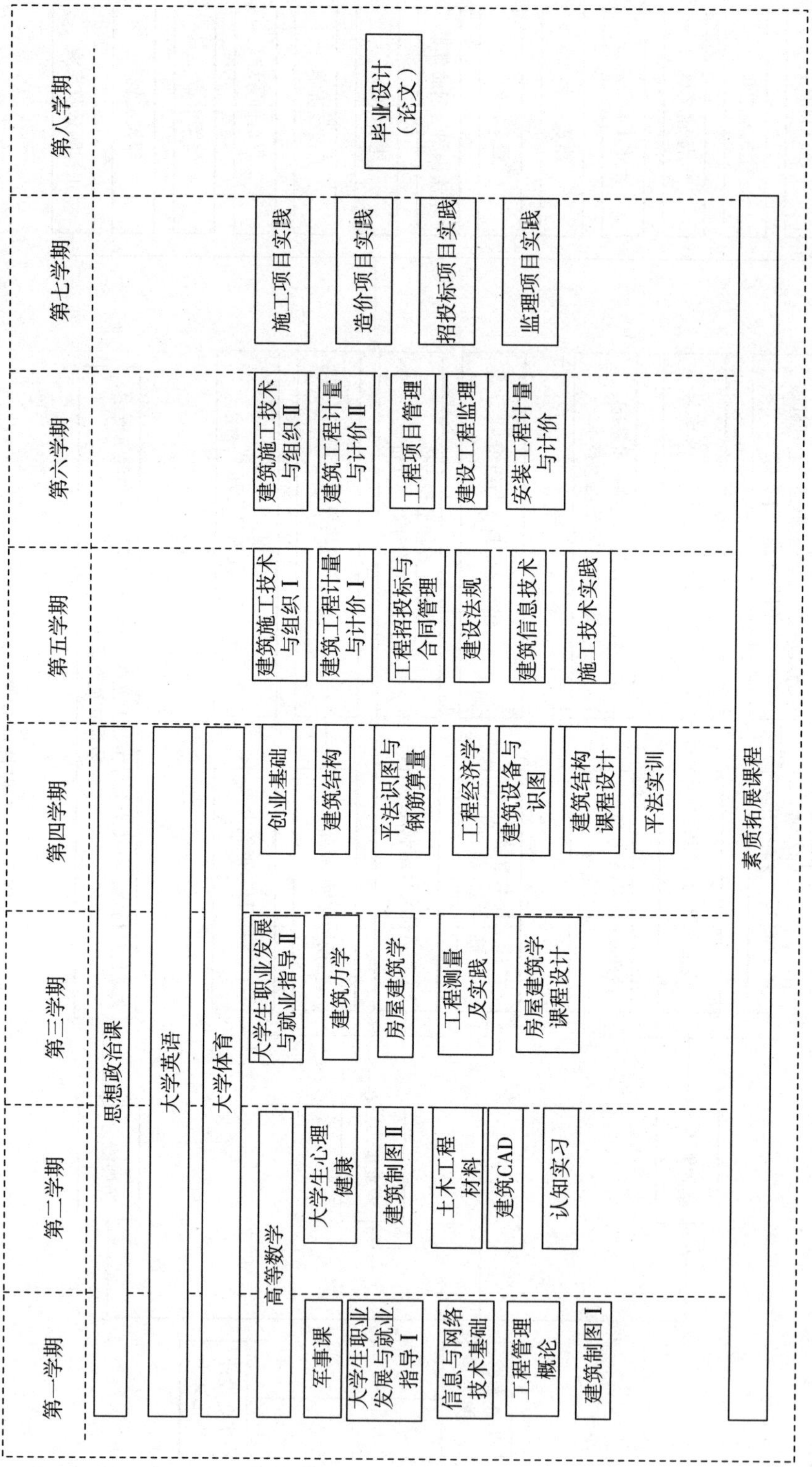
第一学期
第二学期
第三学期
第四学期
第五学期
第六学期
第七学期
第八学期
思想政治课
大学英语
大学体育
高等数学
军事课
大学生职业发展与就业指导 I
信息与网络技术基础
工程管理概论
建筑制图 I
大学生心理健康
建筑制图 II
土木工程材料
建筑CAD
认知实习
大学生职业发展与就业指导 II
建筑力学
房屋建筑学
工程测量及实践
房屋建筑学课程设计
创业基础
建筑结构
平法识图与钢筋算量
工程经济学
建筑设备与识图
建筑结构课程设计
平法实训
建筑施工技术与组织 I
建筑工程计量与计价 I
工程招投标与合同管理
建设法规
建筑信息技术
施工技术实践
建筑施工技术与组织 II
建筑工程计量与计价 II
工程项目管理
建设工程监理
安装工程计量与计价
施工项目实践
造价项目实践
招投标项目实践
监理项目实践
毕业设计（论文）
素质拓展课程

图 2-4　工程管理专业课程拓扑图

表 2-3　课程体系总体设计

课程平台	课程类别	必修课程（学分）	选修课程（学分）	修读学分要求	学分比例
公共基础课程	思想政治	思想政治理论课程(15)；形势与政策(2)；军事技能(2)；军事理论与国家安全(3)	—	22	71 学分 41.8%
	语言文学艺术	大学英语(16)	艺术欣赏(2)；中华优秀传统文化概论(1)	19	
	数理基础	高等数学(10)	—	10	
	计算机基础	信息与网络技术基础(2)	—	2	
	体育与心理	体育(4)；大学生心理健康(2)	—	6	
	职业发展指导	大学生职业发展与就业指导(2)；创业基础(2)	—	4	
	素质拓展	大学生实验安全教育(1)；劳动教育(2)；社会实践(1)	文献信息检索(1)；科技论文写作(1)；创新实践课程(2)	8	
专业基础课程	专业基础课程	工程管理概论(1)；建筑制图(5)；土木工程材料(2.5)；建筑 CAD(1.5)；房屋建筑学(2.5)；建筑力学(4.5)；工程测量及实践(4)；工程经济学(2)；平法识图与钢筋算量(2)；工程造价管理(2)；建筑设备与识图(2)；建筑结构(4)；建筑法规(1.5)；建筑信息技术(1.5)	房地产开发与经营(1.5)；工程事故分析与处理(1.5)；装配式建筑概论(1)；绿色建筑概论(1.5)；建设工程合同管理(2)；项目管理软件应用(2)；管理学(2)；经济学基础(2)	必修学分 36 选修学分≥10	46 学分 27.1%
项目化教学课程	项目化教学课程	建筑施工技术与组织Ⅰ(4)；建筑工程计量与计价Ⅰ(3)；工程招投标与合同管理(3)；建筑施工技术与组织Ⅱ(4)；建筑工程计量与计价Ⅱ(4)；工程项目管理(3)	安装工程计量与计价(4)；工程项目投资实务(2)；建设工程监理(2)	必修学分 21 选修学分≥6	27 学分 15.9%
			力学综合提高(3)；管理类综合提高(3)；政治(3)；英语(3)；数学(3)		
应用型课程	应用型课程	—	工程造价项目实践(8)；施工管理项目实践(8)；工程监理项目实践(8)	选修学分≥0	0 学分 0

续表

课程平台	课程类别	必修课程（学分）	选修课程（学分）	修读学分要求	学分比例
集中实践	集中实践课程	施工技术实践(3)；认知实习(1)；建筑制图实训(1)；房屋建筑学课程设计(1)；平法实训(2)；建筑结构课程设计(1.5)；建筑信息化(BIM)项目实训(1.5)；毕业实习(3)；毕业设计(论文)(12)	—	必修学分 26	26 学分 15.3%
最低毕业学分要求合计				170	100%

七、课程学分结构与毕业基本要求

课程学分结构与毕业基本要求如表 2-4 所示。

表 2-4　课程学分结构与毕业基本要求

课程平台	总学分	必修学分	选修学分	理论学分	实践学分	实践学分比例	备注
公共基础课程	71	64	7	49.5	21.5	30.3%	
专业基础课程	46	36	10	40.5	5.5	12%	
项目化课程	27	21	6	13.5	13.5	50%	
应用型课程	0	0	0	0	0	—	
集中实践课程	26	26	0	0	26	100.0%	
毕业条件合计	≥170	147	23	103.5	66.5	39.1%	
其中实践教学学分占总学分比例*	39.1%						

注：* 指所有的实践学分，包括课内的实验、上机、社会实践、实训，以及专业集中实践课程。

八、课程设置与教学计划

(1) 公共基础课程(表 2-5)。
(2) 专业基础课程(表 2-6)。
(3) 项目化教学课程(表 2-7)。
(4) 应用型课程(表 2-8)。
(5) 集中实践课程(表 2-9)。

九、与专业相关的职业资格考试介绍

与专业相关的职业资格考试介绍如表 2-10 所示。

表 2-5　公共基础课程

课程平台	课程类别	课 程 名 称	课程代码	课程性质	课程学分			课程学时/小时			开 课 学 期								考试考查	开课单位	备注
					学分	理论学分	实践学分	学时	理论学时	实践学时	1	2	3	4	5	6	7	8			
公共基础课程	思想政治	思想道德与法治	1920319001	必修	3	2	1	48	32	16		√							考试	马克思主义学院	
		中国近代史纲要	1920319002	必修	3	3	0	48	48	0	√								考试	马克思主义学院	
		马克思主义基本原理概论	1920319003	必修	3	3	0	48	48	0			√						考试	马克思主义学院	
		毛泽东思想和中国特色社会主义理论体系概论	1920319004	必修	3	2	1	48	32	16				√					考试	马克思主义学院	
		习近平新时代中国特色社会主义思想概论	2220319009	必修	3	3	0	48	48	0				√					考试	马克思主义学院	
		形势政策Ⅰ	1920319005	必修	0.5	0.5	0	16	16	0	√	√							考查	马克思主义学院	
		形势政策Ⅱ	1920319006	必修	0.5	0.5	0	16	16	0			√	√					考查	马克思主义学院	
		形势政策Ⅲ	1920319007	必修	0.5	0.5	0	16	16	0					√	√			考查	马克思主义学院	
		形势政策Ⅳ	1920319008	必修	0.5	0.5	0	8	8	0							√		考查	马克思主义学院	
		军事技能	2220559001	必修	2	0	2	2W	0	2W	√								考查	军事理论教研室	
		军事理论与国家安全	2220559002	必修	3	3	0	48	48	0	√								考查	军事理论教研室	
		小　计			22	18	4	344+2W	312	32+2W	4	2	2	3	1	1	1	0			

续表

课程平台	课程类别	课程名称	课程代码	课程性质	课程学分			课程学时/小时			开课学期								考试考查	开课单位	备注
					学分	理论学分	实践学分	学时	理论学时	实践学时	1	2	3	4	5	6	7	8			
公共基础课程	语言文学艺术	大学英语Ⅰ	1920329001	必修	4	3	1	64	48	16	√								考试	公共外语教学部	
		大学英语Ⅱ	1920329002	必修	4	3	1	64	48	16		√							考试	公共外语教学部	
		大学英语Ⅲ	1920329003	必修	4	3	1	64	48	16			√						考试	公共外语教学部	
		大学英语Ⅳ	1920329004	必修	4	3	1	64	48	16				√					考试	公共外语教学部	
		艺术欣赏	19251 GX001-8	限定选修	2	2	0	32	32	0						√			考查	公共体育艺术部	
		中华优秀传统文化概论	2110319001	选修	1	1	0	16	16	0		√							考查		
		小　计			19	15	4	304	240	64	1	2	1	1	0	1	0	0			
	数理基础	高等数学Ⅰ(理工类)	2321990001	必修	5	5	0	80	80	0	√								考试	基础中心	
		高等数学Ⅱ(理工类)	2321990002	必修	5	5	0	80	80	0		√							考试	基础中心	
		小　计			10	10	0	160	160	0	1	1	0	0	0	0	0	0			
	体育与心理类	体育Ⅰ	1920539001	必修	1	0	1	32	0	32	√								考查	公共体育教学部	
		体育Ⅱ	1920539002	必修	1	0	1	32	0	32		√							考查	公共体育教学部	
		体育Ⅲ	1920539003	必修	1	0	1	32	0	32			√						考查	公共体育教学部	
		体育Ⅳ	1920539004	必修	1	0	1	32	0	32				√					考查	公共体育教学部	
		大学生心理健康	1920749001	必修	2	1.5	0.5	32	24	8		√							考查	心理健康教育教研室	
		小　计			6	1.5	4.5	160	24	136	1	2	1	1	0	0	0	0			

续表

课程平台	课程类别	课程名称	课程代码	课程性质	课程学分			课程学时/小时			开课学期								考试考查	开课单位	备注
					学分	理论学分	实践学分	学时	理论学时	实践学时	1	2	3	4	5	6	7	8			
公共基础课程	职业发展指导类	大学生职业发展与就业指导Ⅰ	1920569001	必修	1	0.5	0.5	20	16	4	√								考查	就业指导教研室	
		大学生职业发展与就业指导Ⅱ	1920569002	必修	1	0.5	0.5	18	14	4						√			考查	就业指导教研室	
		创业基础	1920759001	必修	2	1	1	32	16	16				√					考查	创业指导教研室	
		小计			4	2	2	70	46	24	1	0	0	1	0	1	0	0			
	信息技术类	信息与网络技术基础	1920529001	必修	2	1	1	32	16	16	√								考试	计算机基础教研室	
		小计			2	1	1	32	16	16	1	0	0	0	0	0	0	0			
	素质拓展类	大学生实验室安全教育	2320097001	必修	1	1	0	16	16	0	√								考查	工学部	
		文献信息检索	1920589001	选修	1	1	0	18	10	8					√				考查	文献信息检索教研室	
		科技论文写作	2321990043	选修	1	0.5	0.5	16	8	8							√		考查	工学部	
		劳动教育Ⅰ	2020239001	必修	0.5	0.5	0	8	8	0	√								考查	学生处	
		劳动教育Ⅱ	2020239002	必修	1.5	0	1.5	24	0	24							√		考查	学生处	
		社会实践		必修	1	0	1	—	—	4W									考查	工学部	
		创新实践		选修	2	0	2	0	0										考查		
		小计			8	3	6	82	42	40+4W	2	0	0	0	1	0	2	0			
	公共基础课程合计				71	50.5	21.5	992+2W	840	312+6W	11	7	4	6	2	3	3	0			

表 2-6 专业基础课程

课程平台	课程类别	课程名称	课程代码	课程性质	课程学分			课程学时/小时			开课学期								考试考查	开课单位	备注
					学分	理论学分	实践学分	学时	理论学时	实践学时	1	2	3	4	5	6	7	8			
专业基础课程	专业基础必修课程	工程管理概论	2321032401	必修	1	1	0	16	16	0	√								考试	土建中心	
		建筑制图Ⅰ	2321032402	必修	3	3	0	48	48	0	√								考试	土建中心	
		建筑制图Ⅱ	2321032403	必修	2	2	0	32	32	0		√							考试	土建中心	
		土木工程材料	2321032404	必修	2.5	2	0.5	40	32	8		√							考试	土建中心	
		建筑 CAD	2321032405	必修	1.5	1	0.5	24	16	8		√							考试	土建中心	
		房屋建筑学	2321032406	必修	2.5	2	0.5	40	36	4			√						考试	土建中心	
		建筑力学	2321032407	必修	4.5	4	0.5	72	64	8			√						考试	土建中心	
		工程测量及实践	2321032408	必修	4	2	2	64	32	32			√						考试	土建中心	
		工程经济学	2321032409	必修	2	2	0	32	32	0				√					考试	土建中心	
		平法识图与钢筋算量	2321032410	必修	2	1.5	0.5	32	24	8				√					考试	土建中心	
		工程造价管理	2321032411	必修	2	2	0	32	32	0				√					考试	土建中心	
		建筑设备与识图	2321032412	必修	2	2	0	32	32	0				√					考试	土建中心	
		建筑结构	2321032413	必修	4	3.5	0.5	64	56	8				√					考试	土建中心	
		建设法规	2321032414	必修	1.5	1.5	0	24	24	0					√				考试	土建中心	
		建筑信息技术	2321032415	必修	1.5	1.0	0.5	24	16	8				√					考试	土建中心	
		小计			36	30.5	5.5	576	492	84	2	3	3	6	1	0	0	0			

续表

课程平台	课程类别	课程名称	课程代码	课程性质	课程学分			课程学时/小时			开课学期								考试考查	开课单位	备注
					学分	理论学分	实践学分	学时	理论学时	实践学时	1	2	3	4	5	6	7	8			
专业基础课程	专业基础选修课程	房地产开发与经营	2321032416	定向性选修	1.5	1.5	0	24	24	0					√				考查	土建中心	
		工程事故分析与处理	2321032417	定向性选修	1.5	1.5	0	24	24	0							√		考查	土建中心	
		装配式建筑概论	2321032418	定向性选修	1	1	0	16	16	0							√		考查	土建中心	
		绿色建筑概论	2321032442	定向性选修	1.5	1.5	0	24	24	0						√			考查	土建中心	
		建设工程合同管理	2321032445	定向性选修	2	2	0	32	32	0						√			考试	土建中心	
		项目管理软件应用	2321032446	定向性选修	2	2	0	32	16	16					√				考查	土建中心	
		管理学	2321032419	定向性选修	2	2	0	32	32	0		√							考试	土建中心	
		经济学基础	2321032420	定向性选修	2	2	0	32	32	0		√							考试	土建中心	
		小计			≥10	≥10	0	216	200	16	0	2	0	0	2	2	2	0			
	合计				45	39.5	5.5	776	676	100	2	3	6	5	4	2	0	0			

表 2-7 项目化教学课程

课程平台	课程类别	课程名称	课程代码	课程性质	课程学分			课程学时/小时			开课学期								考试考查	开课单位	备注
					学分	理论学分	实践学分	学时	理论学时	实践学时	1	2	3	4	5	6	7	8			
项目化教学课程	就业方向项目化必修课程	建筑施工技术与组织Ⅰ	2321032421	必修	4	2	2	64	32	32					√				考查	土建中心	
		建筑工程计量与计价Ⅰ	2321032422	必修	4	2	2	64	32	32					√				考查	土建中心	
		工程招投标与合同管理	2321032423	必修	3	1.5	1.5	48	24	24					√				考查	土建中心	
		建筑施工技术与组织Ⅱ	2321032424	必修	4	2	2	64	32	32						√			考查	土建中心	
		建筑工程计量与计价Ⅱ	2321032425	必修	3	1.5	1.5	48	24	24						√			考查	土建中心	
		工程项目管理	2321032426	必修	3	1.5	1.5	48	24	24						√			考查	土建中心	
		小计			21	10.5	10.5	336	168	168	0	0	0	0	3	3	0	0			
	就业方向项目化选修课程	安装工程计量与计价Ⅰ	2321032427	限定性选修	4	2	2	64	32	32						√			考查	土建中心	
		安装工程计量与计价Ⅱ	2321032447	限定性选修	2	1	1	32	16	16							√		考查	土建中心	
		工程项目投资实务	2321032443	限定性选修	2	1	1	32	16	16						√			考查	土建中心	
		建设工程监理	2321032428	限定性选修	2	1	1	32	16	16						√			考查	土建中心	
		小计			≥6	≥3	≥3	160	96	96	0	0	0	0	0	3	0	0			
	合计				≥27	≥13.5	≥13.5	496	264	264	0	0	0	0	3	3	0	0			

续表

课程平台	课程类别	课程名称	课程代码	课程性质	课程学分			课程学时/小时			开课学期								考试考查	开课单位	备注
					学分	理论学分	实践学分	学时	理论学时	实践学时	1	2	3	4	5	6	7	8			
项目化教学课程	应用型研究方向项目化教学课程	力学综合提高	2321032429	定向性选修	2	1	1	32	16	16						√			考查	土建中心	
		管理类综合提高	2321032430	定向性选修	2	1	1	32	16	16					√				考试	土建中心	
		马克思主义哲学、政治经济学与科学社会主义概论	2320238001	限定性选修	1	1	0	48	48	1					√				考试	马克思主义学院	
		马克思主义中国化时代化的理论与实践	2320238007	限定性选修	1	1	0	48	48	1						√			考试	马克思主义学院	
		“二战”后国际格局演变与我国外交政策	2320238013	限定性选修	1	1	0	39	39	1							√		考试	马克思主义学院	
		高等数学的理论与应用	2320238004	限定性选修	1	1	0	64	64	0					√				考试	基础科教中心	
		高等数学的探究新思维	2320238012	限定性选修	1	1	0	64	64	0						√			考试	基础科教中心	
		高等数学综合素养提升	2320238018	限定性选修	1	1	0	52	52	0							√		考试	基础科教中心	
		英文阅读与写作Ⅱ	2320238006	限定性选修	1	1	0	64	64	0					√				考试	公共外语	
		大学英语阅读精讲教程Ⅱ	2320238009	限定性选修	1	1	0	64	64	0						√			考试	教学部	
		大学英语综合教程Ⅱ	2320238015	限定性选修	1	1	0	52	52	0							√		考试	公共外语	
		小　计			≥11	≥10	≥1	559	527	32					4	4	3				

表 2-8　应用型课程

课程平台	课程类别	课程名称	课程代码	课程性质	课程学分			课程学时/小时			开课学期								考试考查	开课单位	备注
					学分	理论学分	实践学分	学时	理论学时	实践学时	1	2	3	4	5	6	7	8			
应用创新课程	应用型课程	工程造价项目实践	2321032431	限定性选修	8	0	8	128	0	128							√		考查	土建中心	
		施工管理项目实践	2321032432	限定性选修	8	0	8	128	0	128							√		考查	土建中心	
		工程监理项目实践	2321032433	限定性选修	8	0	8	128	0	128							√		考查	土建中心	
合计					≥0	0	≥0	384	0	384	0	0	0	0	0	0	3	0			

表 2-9　集中实践课程

课程平台	课程类别	课程名称	课程代码	课程性质	课程学分：学分	课程学分：理论学分	课程学分：实践学分	课程学时/小时：学时	课程学时/小时：理论学时	课程学时/小时：实践学时	开课学期：1	开课学期：2	开课学期：3	开课学期：4	开课学期：5	开课学期：6	开课学期：7	开课学期：8	考试考查	开课单位	备注
集中实践教学课程	集中实践课程	专业实习	2321032434	必修	3	0	3	3W(90)	0	3W(90)					√				考查	土建中心	
		认知实习	2321032435	必修	1	0	1	1W(30)	0	1W(30)	√								考查	土建中心	
		建筑制图实训	2321032436	必修	1	0	1	1W(30)	0	1W(30)		√							考查	土建中心	
		房屋建筑学课程设计	2321032437	必修	1	0	1	1W(30)	0	1W(30)			√						考查	土建中心	
		平法实训	2321032438	必修	2	0	2	2W(60)	0	2W(60)				√					考查	土建中心	
		建筑结构课程设计	2321032439	必修	1.5	0	1.5	1.5W(45)	0	1.5W(45)				√					考查	土建中心	
		建筑信息化(BIM)项目实训	2321032440	必修	1.5	0	1.5	1.5W(45)	0	1.5W(45)					√				考查	土建中心	
		毕业实习	2321010125	必修	3	0	3	3W(90)	0	3W(90)							√		考查	土建中心	
		毕业设计(论文)	2321010126	必修	12	0	12	12W(360)	0	12W(360)								√	考查	土建中心	
合　计					26	0	26	26W(780)	0	26W(780)	1	1	1	2	1	0	1	1			

表 2-10　与专业相关的职业资格考试介绍

职业资格证书名称	级别	考试机构	发证机关	考试时间及频次	报考对象	备注
二级建造师	二级	省人力资源和社会保障厅/省住房和城乡建设厅	省人力资源和社会保障厅/省住房和城乡建设厅	一年一次	本科毕业，两年以上工作经验	
二级造价工程师	二级	省人力资源和社会保障厅/省住房和城乡建设厅	省人力资源和社会保障厅/省住房和城乡建设厅	一年一次	本科毕业，两年以上工作经验	
监理工程师		人力资源和社会保障部/住房和城乡建设部	人力资源和社会保障部/住房和城乡建设部	一年一次	本科毕业，四年以上工作经验	
一级建造师	一级	人力资源和社会保障部/住房和城乡建设部	人力资源和社会保障部/住房和城乡建设部	一年一次	本科毕业，四年以上工作经验	
一级造价工程师	一级	人力资源和社会保障部/住房和城乡建设部	人力资源和社会保障部/住房和城乡建设部	一年一次	本科毕业，四年以上工作经验	

十、其他有关说明

（1）表 2-9 是单独开设的集中实践教学课程的学分统计，其中军事课已在普通教育课程中体现，不再重复计算学分。

（2）对于教学计划表 2-7 中开出的应用型课程，学生可根据个人职业发展规划进行选修。

（3）本专业可以参加的竞赛及置换学分的方法如下。

本专业可以参加的竞赛有“数学建模大赛”“力学竞赛”“高教杯制图大赛”“全国高校 BIM 毕业设计创新大赛”等。国家级一等奖可置换 5 学分，国家级二等奖可置换 4 学分，国家三等奖可置换 3 学分；省级一等奖可置换 4 学分，省级二等奖可置换 3 学分，省级三等奖可置换 2 学分。

（4）创新创业教育学分获得说明。

本专业鼓励学生参加国内各级各类学科竞赛、学校“五个一”工程项目、大学生创新创业训练计划项目、教师科研项目，同时鼓励学生发表论文（第一作者）、授权专利（发明专利比照国家级竞赛办法、实用新型专利比照省级竞赛办法）、考取与专业相关的国家职业资格证书等，上述创新创业教育活动可按照学校相关规定直接获得学分或给予学分置换。

第3章 工程管理专业课程知识建模

3.1 项目化教学课程知识建模

3.1.1 工程招投标与合同管理课程知识建模

工程招投标与合同管理课程的教学内容包括四大模块。第一模块是招标，主要包括招标准备、招标开展两个阶段的工作程序、相关工作文件编制等内容；第二模块是投标，主要包括投标工作程序及投标文件编制等内容；第三模块是决标，主要包括开标、评标、定标、合同签订等工作内容；第四模块是合同管理，主要包括合同订立管理、合同履约管理等内容。具体内容详见图 3-1。

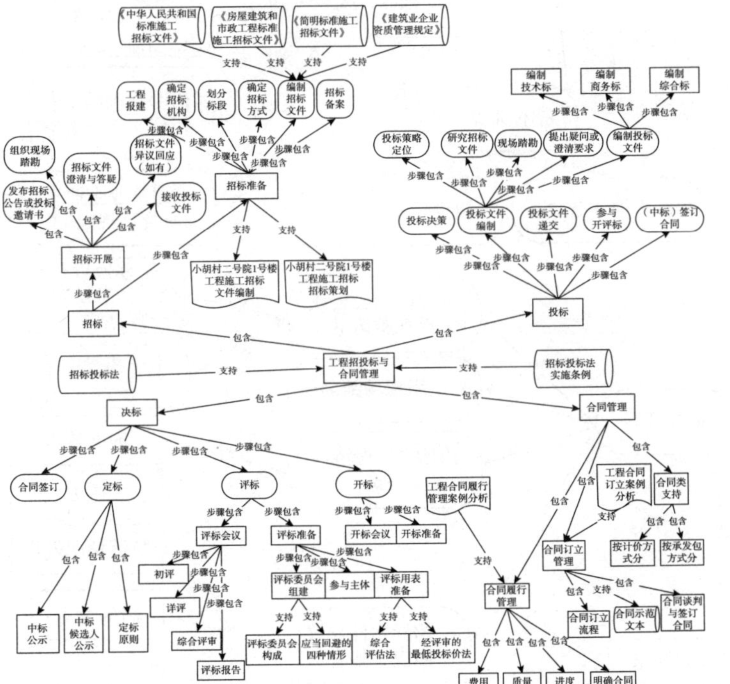

图 3-1 工程招投标与合同管理课程知识建模图

扫码看大图

招标在工程招投标与合同管理课程中属于课程核心知识模块，主要包括招标准备、招标开展两个阶段的工作程序、相关工作文件编制等。具体内容详见图 3-2。

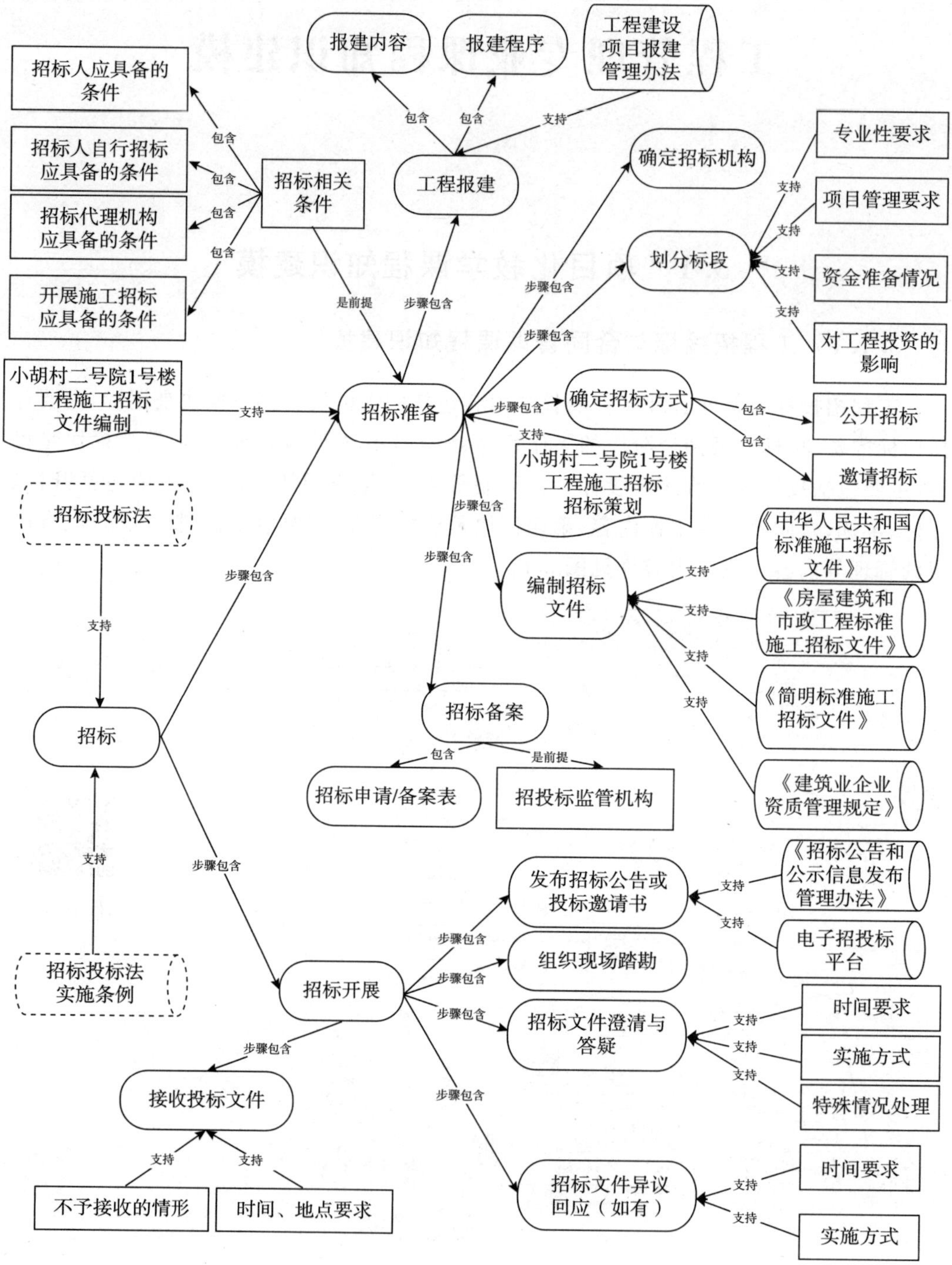

图 3-2　招标知识建模图

投标在工程招投标与合同管理课程中属于课程核心知识模块，主要包括投标决策、投标文件编制、投标文件递交、参与开评标、(中标)签订合同等。具体内容详见图 3-3。

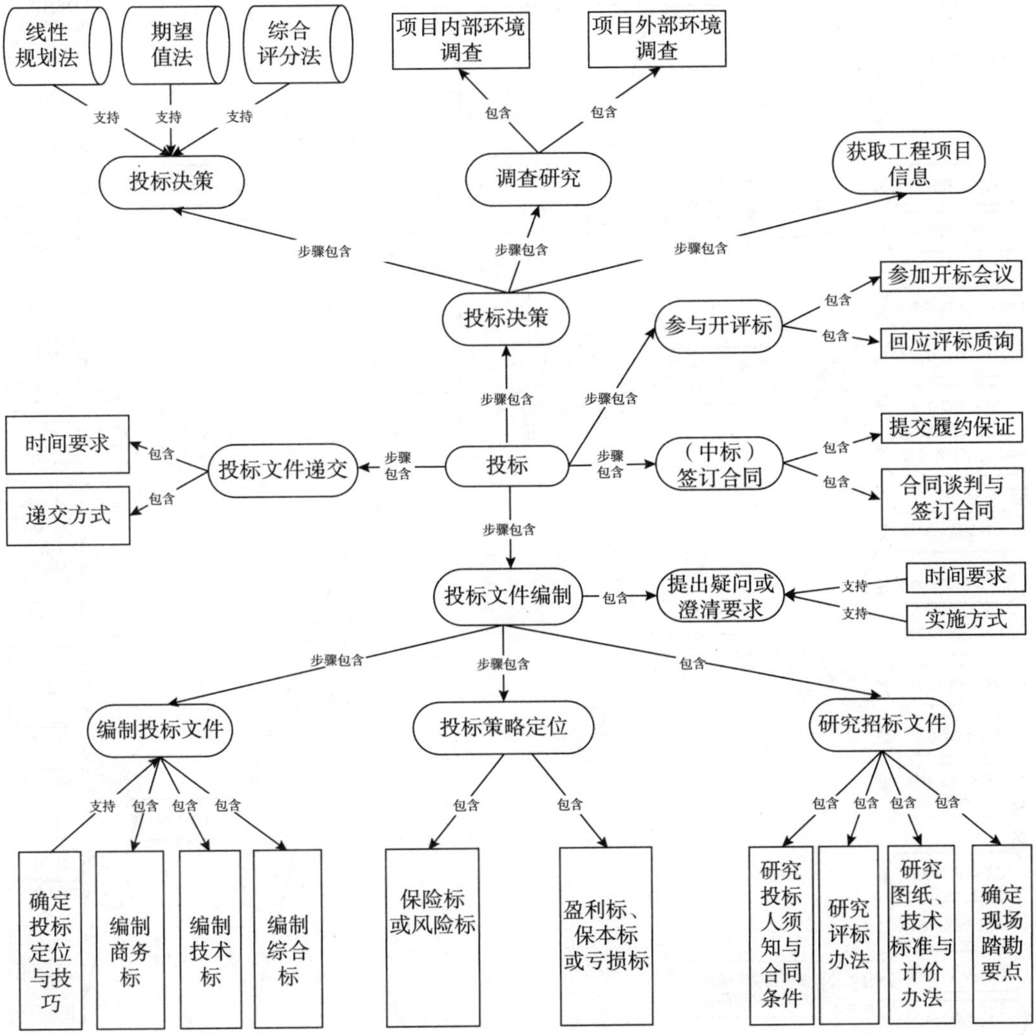

图 3-3　投标知识建模图

3.1.2　建筑工程计量与计价Ⅰ课程知识建模

建筑工程计量与计价Ⅰ课程的教学内容包括十一大模块，其中，第一模块为工程造价基础知识，包括建筑安装工程费的组成、清单计价模式和定额计价模式；第二模块为土石方工程，包括土方、石方、回填等；第三模块为砌筑工程，包括砖砌体、砌块砌体、轻质隔墙等。其他模块具体内容详见图 3-4。

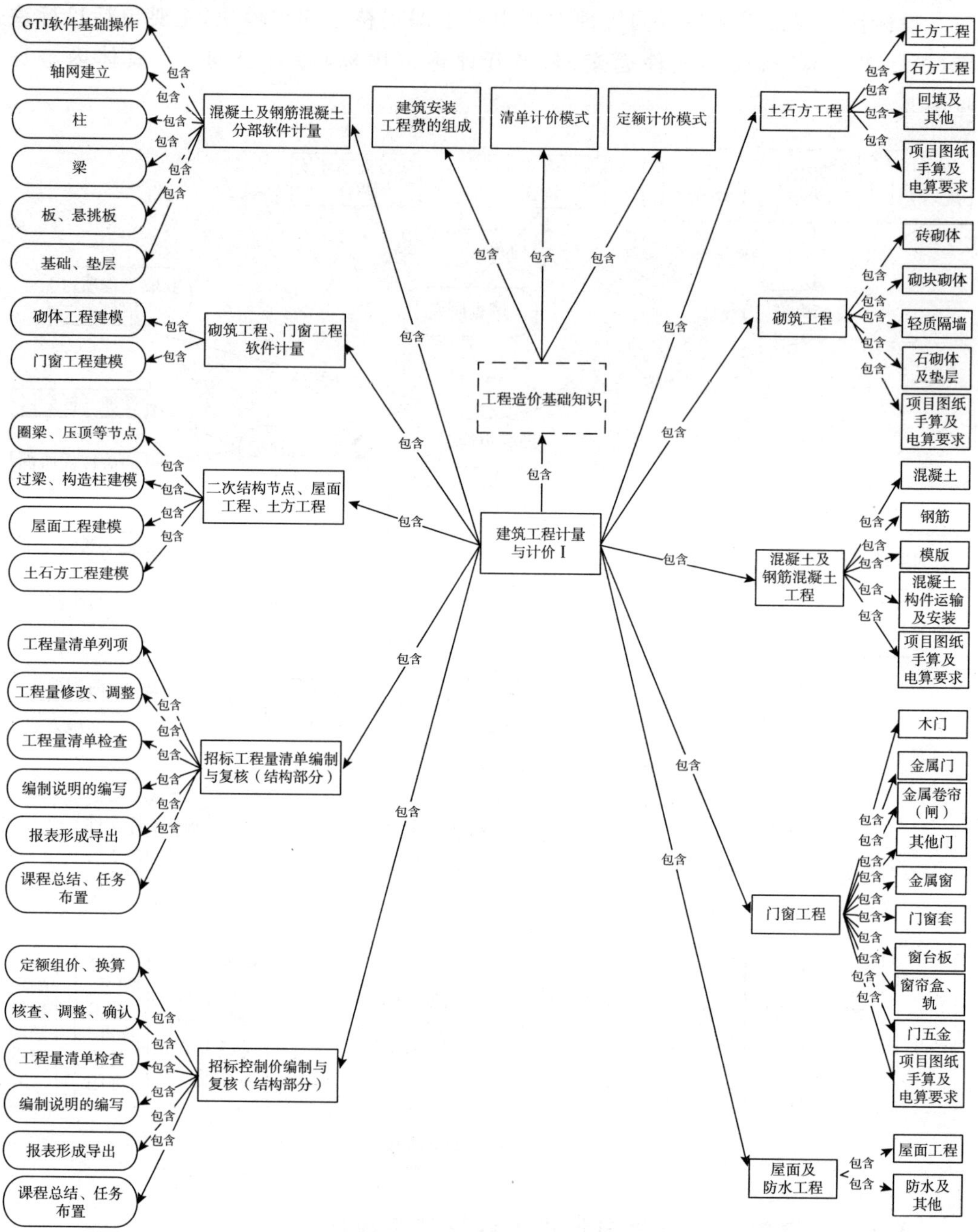

图 3-4 建筑工程计量与计价Ⅰ课程知识建模图

招标工程量清单编制（主体部分）模块在建筑工程计量与计价Ⅰ课程中属于核心知识模块，其内容包括工程量清单列项、工程量修改与调整、工程量清单检查、编制说明的编写、报表形成及导出等。具体内容详见图 3-5。

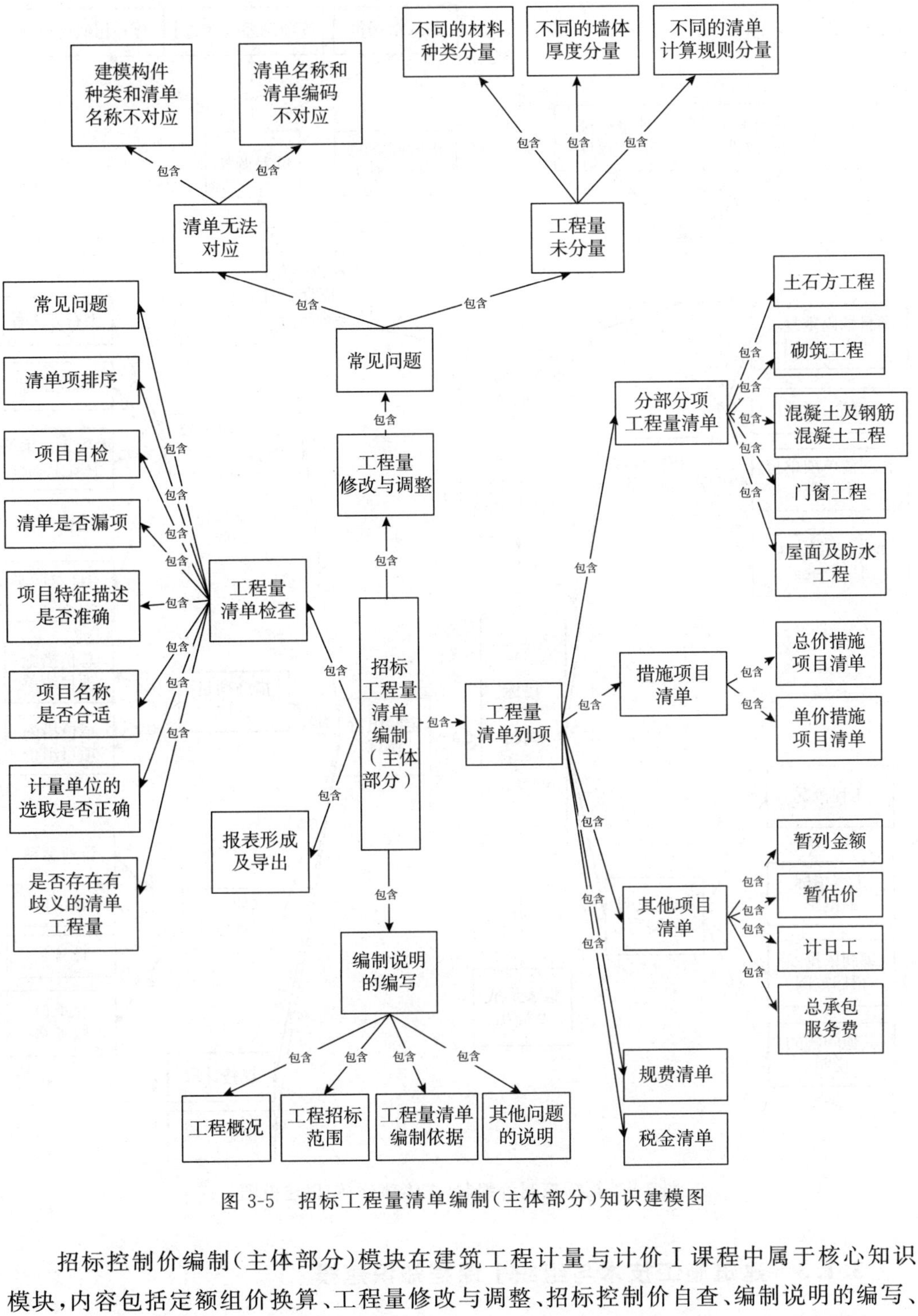

图 3-5　招标工程量清单编制（主体部分）知识建模图

招标控制价编制（主体部分）模块在建筑工程计量与计价Ⅰ课程中属于核心知识模块，内容包括定额组价换算、工程量修改与调整、招标控制价自查、编制说明的编写、报表形成及导出等。具体内容详见图 3-6。

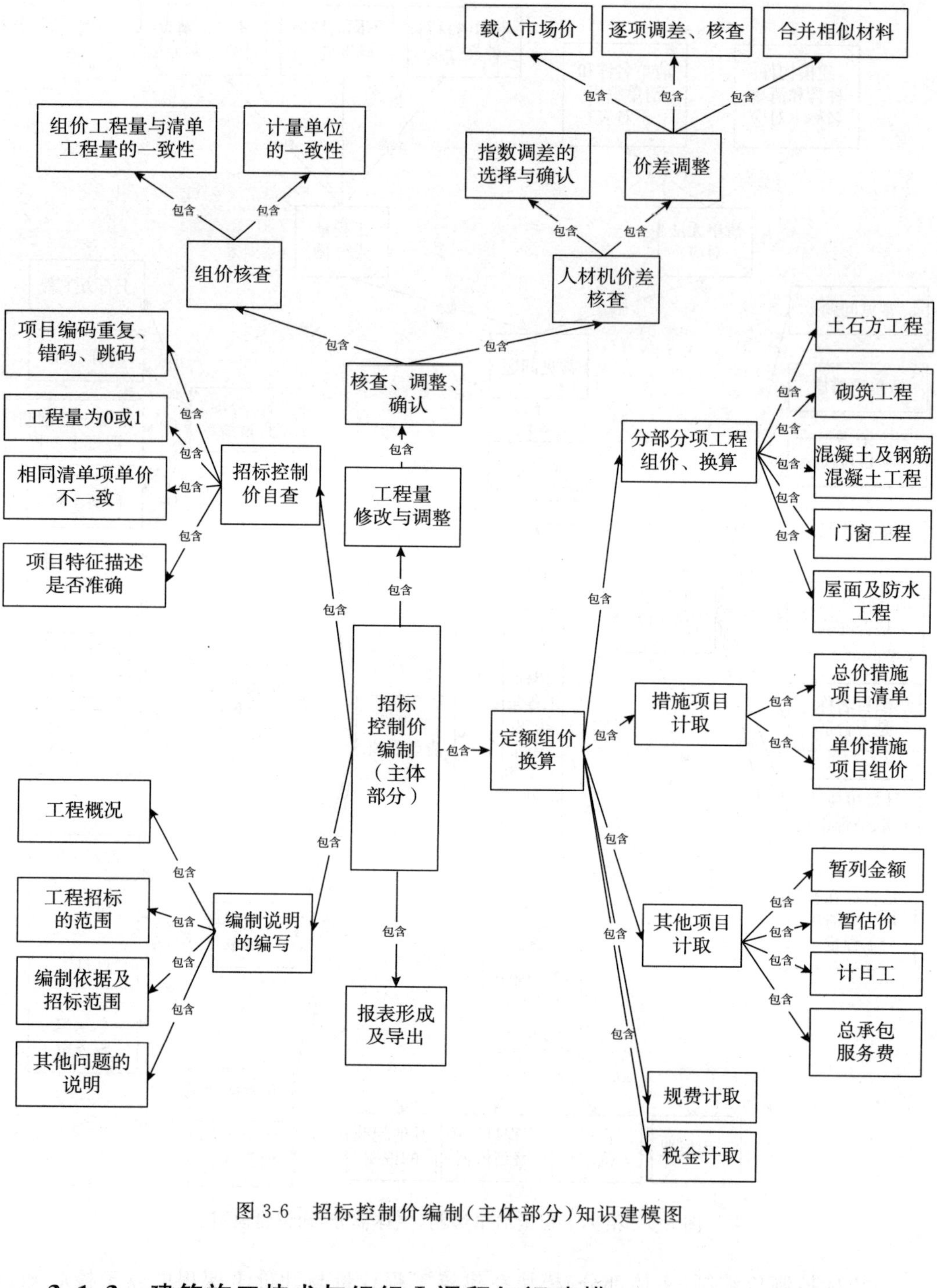

图 3-6 招标控制价编制(主体部分)知识建模图

3.1.3 建筑施工技术与组织Ⅰ课程知识建模

建筑施工技术与组织Ⅰ课程的教学内容包括八大模块，第一模块为土石方工程，包括土方的基本性质、土方量的计算、土方开挖、降水与排水、土方调运及土方回填；第二模块为基础工程，包括地基处理及各种类型基础；第三模块为钢筋工程，包括钢筋加工、钢筋下料、钢筋连接及钢筋的质量检验等。其他模块具体内容详见图 3-7。

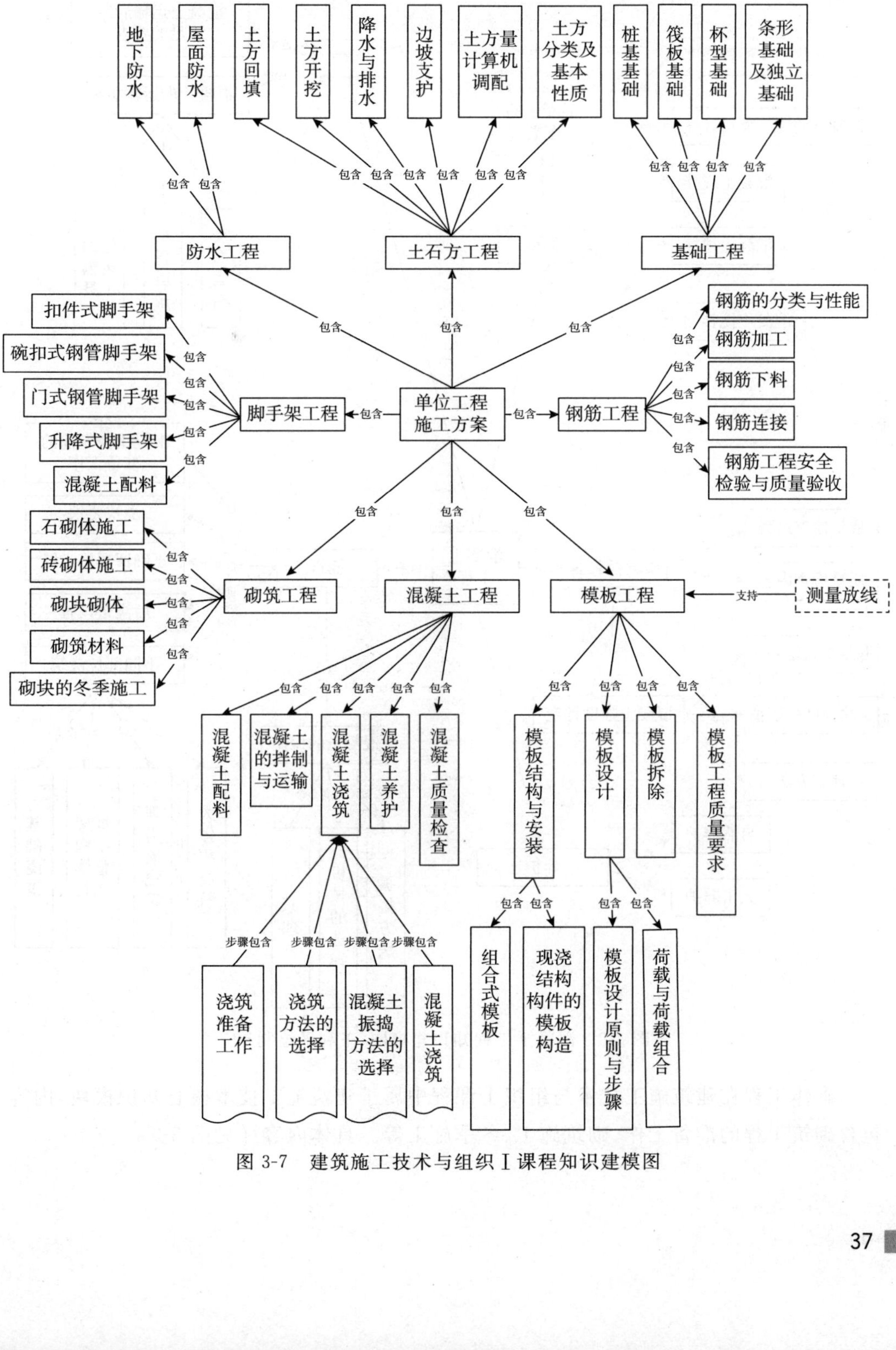

图 3-7　建筑施工技术与组织Ⅰ课程知识建模图

混凝土工程在建筑施工技术与组织Ⅰ课程中属于建筑施工技术的核心知识模块，内容包含混凝土的制配、运输、浇筑、养护及质量检验等。具体内容详见图 3-8。

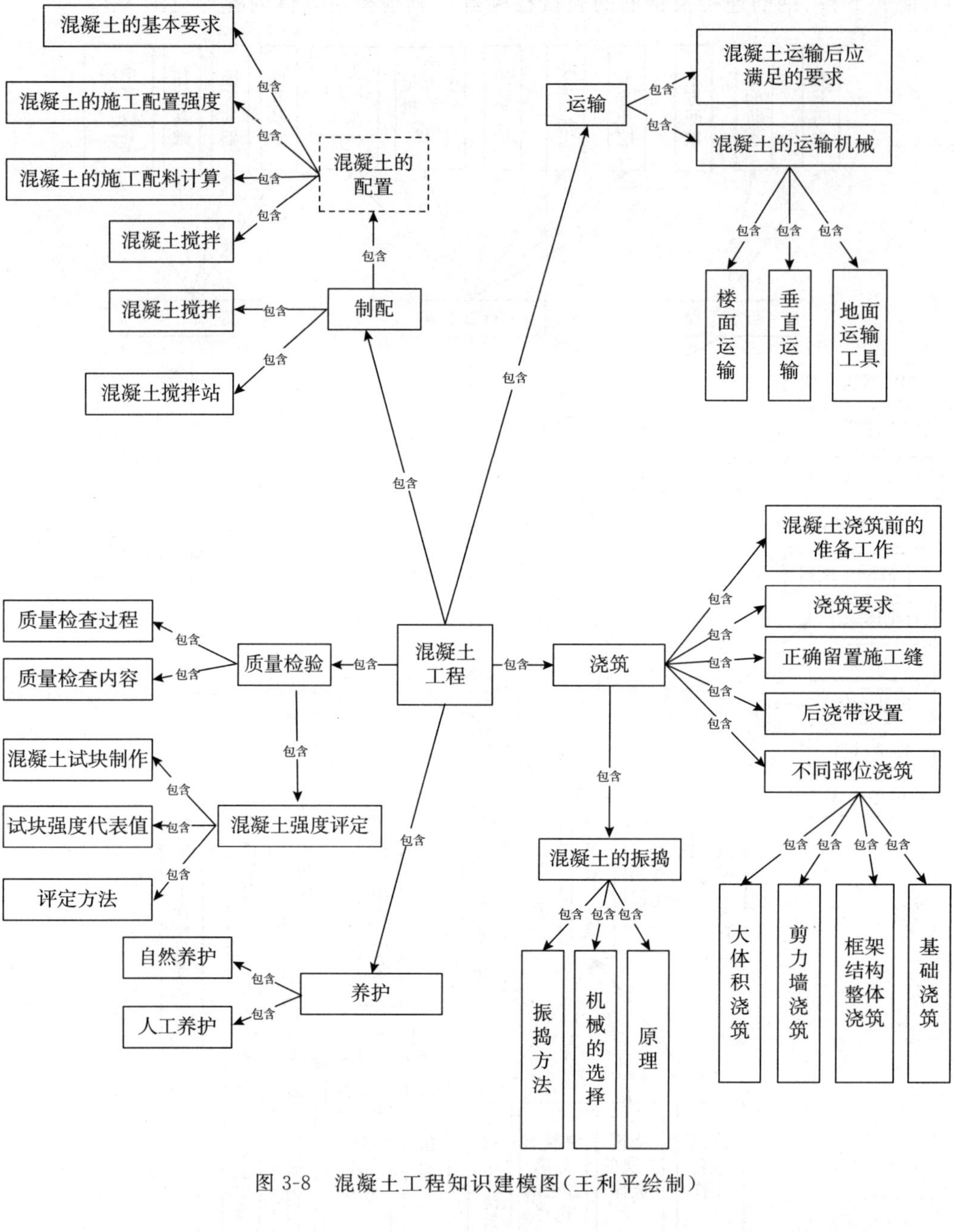

图 3-8　混凝土工程知识建模图(王利平绘制)

砌体工程在建筑施工技术与组织Ⅰ课程中属于建筑施工技术核心知识模块，内容包含砌筑工程的准备工作、砌筑施工、冬季施工等。具体内容详见图 3-9。

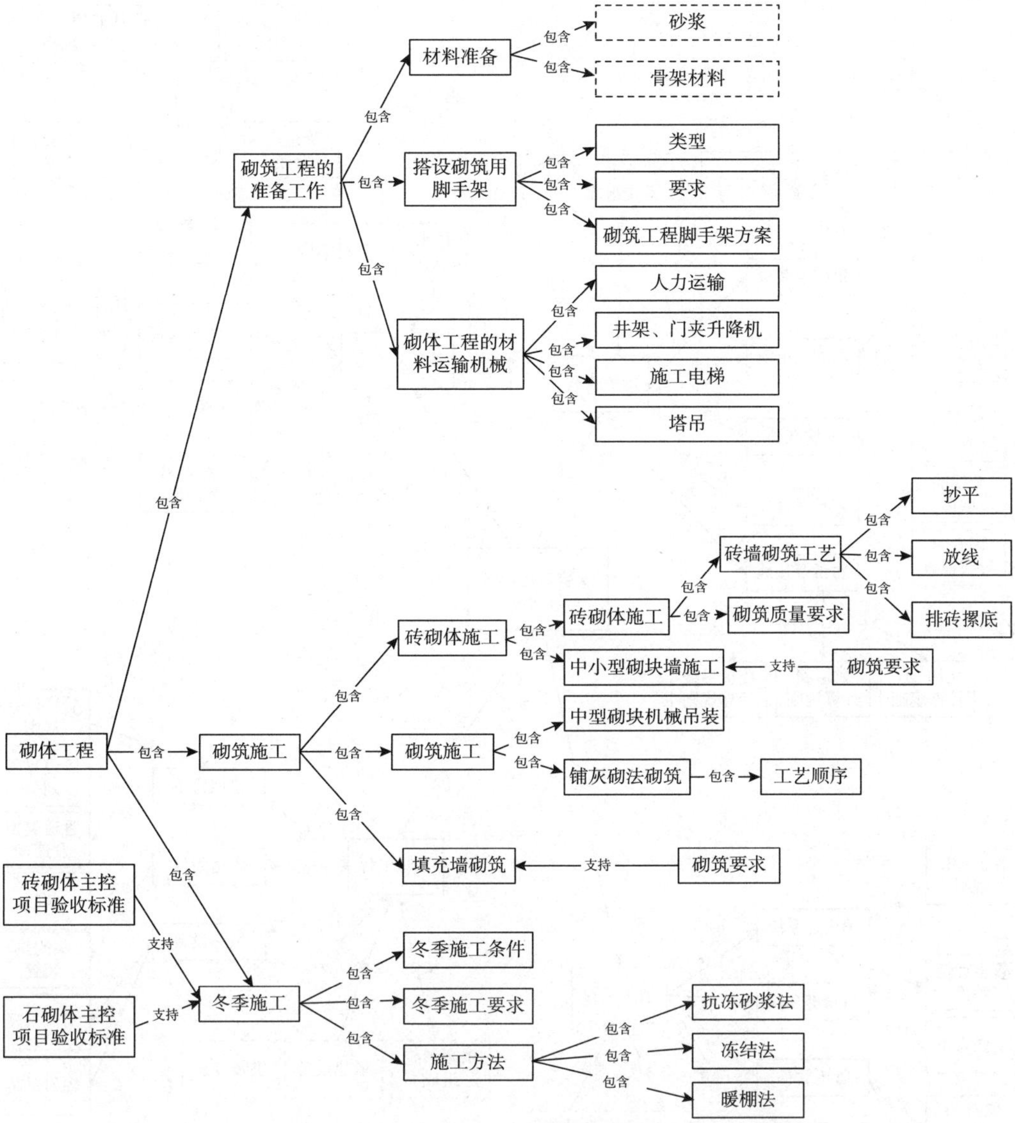

图 3-9　砌体工程知识建模图

3.1.4　安装工程计量与计价课程知识建模

安装工程计量与计价课程的教学内容包括四大模块。第一模块为给排水工程，包括管道工程、支架及套管、阀门和卫生器具及其他；第二模块为电气工程，包括供配电装置、输配电电缆、照明线路、灯具及开关和防雷及接地；第三模块为消防工程，包括消火栓系统、自喷淋系统、管道管件、管道附件及其他；第四模块为采暖工程，包括供回管道、管道附件和散热设备。具体内容详见图 3-10。

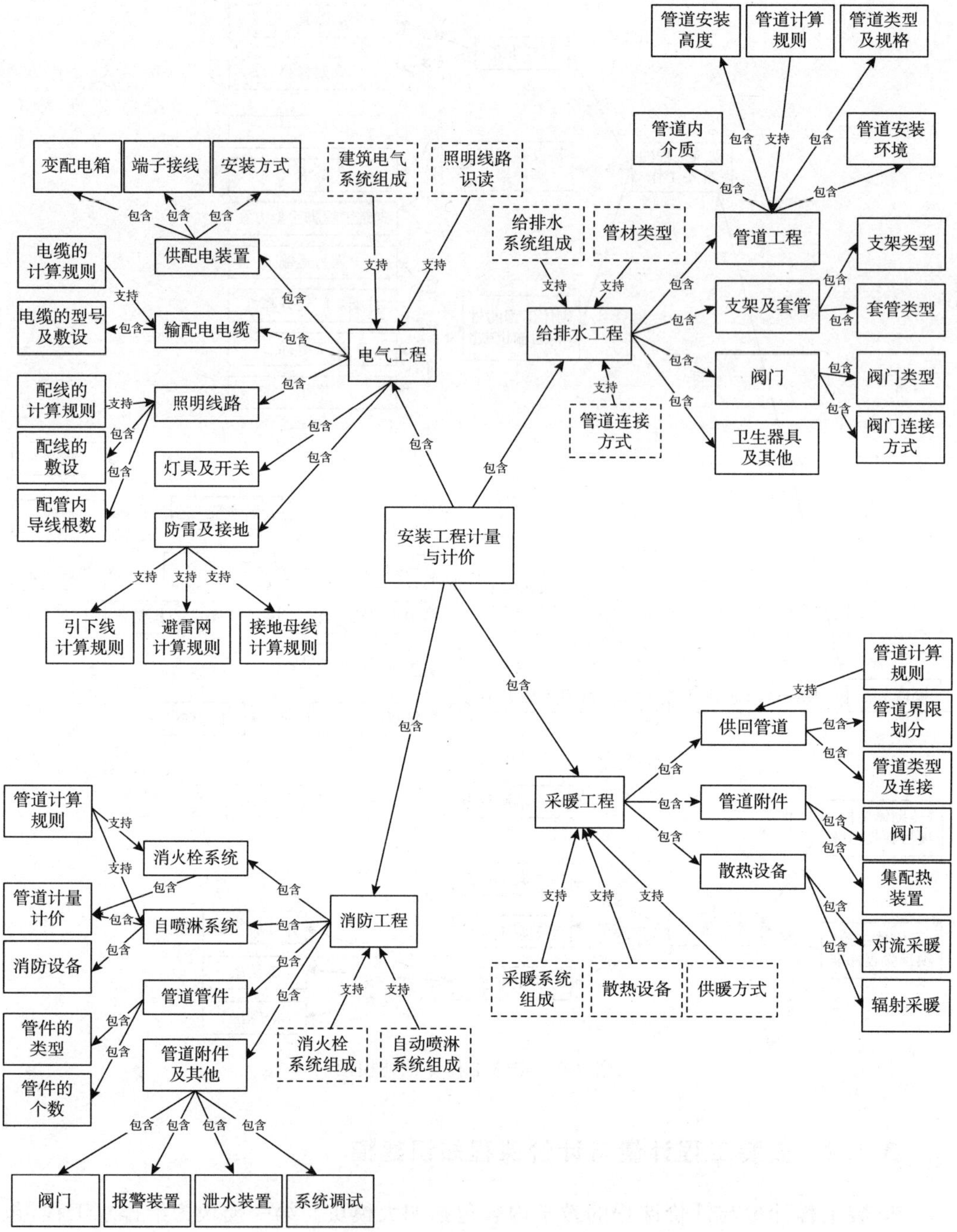

图 3-10　安装工程计量与计价课程知识建模图

输配电电缆在安装工程计量与计价课程中属于电气工程模块，内容包括计算规则、相关说明、手工算量和软件建模算量等。具体内容详见图 3-11。

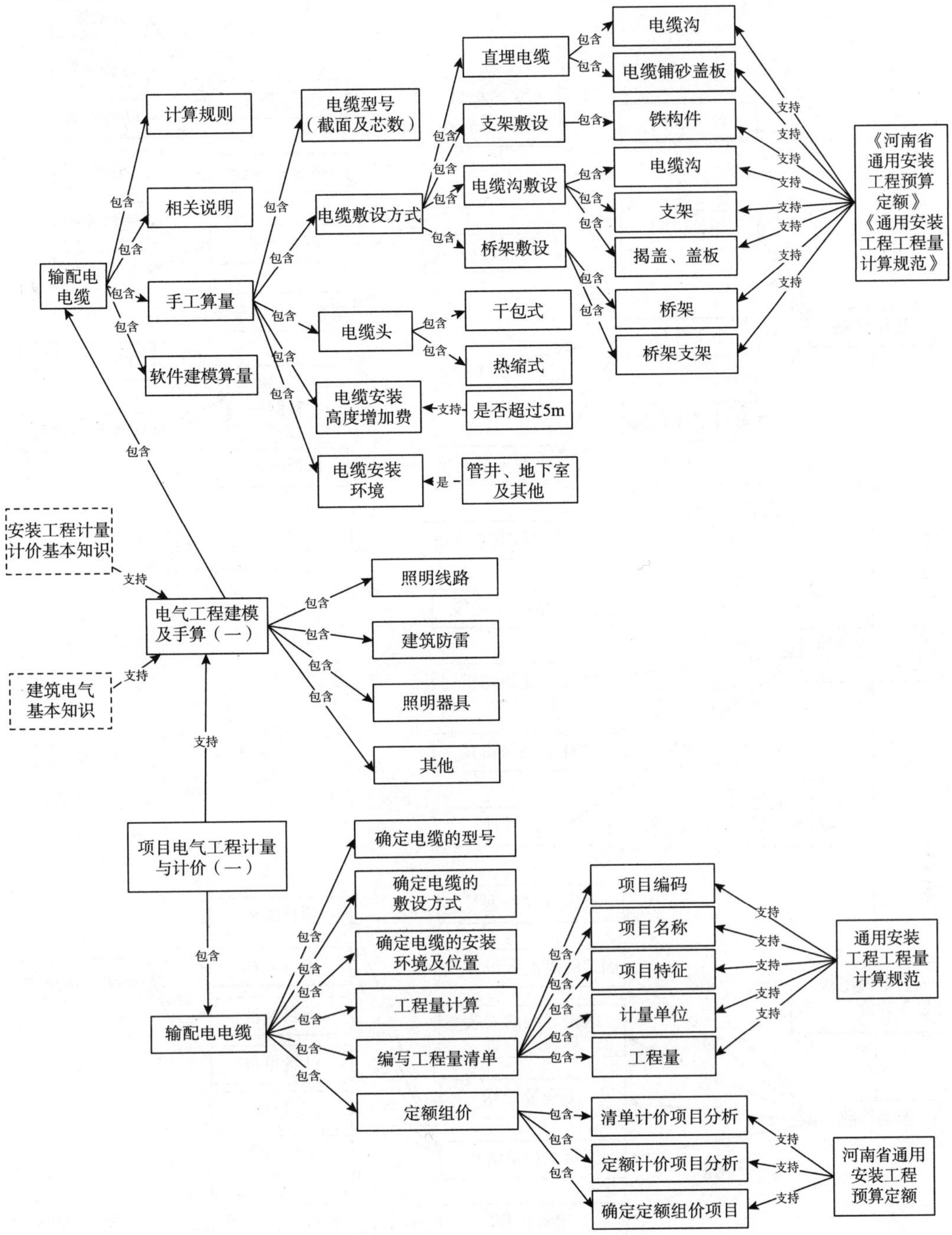

图 3-11　输配电电缆知识建模图

照明线路在安装工程计量与计价课程中属于电气工程模块，内容包括计算规则、相关说明、手工算量和软件建模算量等。具体内容详见图 3-12。

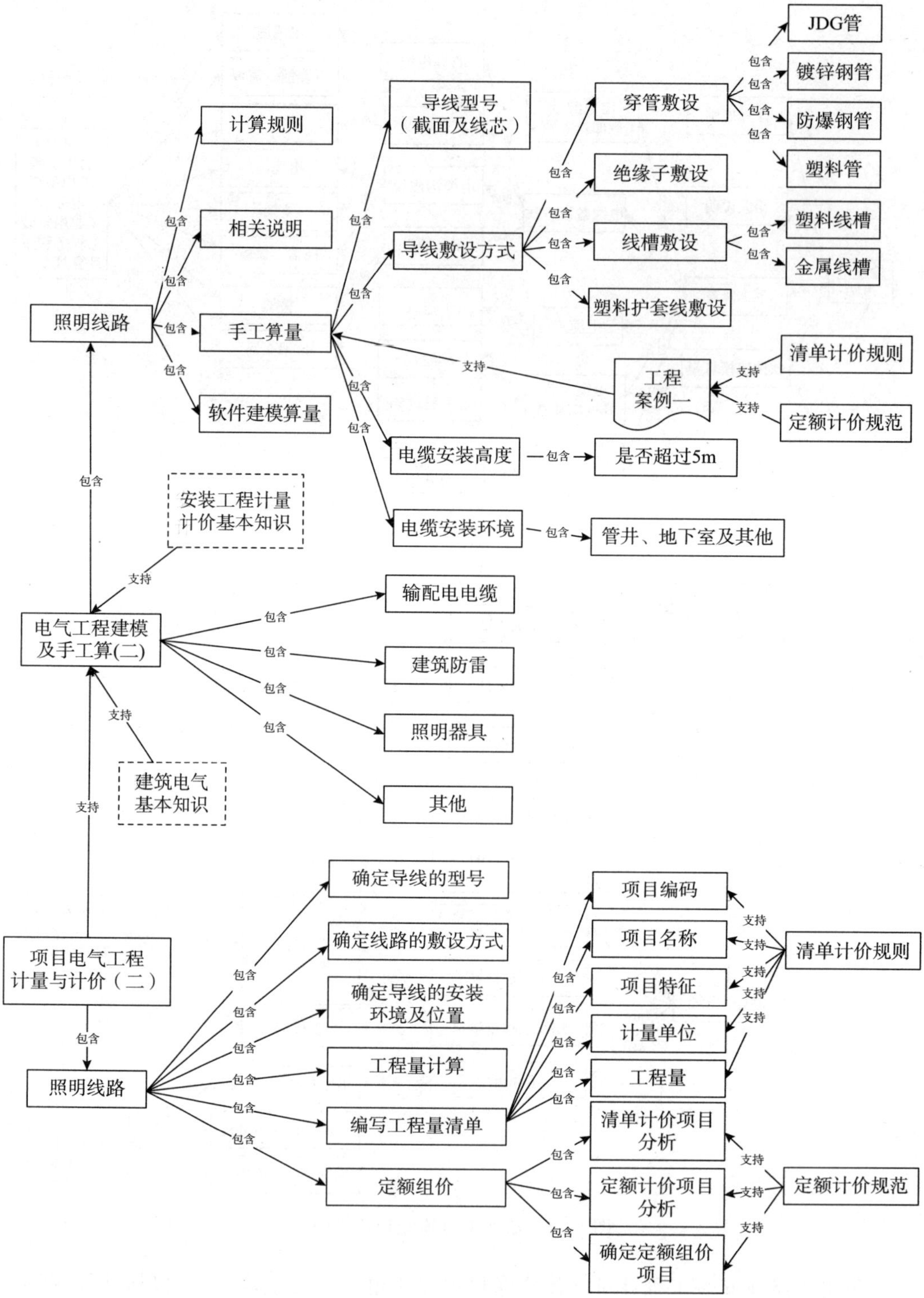
JDG管
镀锌钢管
防爆钢管
塑料管
穿管敷设
绝缘子敷设
线槽敷设
塑料线槽
金属线槽
塑料护套线敷设
导线型号（截面及线芯）
导线敷设方式
计算规则
相关说明
照明线路
手工算量
软件建模算量
工程案例一
清单计价规则
定额计价规范
电缆安装高度
是否超过5m
电缆安装环境
管井、地下室及其他
安装工程计量计价基本知识
电气工程建模及手工算(二)
输配电电缆
建筑防雷
照明器具
其他
建筑电气基本知识
项目电气工程计量与计价（二）
照明线路
确定导线的型号
确定线路的敷设方式
确定导线的安装环境及位置
工程量计算
编写工程量清单
定额组价
项目编码
项目名称
项目特征
计量单位
工程量
清单计价规则
清单计价项目分析
定额计价项目分析
确定定额组价项目
定额计价规范
包含
支持

图 3-12　照明线路知识建模图

3.2 专业基础课程知识建模

3.2.1 建筑制图Ⅰ课程知识建模

建筑制图Ⅰ课程的教学内容包括八大模块。第一模块为制图的基本知识，包括绘图工具的使用、制图规范和徒手作图；第二模块为点线面的投影，包括点的投影、线的投影和面的投影；第三模块为几何元素间的相对位置，包括平行关系、相交关系和垂直关系；第四模块为曲线与曲面；第五模块为立体；第六模块为相贯体；第七模块为组合体；第八模块为轴测投影。具体内容详见图 3-13。

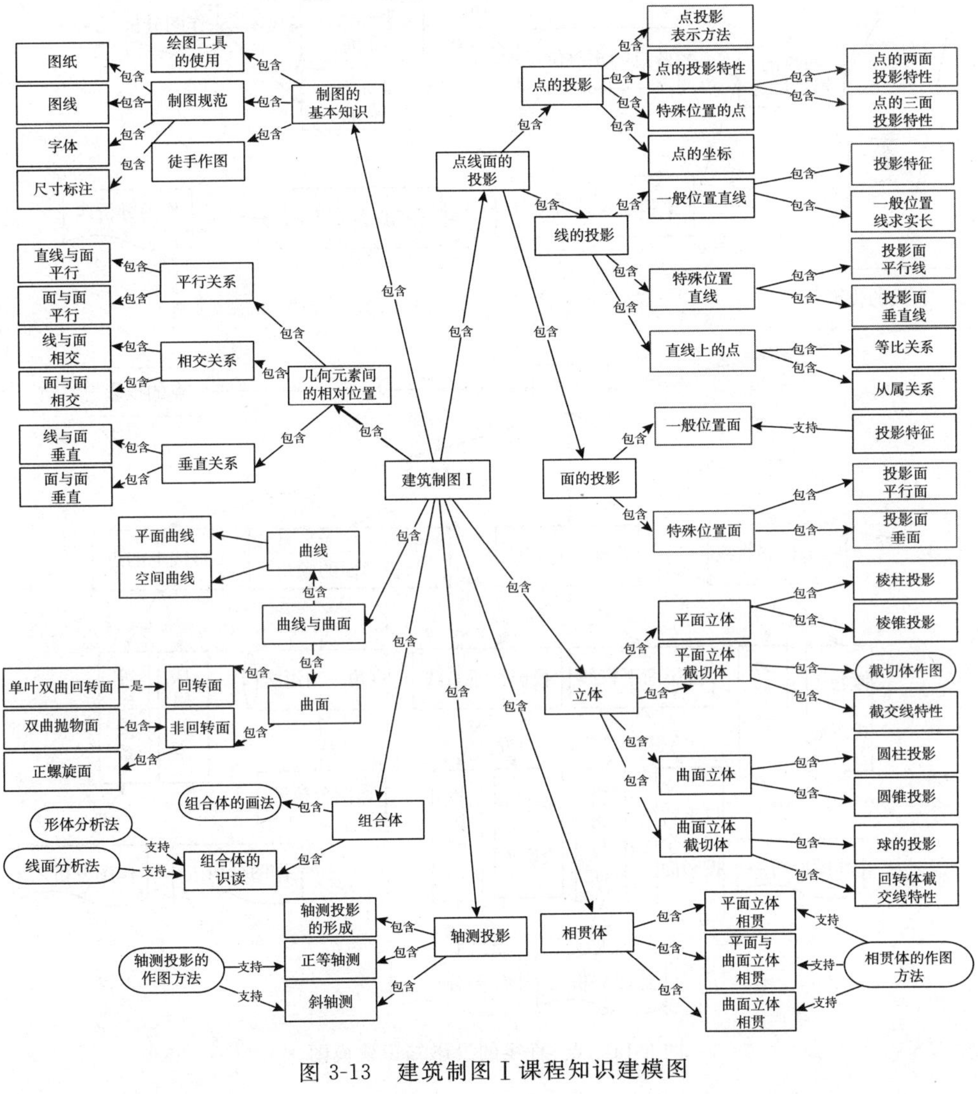

图 3-13 建筑制图Ⅰ课程知识建模图

点、直线的投影在建筑制图Ⅰ课程中是点线面的投影模块的重要知识点，内容包括点的投影和点、直线的投影。具体内容详见图 3-14。

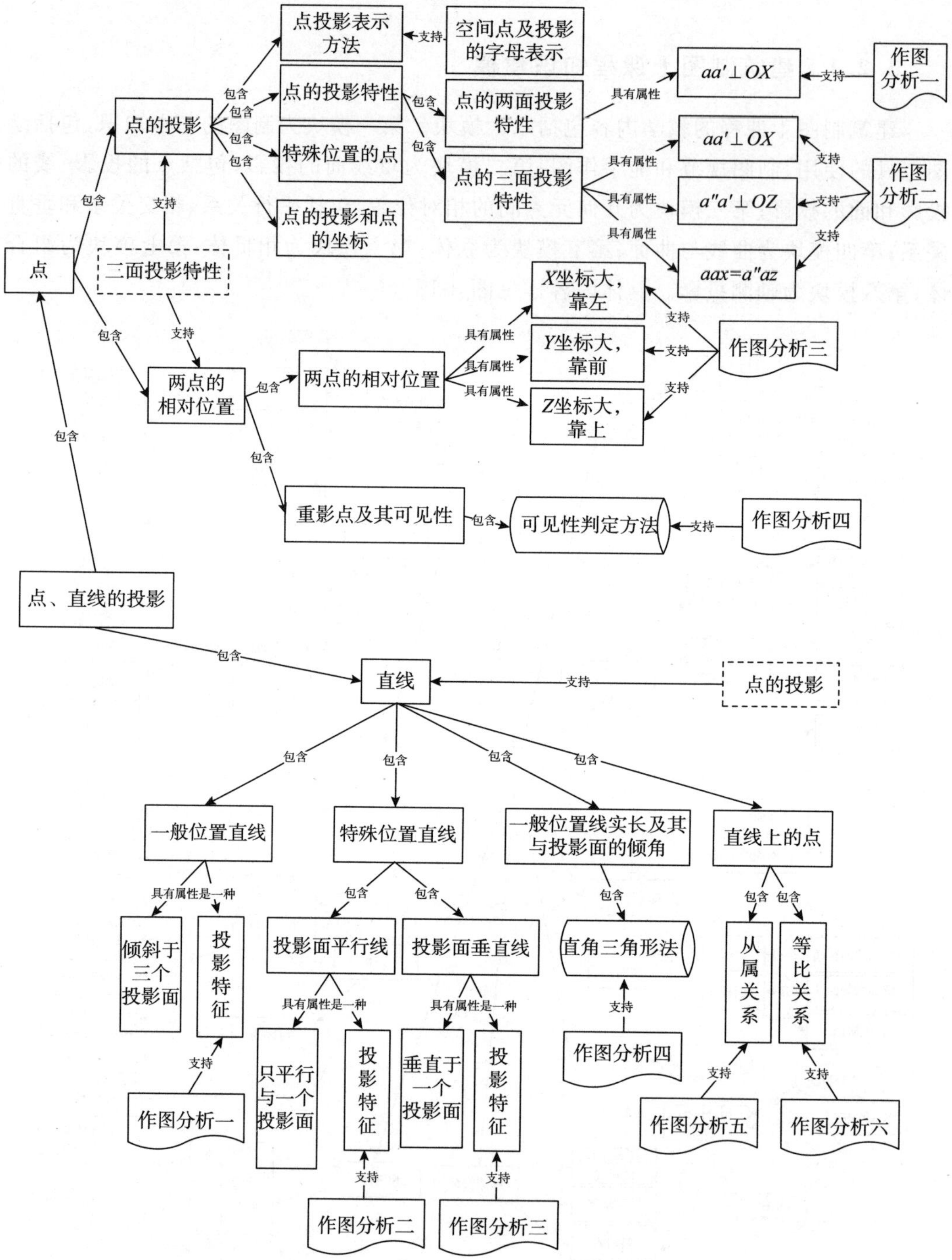

图 3-14　点、直线的投影知识建模图

立体和相贯体在建筑制图 I 课程中是立体和相贯模块的重要知识点，内容包括立体的投影和相贯体的投影。具体内容详见图 3-15。

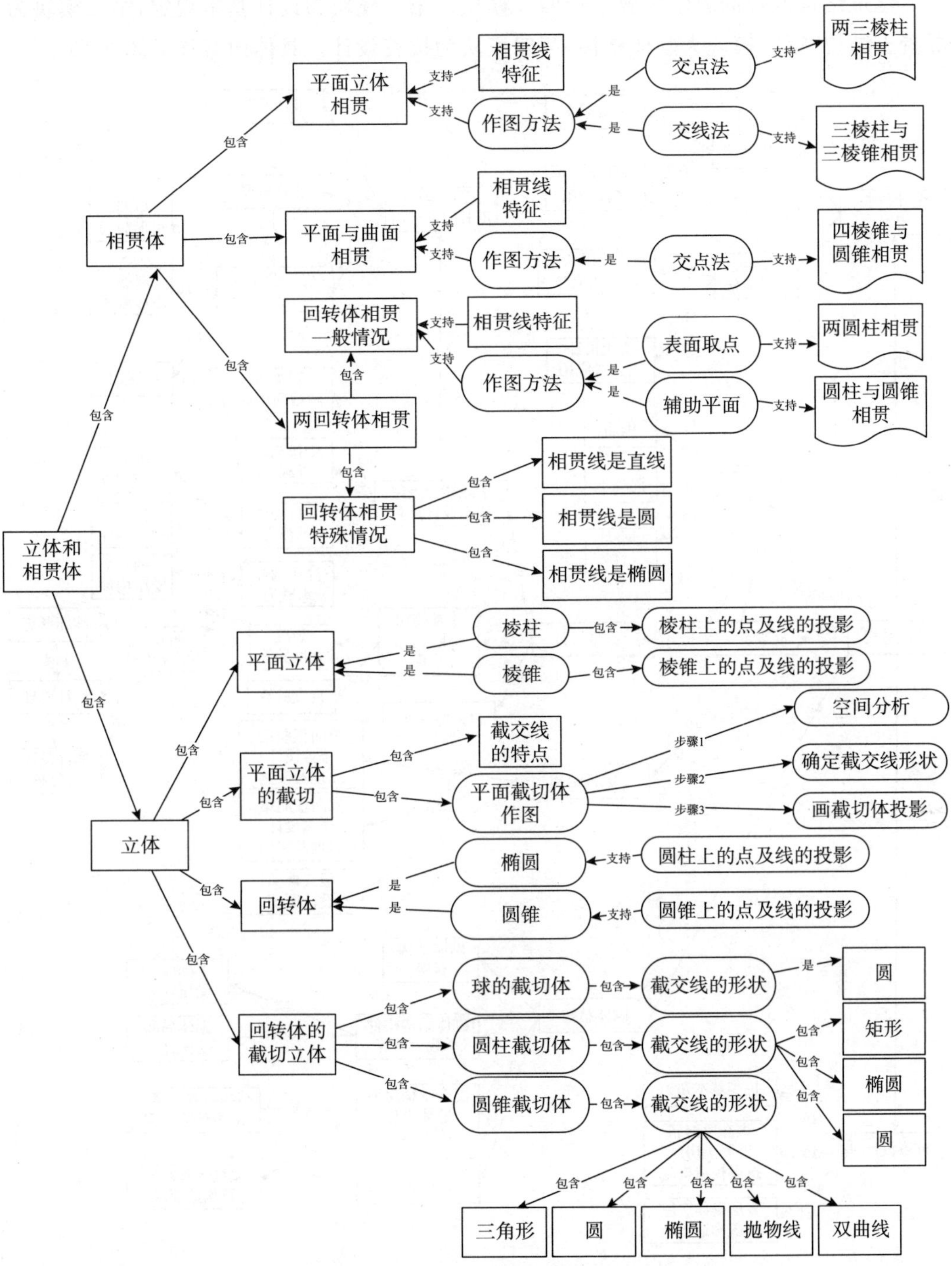

图 3-15　立体和相贯体知识建模图

3.2.2 建筑结构课程知识建模

建筑结构课程的教学内容包括四大模块。第一模块为设计基本规定，第二模块为混凝土结构，第三模块为砌体结构，第四模块为抗震设计。具体内容详见图 3-16。

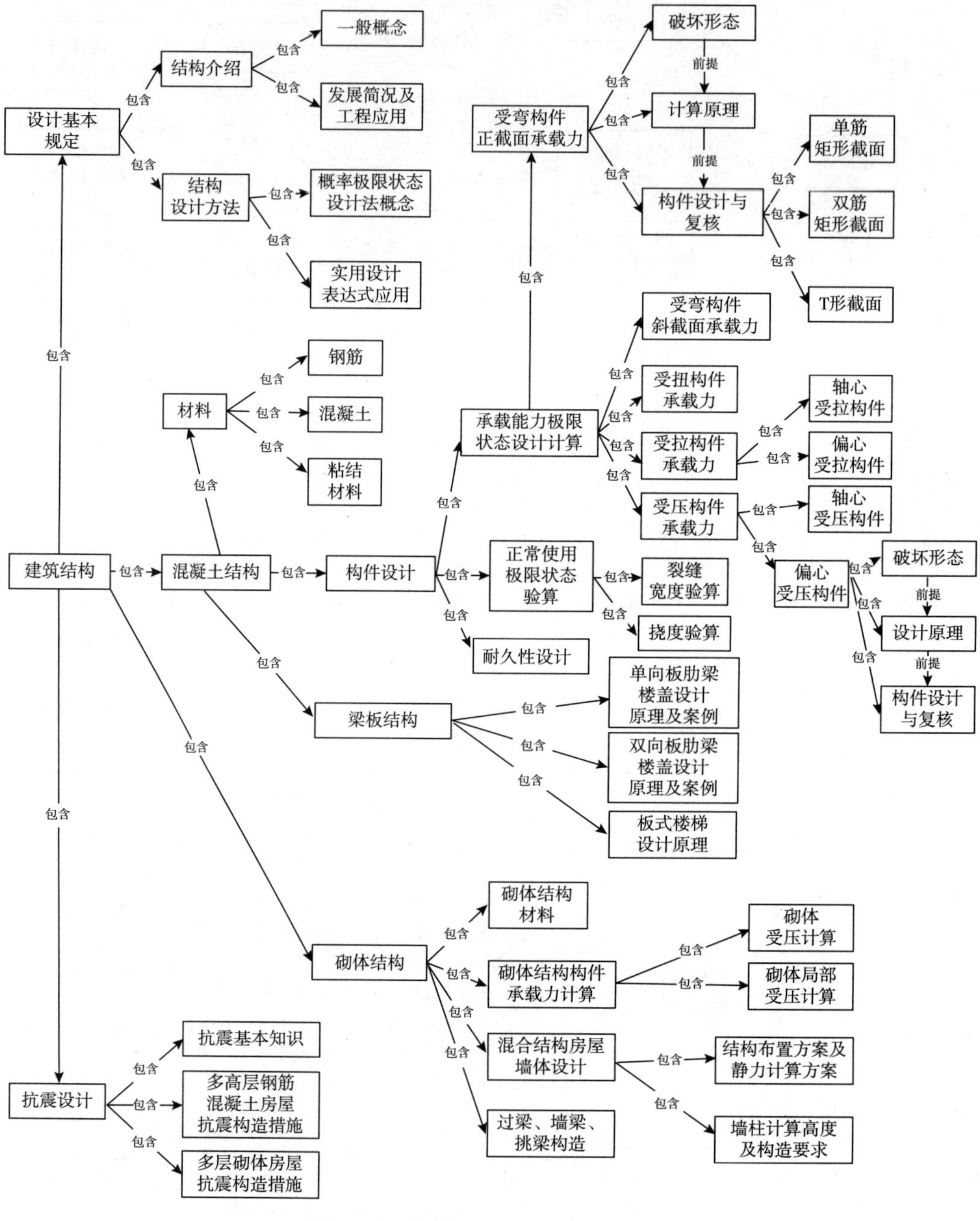

图 3-16 建筑结构课程知识建模图

单筋矩形截面设计在建筑结构课程中属于混凝土结构模块的重要知识点，包括定义、内涵和设计原理等。具体内容详见图 3-17。

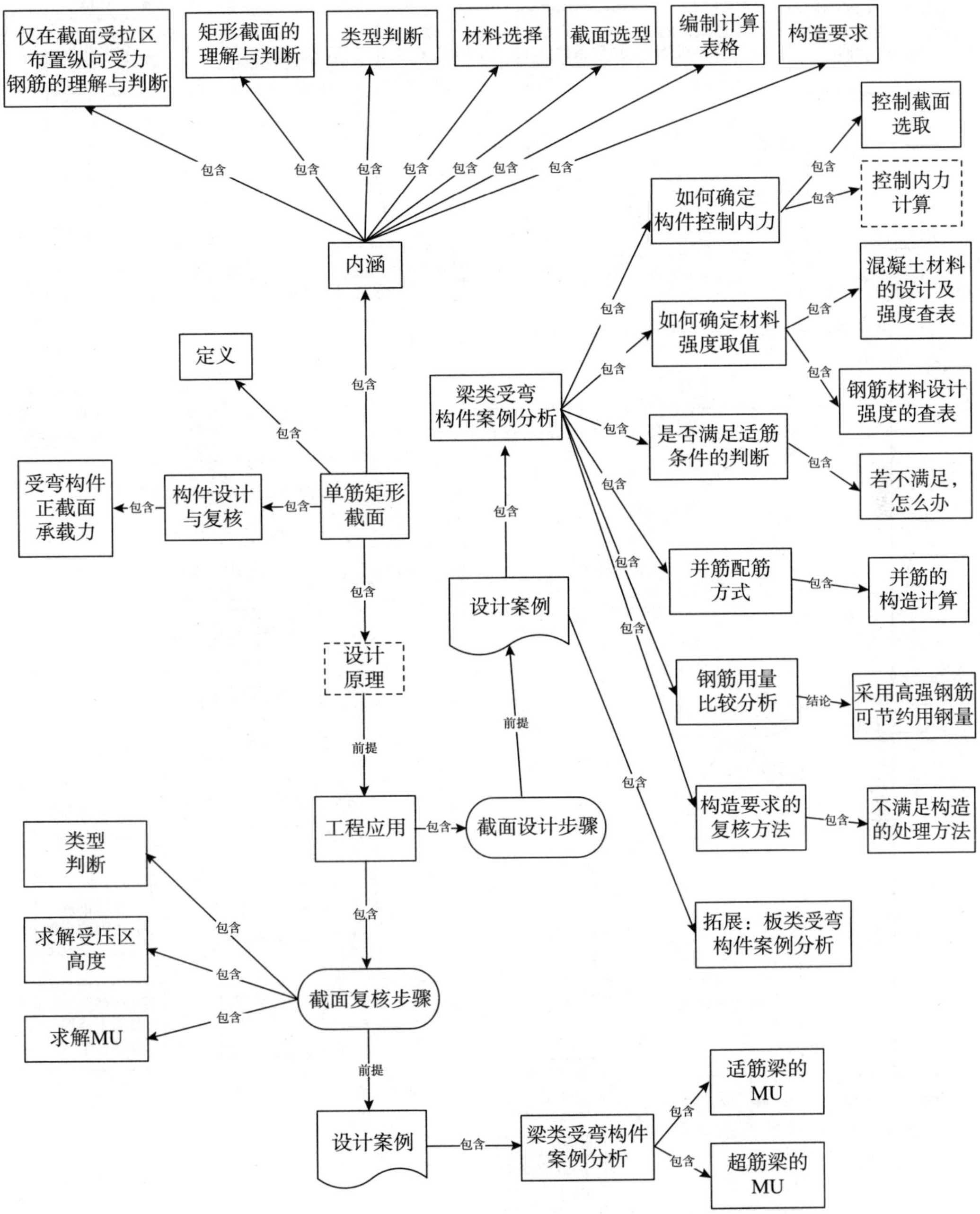

图 3-17　单筋矩形截面知识建模图

双筋矩形截面设计在建筑结构课程中属于混凝土结构模块重要知识点，包括定义、构件设计与复核、设计原理和工程适用情况分析等。具体内容详见图 3-18。

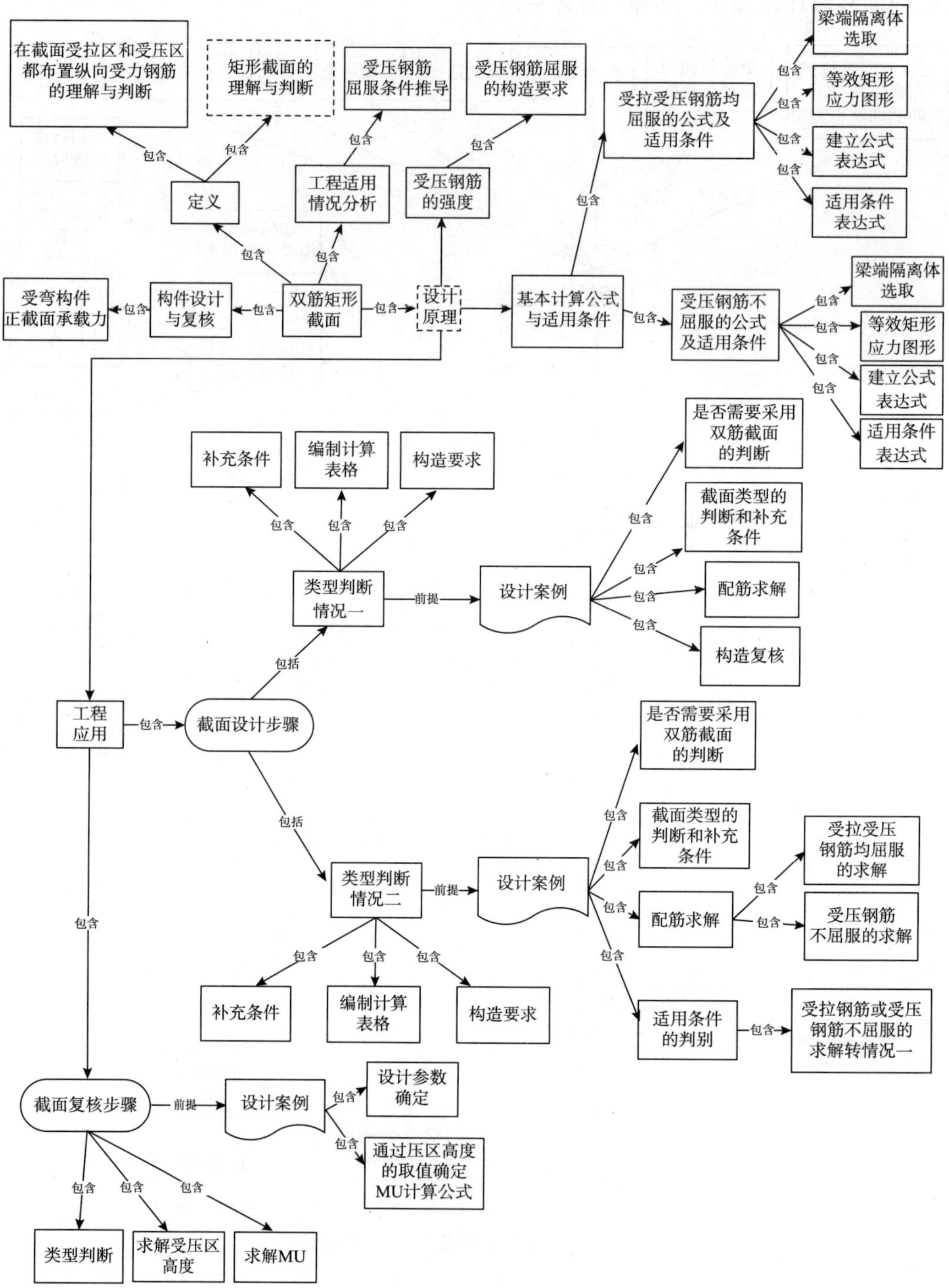

图 3-18　双筋矩形截面知识建模图

3.2.3 平法识图与钢筋算量课程知识建模

平法识图与钢筋算量课程的教学内容包括五大模块。第一模块为平法识图基础知识，包括钢筋基础知识、建筑结构基础知识、结构施工图基础知识等；第二模块为梁平法识图与钢筋算量，包括梁平法制图规则、梁标准构造与钢筋算量等；第三模块为柱平法识图与钢筋算量，包括柱平法制图规则、柱钢筋算量等；第四模块为板平法识图与钢筋算量，包括板平法制图规则、板钢筋算量等；第五模块为墙平法识图与钢筋算量，包括剪力墙制图规则、地下室外墙、墙标准构造等。具体内容详见图 3-19。

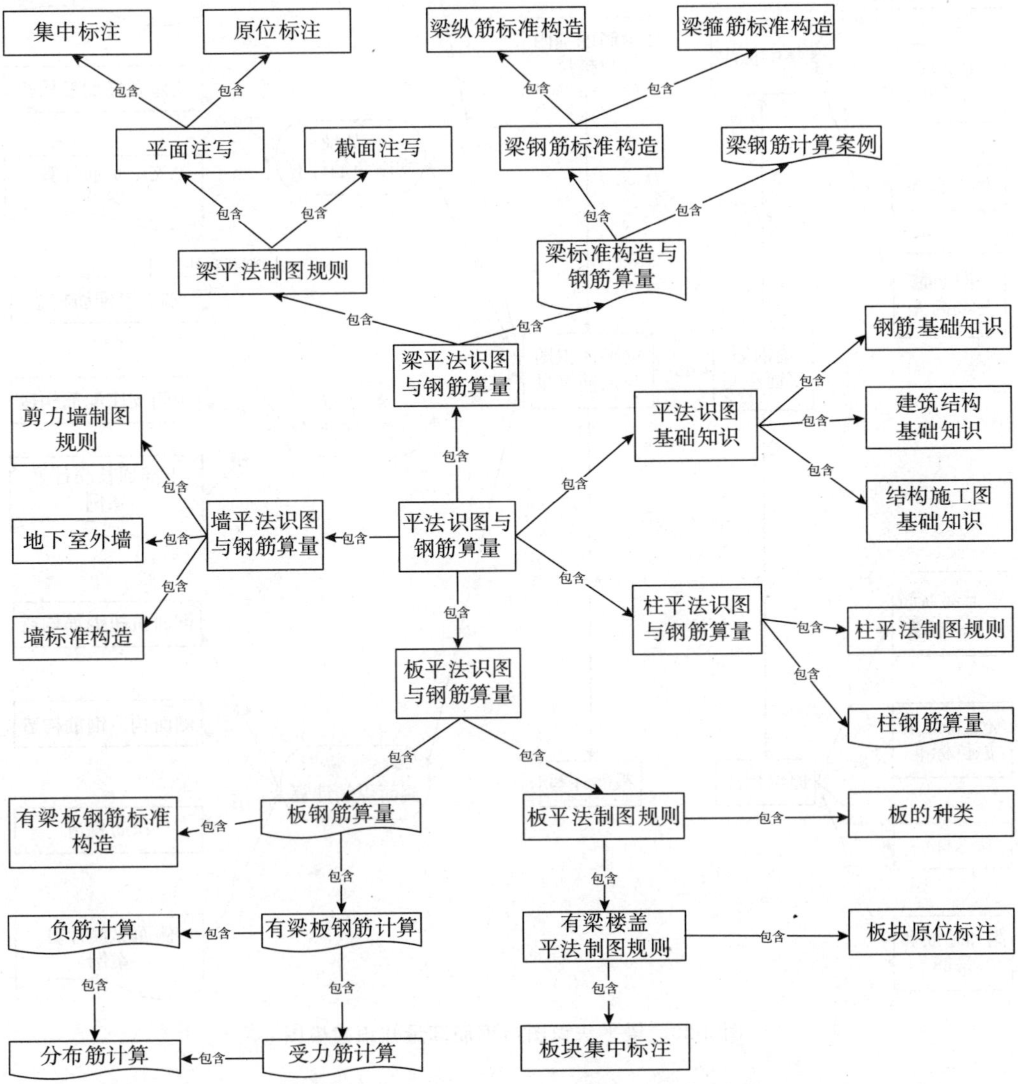

图 3-19 平法识图与钢筋算量课程知识建模图

梁平法识图与钢筋算量模块的主要内容包括梁钢筋平面注写、截面注写制图规则，以及框架梁的标准构造与钢筋计算。具体内容详见图 3-20。

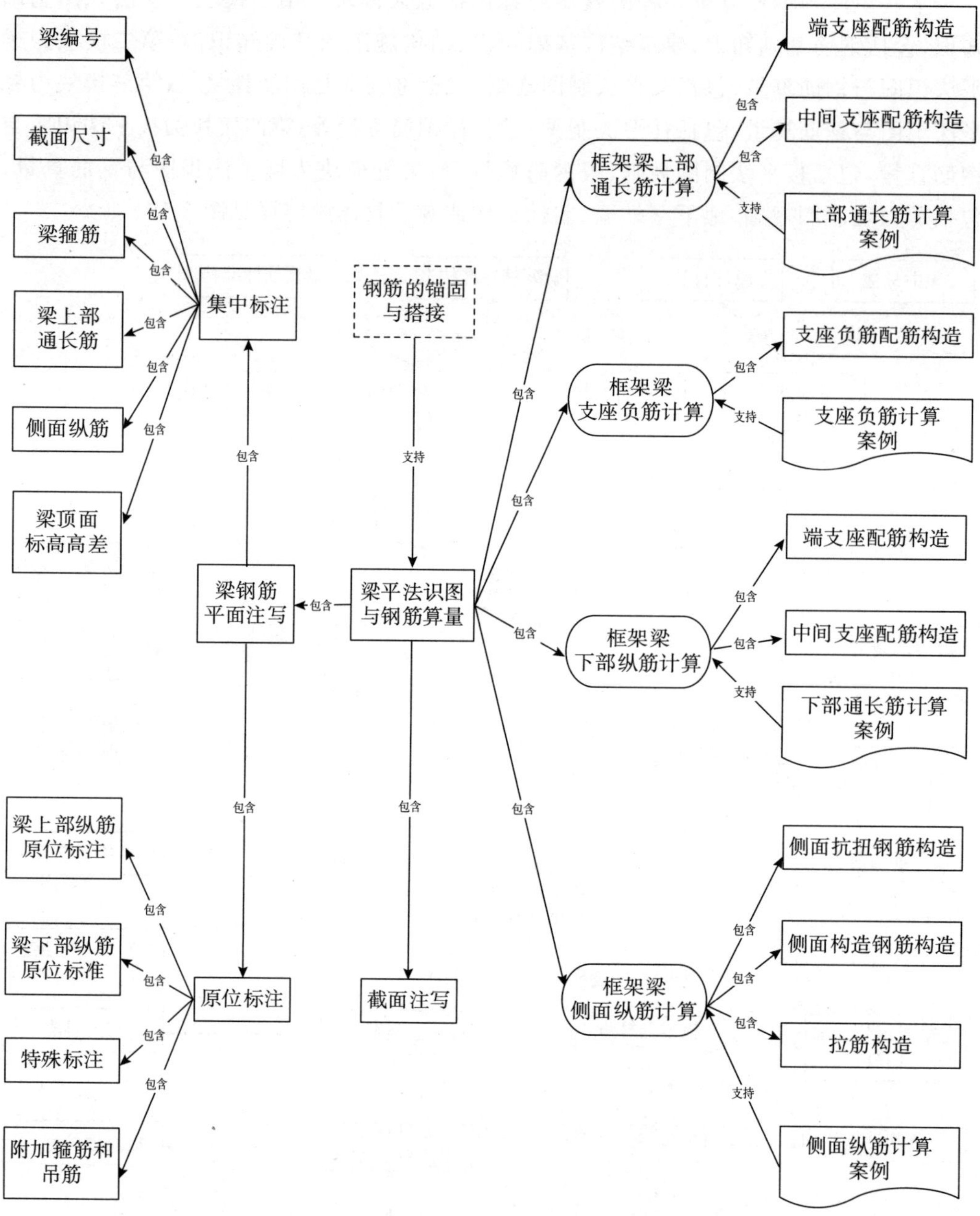

图 3-20　梁平法识图与钢筋算量知识建模图

柱平法识图与钢筋算量模块的主要内容包括柱列表注写、柱截面注写，以及框架柱的标准构造与钢筋计算。具体内容详见图 3-21。

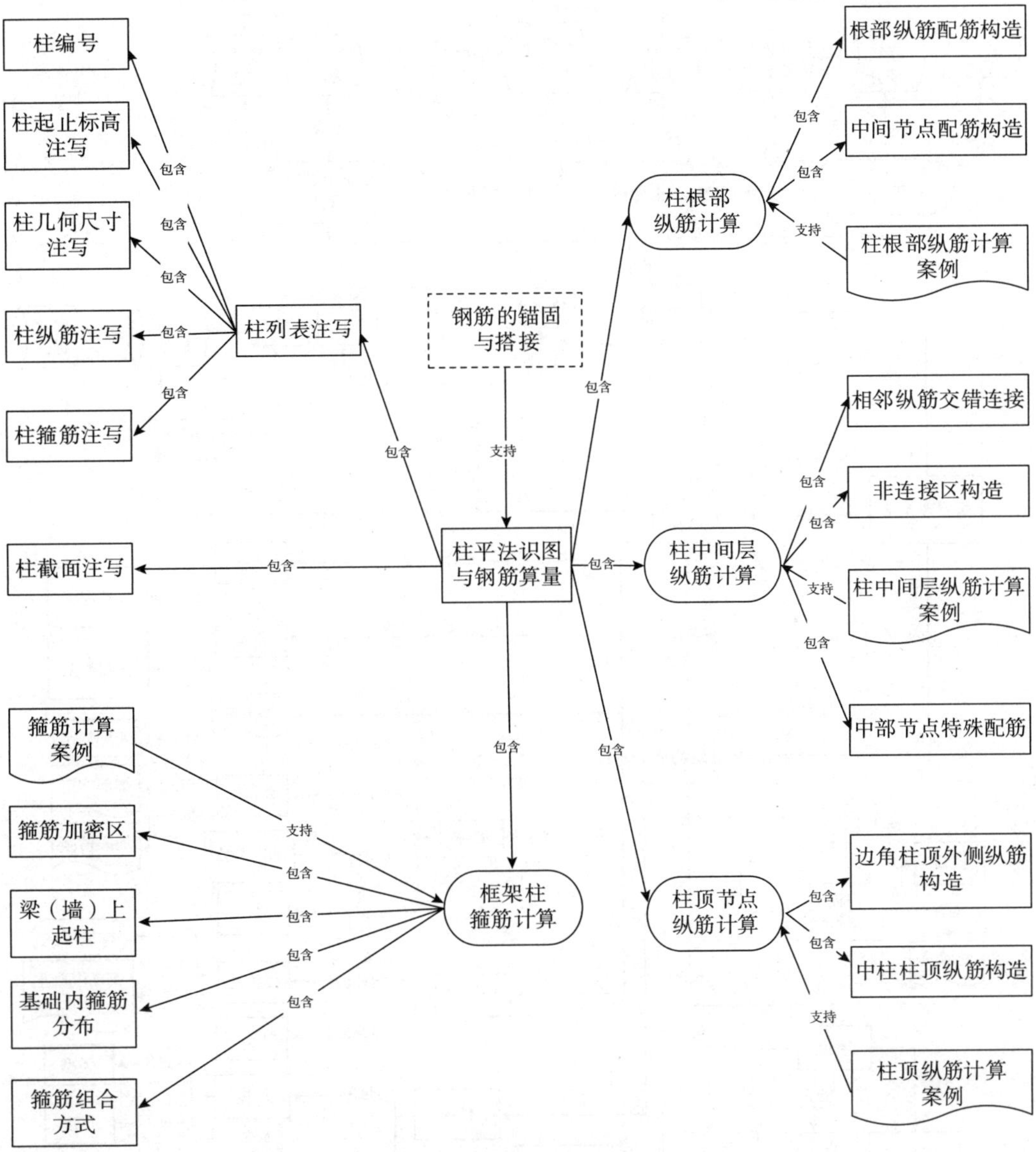

图 3-21　柱平法识图与钢筋算量知识建模图

3.2.4　房屋建筑学课程知识建模

房屋建筑学课程的教学内容包括三大模块。第一模块为房屋建筑学基础知识，包括建筑概念和绘图基础知识；第二模块为建筑设计，包括平面设计、剖面设计、立面和体型设计；第三模块为建筑构造，包括基础与地下室、墙体、楼地层、楼梯、屋顶、门窗。具体内容详见图 3-22。

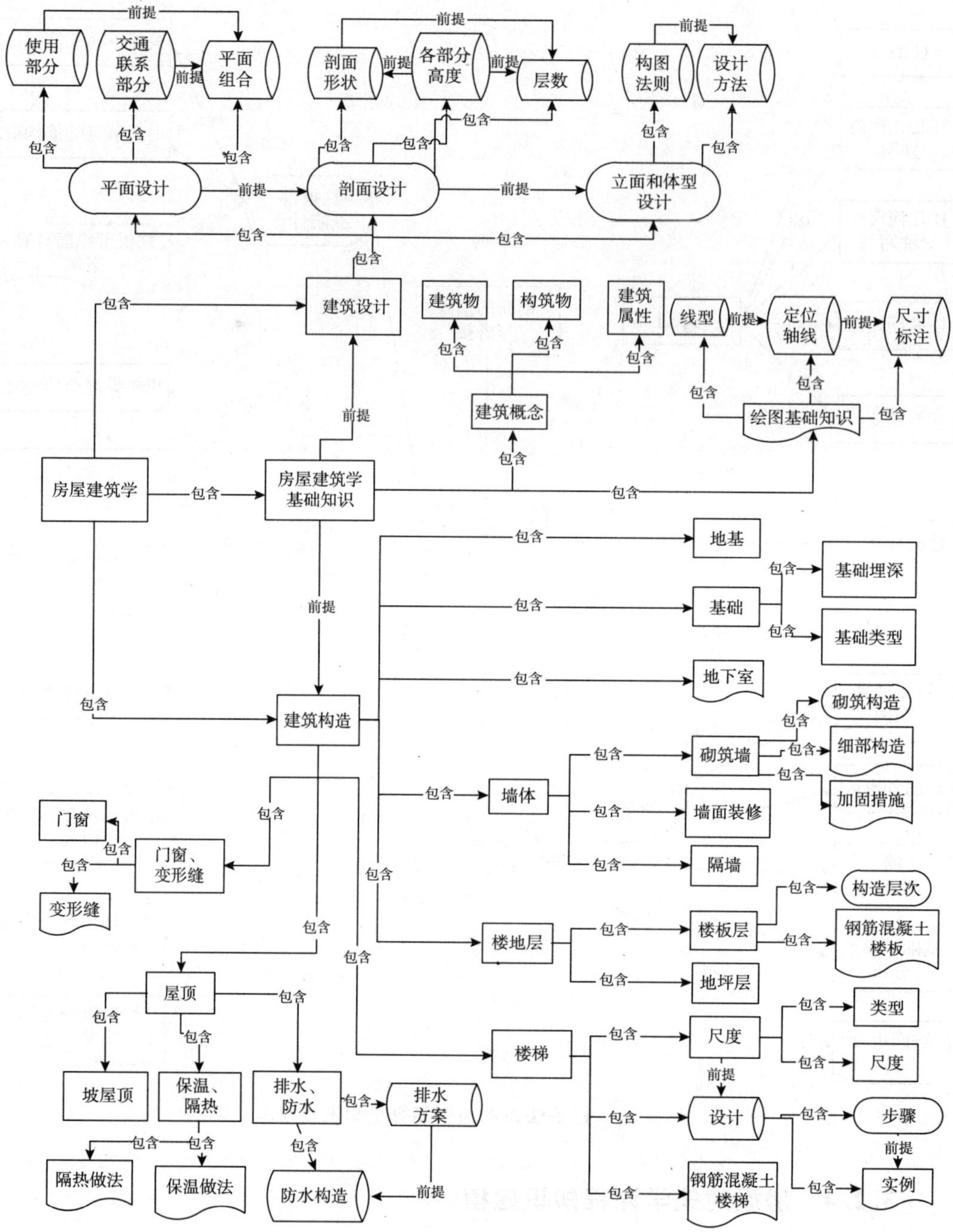

图 3-22 房屋建筑学课程知识建模图

剖面设计在房屋建筑学课程中属于建筑设计模块的重要内容，包括剖面设计概述、房间的剖面形状、房屋各部分的高度、建筑层数、建筑空间组合利用。具体内容详见图 3-23。

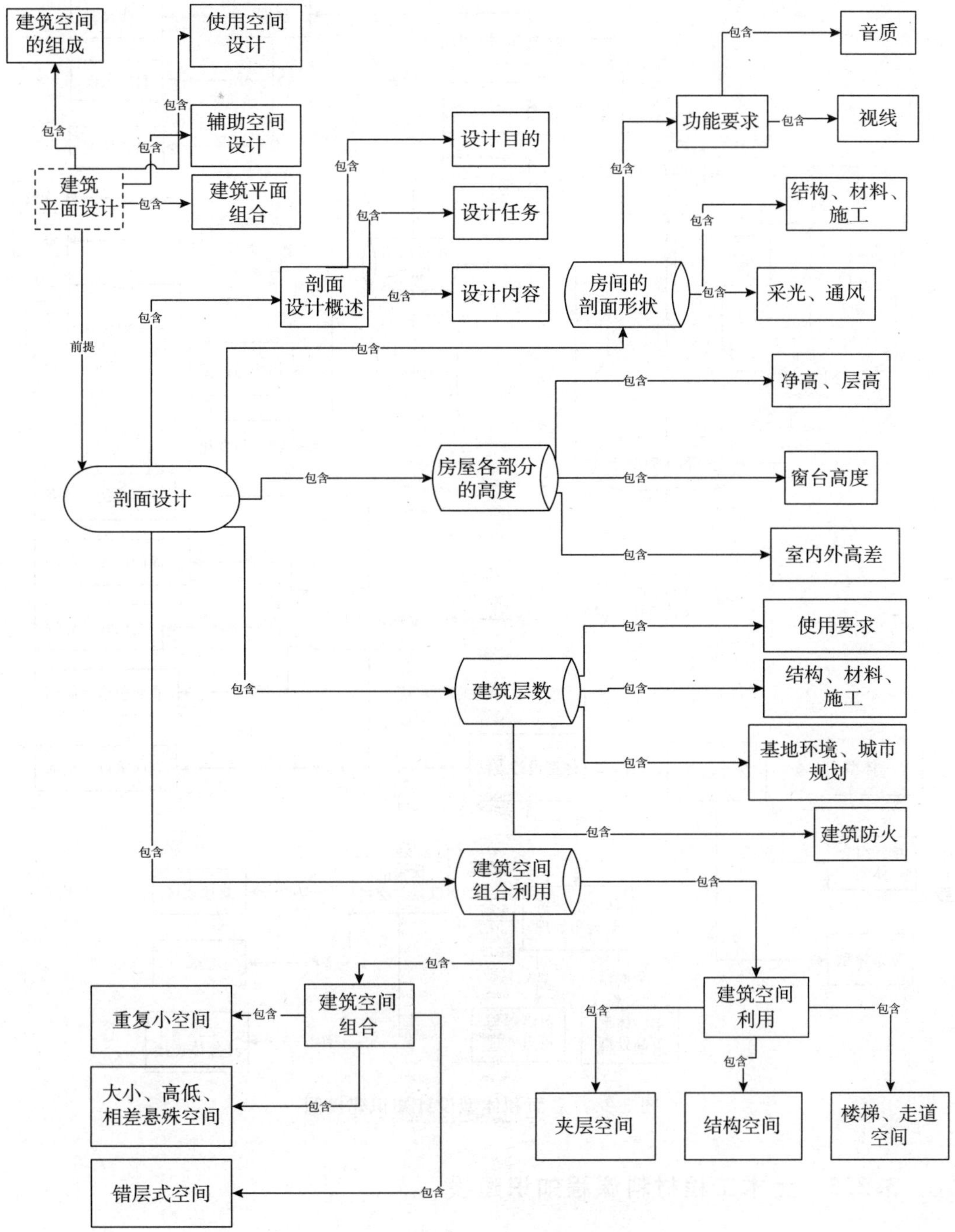

图 3-23 剖面设计知识建模图

立面和体型设计在房屋建筑学课程中属于建筑设计模块的重要内容，包括立面和体型设计概述、建筑构图规律、立面和体型设计方法等。具体内容详见图 3-24。

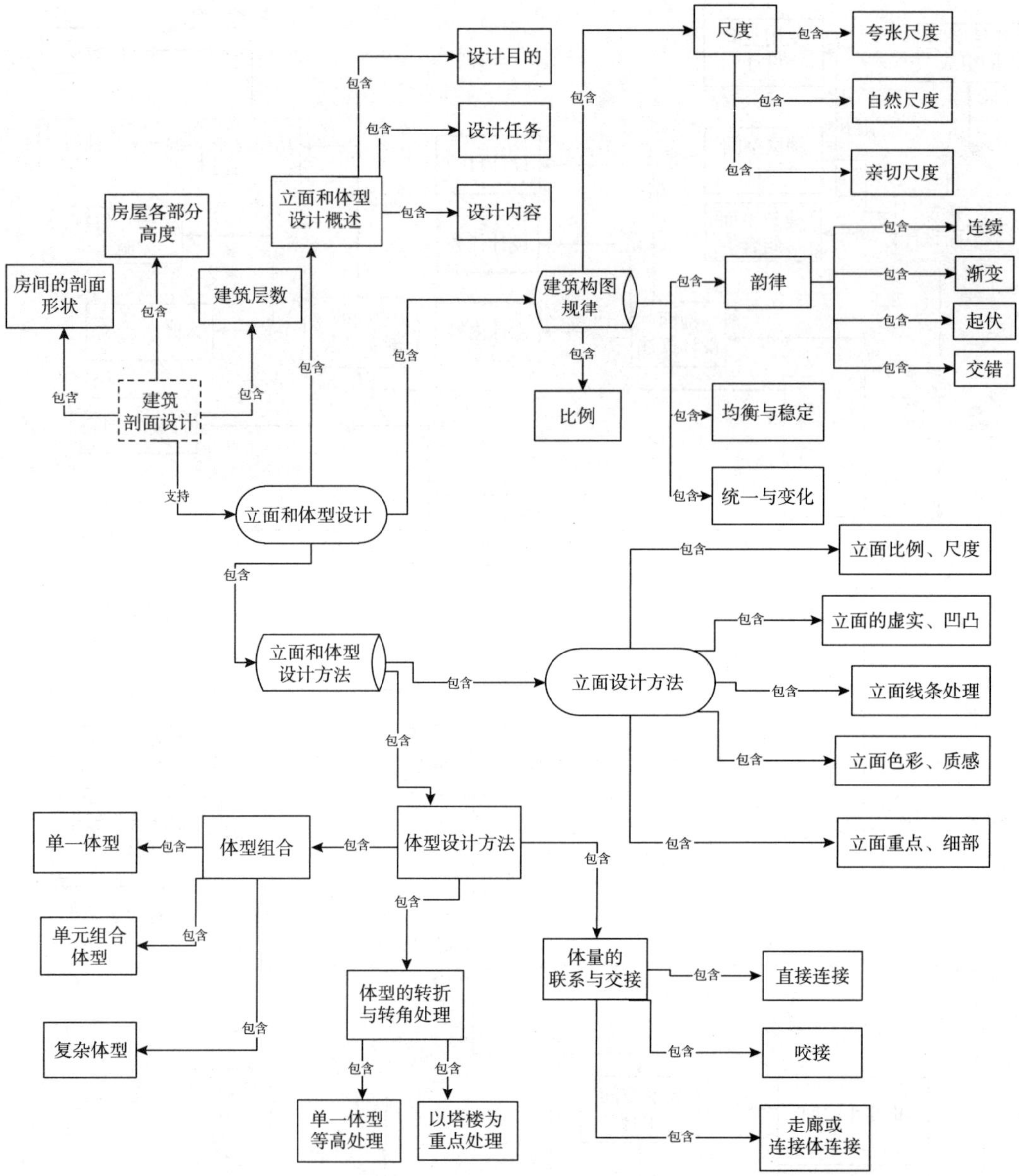

图 3-24　立面和体型设计知识建模图

3.2.5　土木工程材料课程知识建模

土木工程材料课程的教学内容包括五大模块。分别是土木工程材料相关基本概念、水泥、混凝土、钢材及其他材料。具体内容详见图 3-25。

水泥在土木工程材料课程教学内容中属于核心知识模块，内容包括通用水泥和其他品种水泥。通用水泥作为重点难点，主要从其生产与组成、水泥的水化和硬化、相关

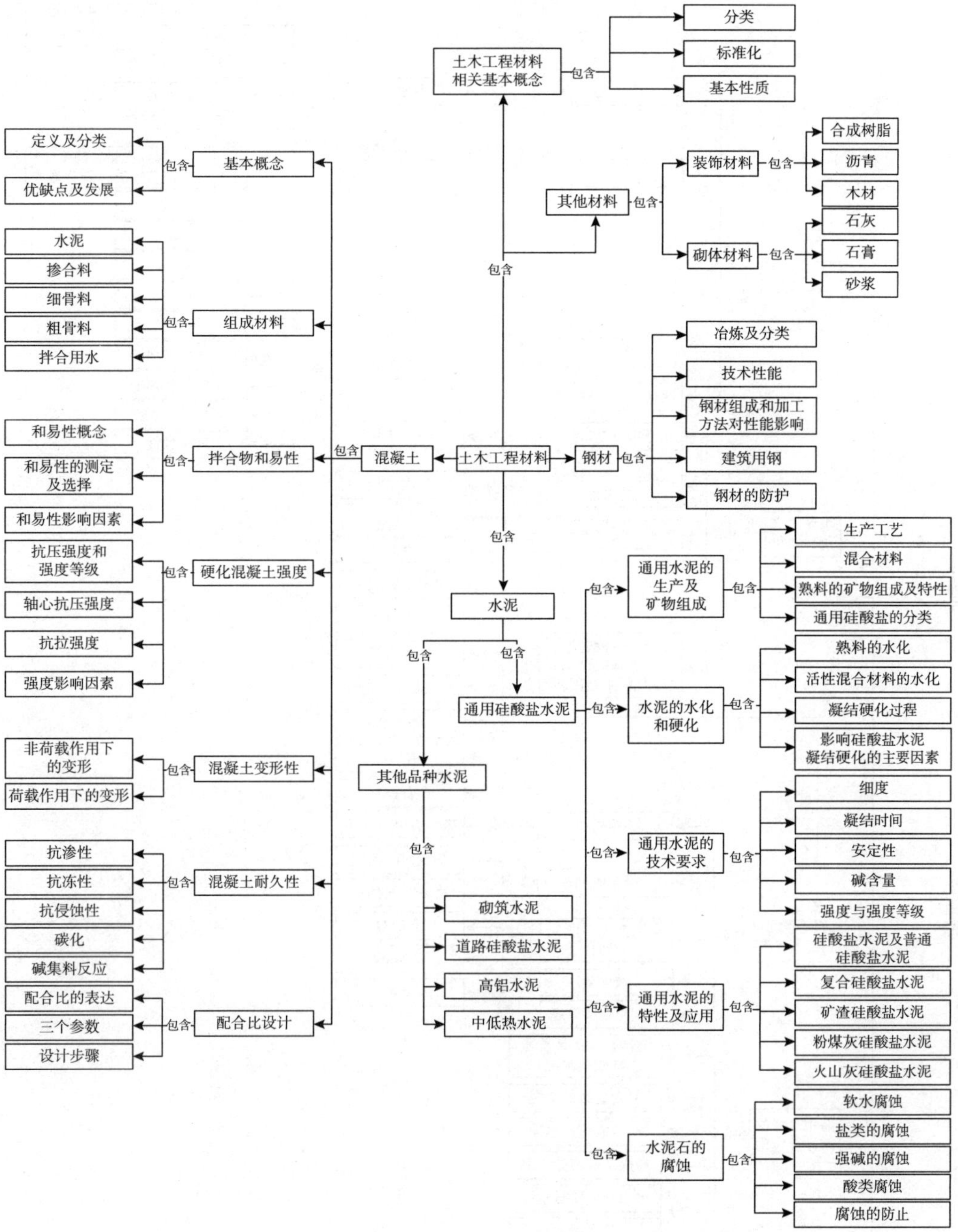

图 3-25　土木工程材料课程知识建模图

技术要求、通用水泥的特性及其应用等方面进行展开。具体内容详见图 3-26。

混凝土在土木工程材料课程中属于核心知识模块，内容包括基本概念、组成材料、拌合物和易性、硬化混凝土的强度、变形性、耐久性及配合比设计等。具体内容详见图 3-27。

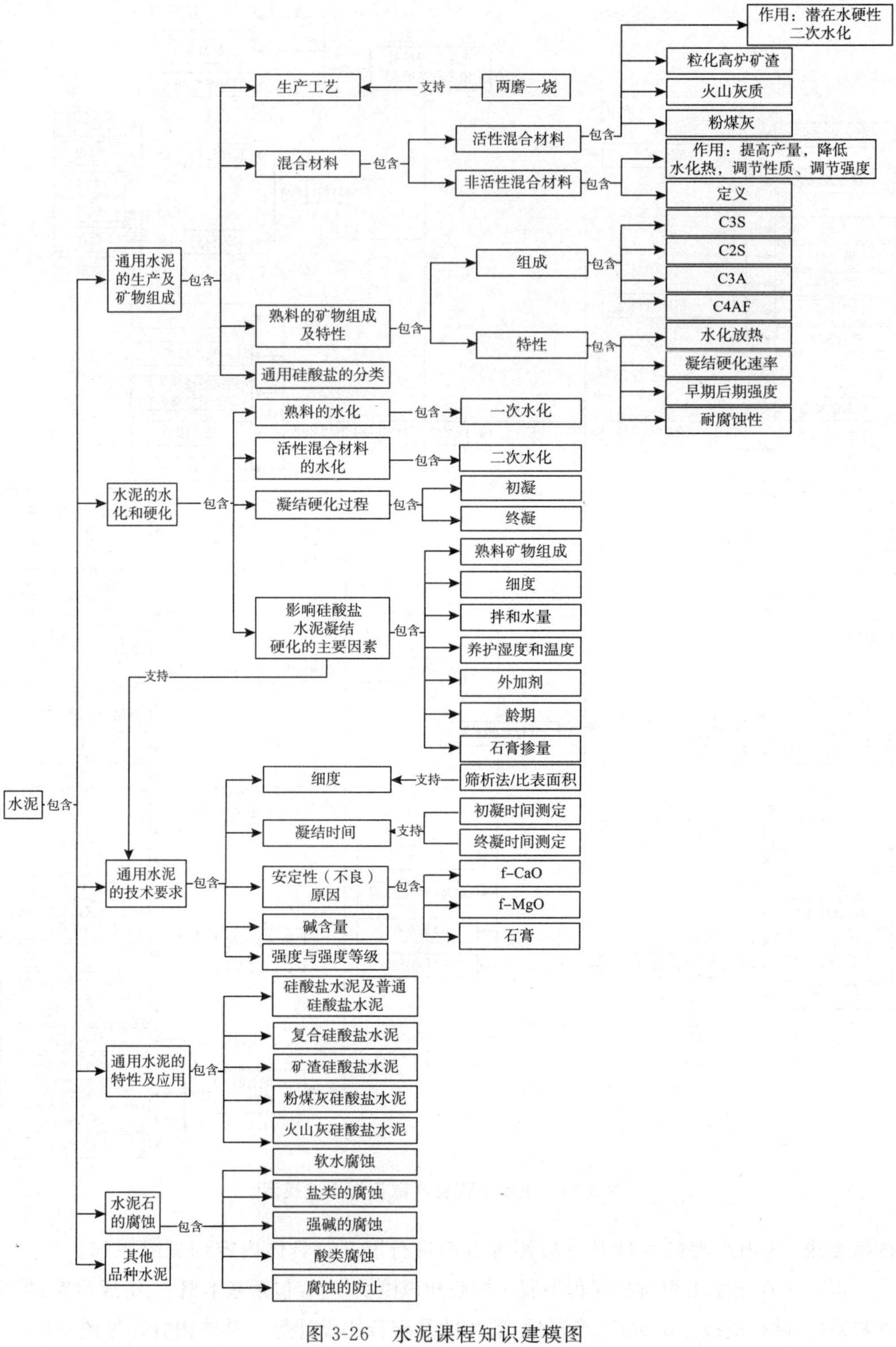

图 3-26　水泥课程知识建模图

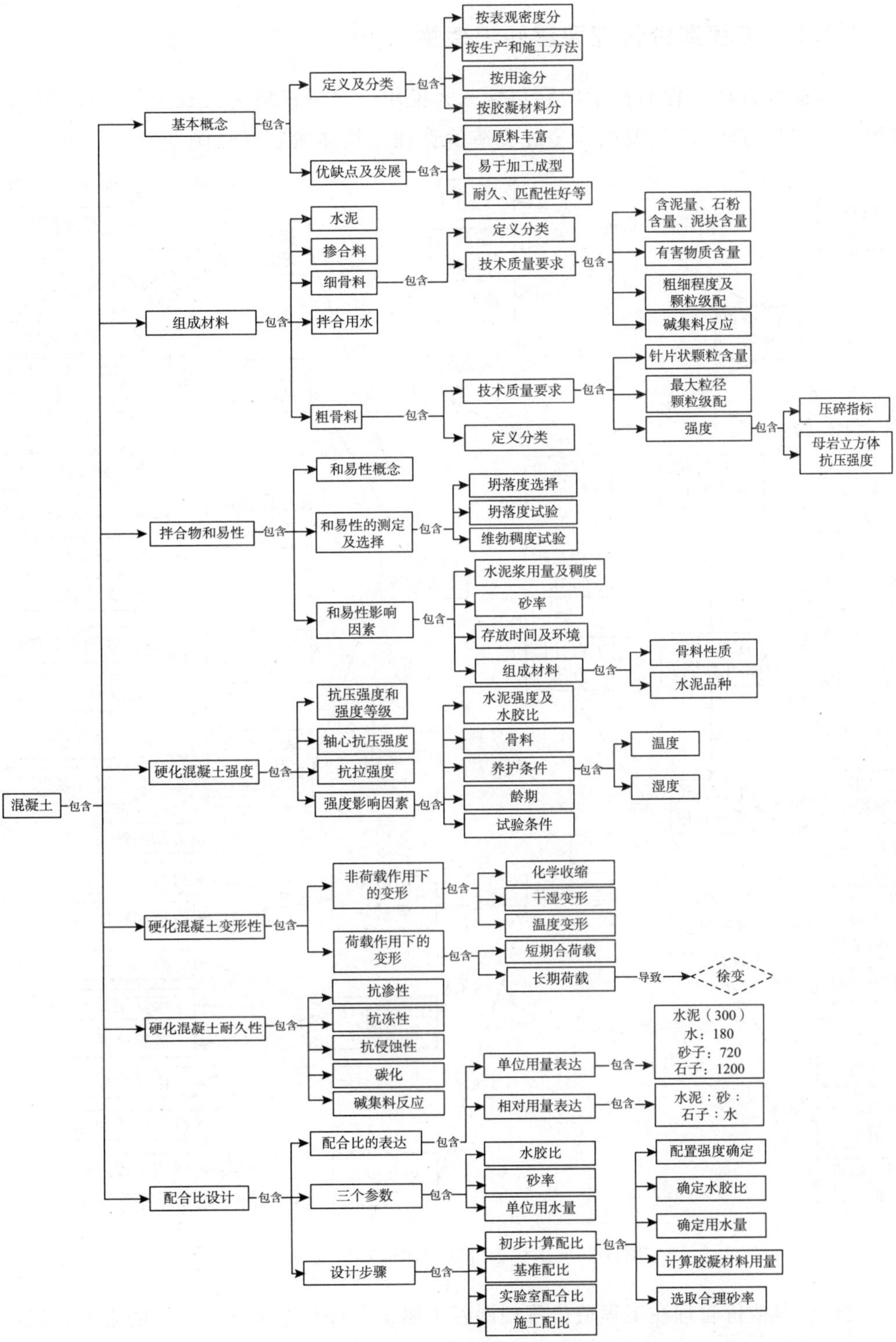

图 3-27　混凝土课程知识建模图

3.2.6 工程造价管理课程知识建模

工程造价管理课程的教学内容包含三大模块。第一模块为工程造价构成，第二模块为工程造价方法，第三模块为全过程造价管理。具体内容详见图 3-28。

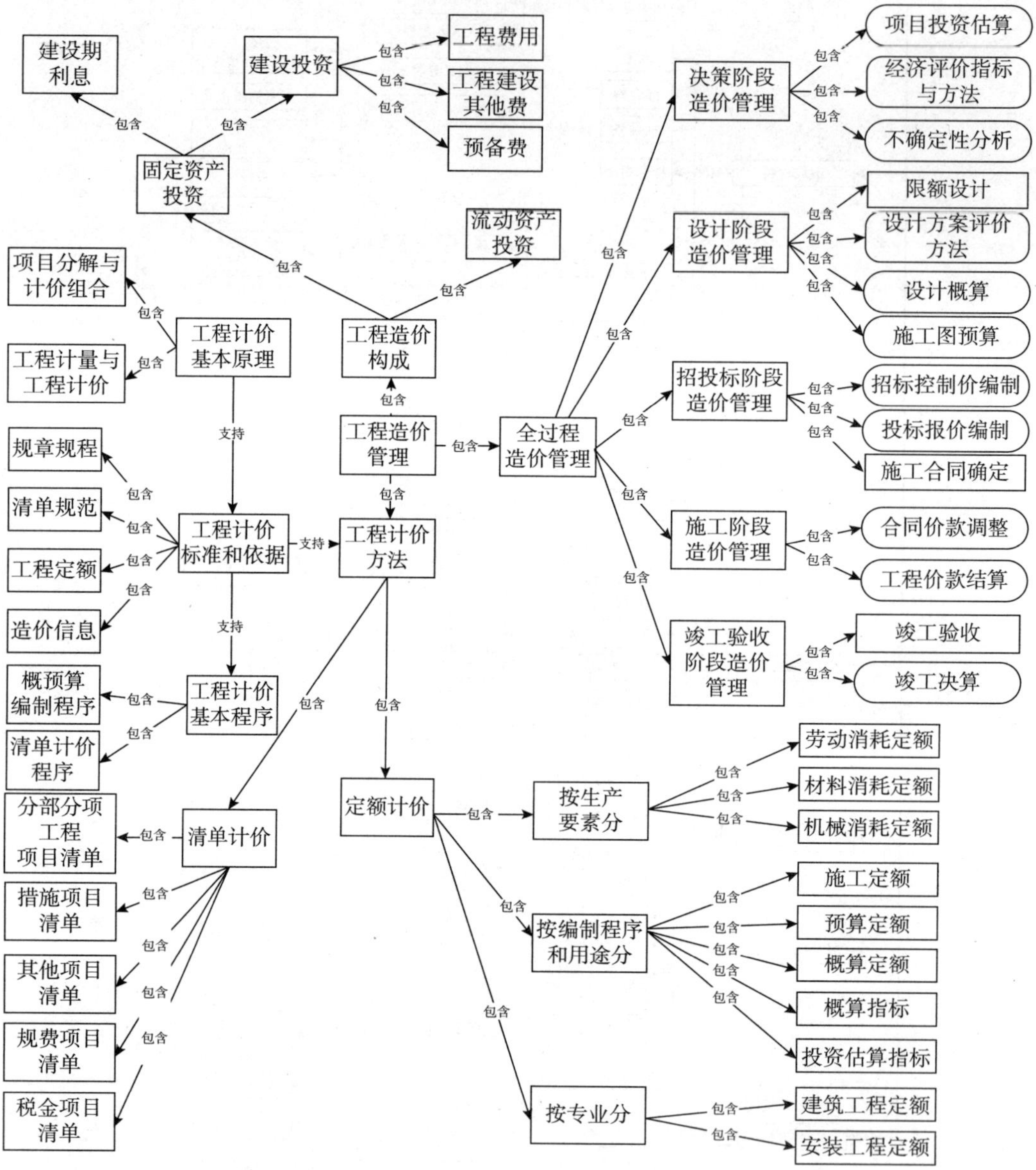

图 3-28　工程造价管理课程知识建模图

设计阶段造价管理在工程造价管理课程中属于全过程造价管理模块的重要知识点，内容包括限额设计、设计方案评价、设计概算和施工图预算等。具体内容详见图 3-29。

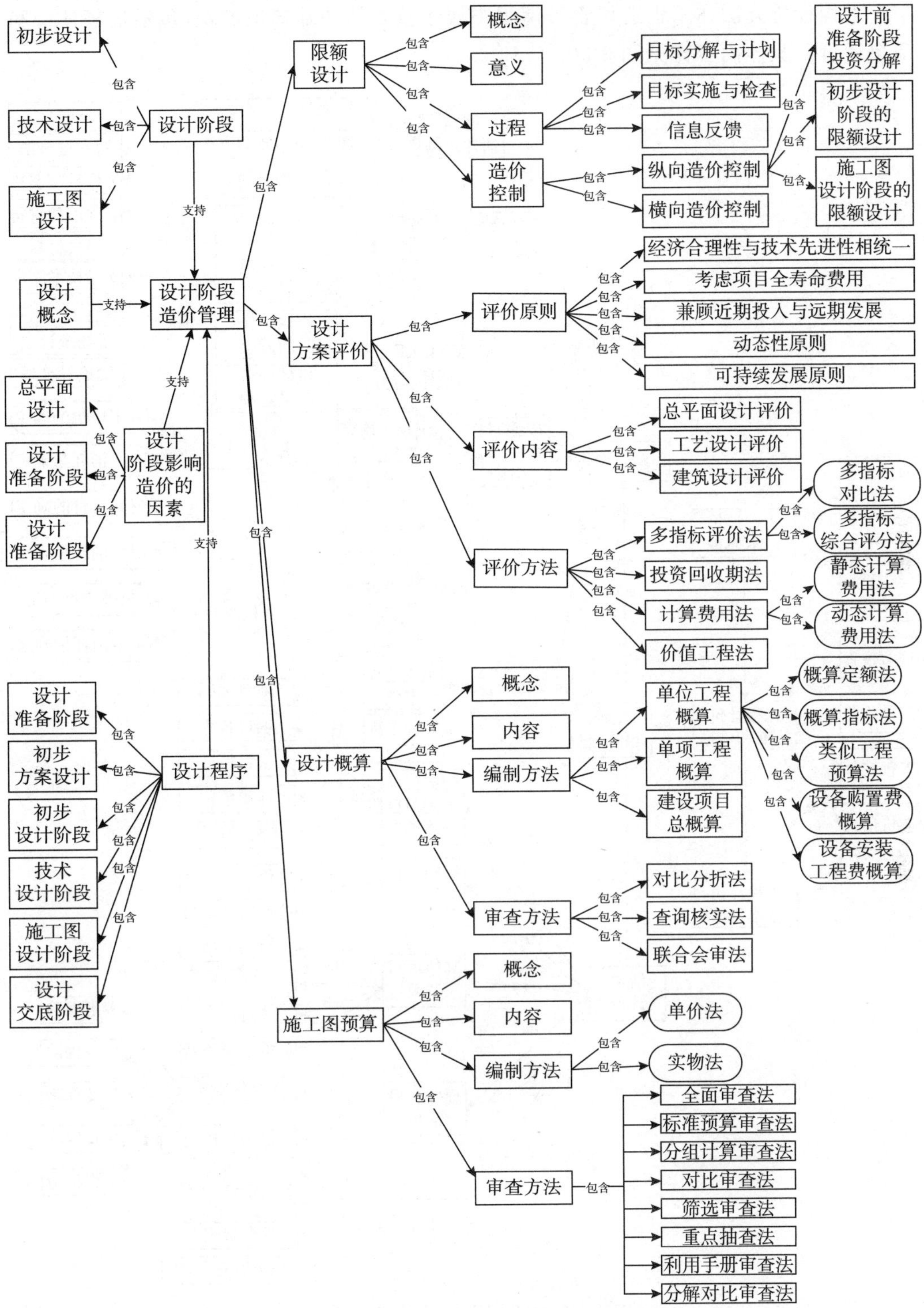

图 3-29 设计阶段造价管理知识建模图

工程计价方法在工程造价管理课程中属于重要的基础知识模块，包括定额计价和清单计价。具体内容详见图 3-30。

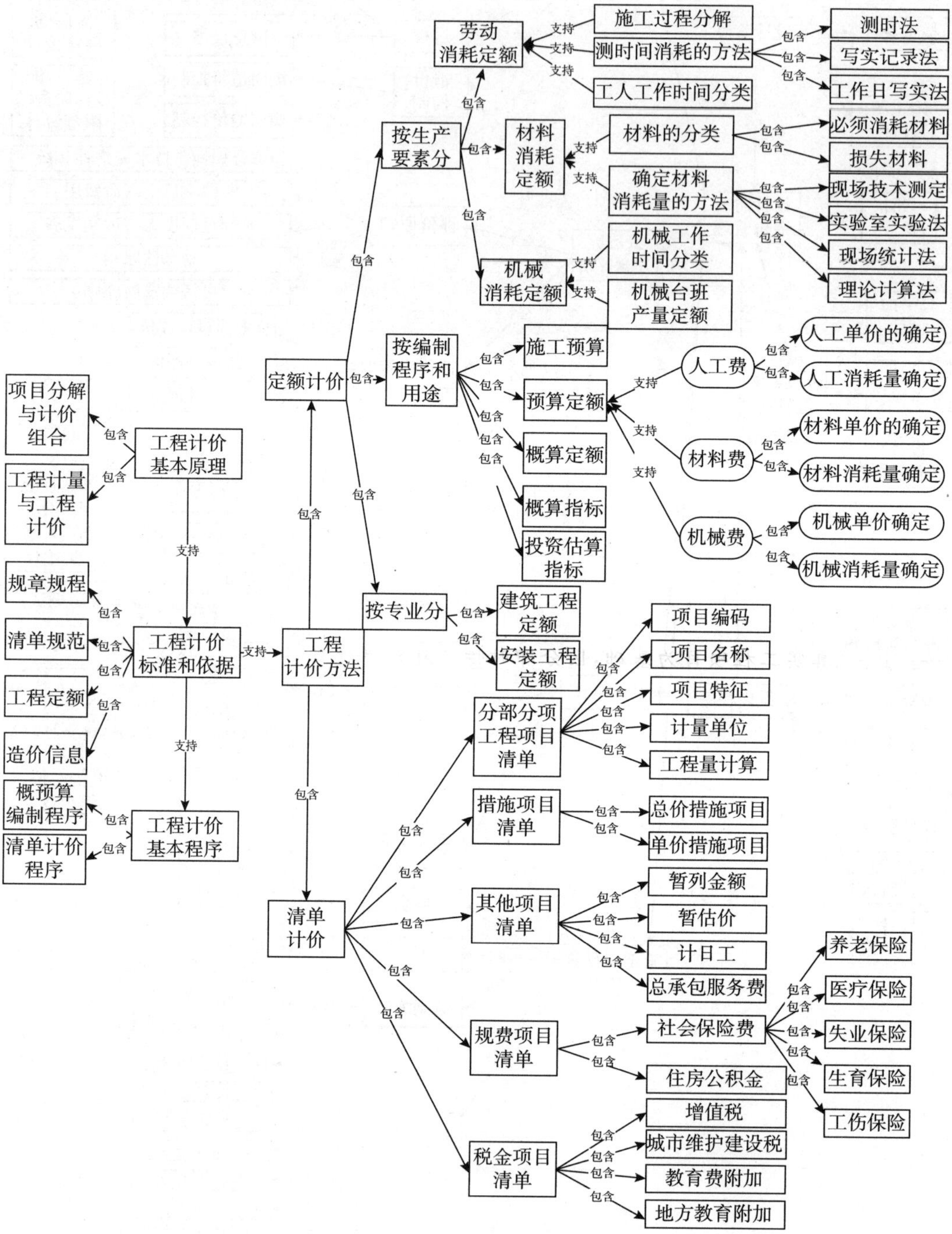

图 3-30　工程计价方法知识建模图

第 4 章

基于 OBE 理念的教学设计

4.1 以 OBE 理念为核心的项目化教学设计思路

OBE(outcome-based education)教育理念，又称为成果导向教育、能力导向教育、目标导向教育或需求导向教育，是一种以成果为目标导向，以学生为本，采用逆向思维方式进行课程体系建设的理念。

以 OBE 理念为核心的项目化教学设计，是基于黄河科技学院产教融合型课程体系改革与实践的核心成果。其核心思想是以工程真实项目为载体，以真题真做为路径，以课程教学成果达到企业应用标准为主要标志。以下是以项目化教学为核心的教学设计思路。

1. 以真实工程项目为基础，区分即时性与延时性项目

项目化教学的核心在于引入真实工程项目，使学生能够在实践中学习和应用知识。项目化教学任务来源于企业真实的岗位任务，岗位任务基于对用人单位的岗位任务的调研，调研内容包括用人单位的实际需求和期望。基于这些调研结果，可以设计出符合实际工作岗位要求的项目任务。

根据项目的紧急程度和完成周期，可以将项目划分为即时性项目和延时性项目。即时性项目要求学生快速响应并解决问题，按照项目的实际工期完成项目任务；而延时性项目则给予了学生更多时间去深入研究和实践，开拓他们的创新思维，并促进深度思考。

2. 以学生为中心，强调团队合作与真实场景应用

项目化教学以学生为中心，注重学生的主体地位，在教学过程中鼓励学生积极参与、主动探究，发挥他们的创造力和想象力。同时，项目化教学强调团队合作的重要性，通过组建团队，促进学生之间的交流与协作，从而共同完成项目任务。

项目化教学过程强调以真实工程工作场景进行教学，让学生真正熟悉项目真实的运作过程、交付标准等。项目的要求即课程的要求，实现真题真做，让课程教学要求与企业需求无缝对接。

3. 构建双师型教师团队，提供专业指导与支持

双师型教师团队是项目化教学的关键。本专业配备具有丰富实践经验和行业洞察力的双师型教学团队，不仅对学生开展了理论教学，同时对学生进行真实的项目指导，为学生的项目化教学提供全方位的支持和指导。

4. 引入企业评价机制，确保教学质量与行业需求对接

为了确保项目化教学的质量和效果与行业需求对接，本专业的课程教学引入了企业评价机制。在项目完成后，邀请企业专家参与项目评价和成果验收，从行业角度为学生提供反馈意见和建议。这些评价有助于学生了解自己在实践中的优点和不足，从而调整学习策略，提高实践能力。

同时，企业评价也将作为教学质量的重要参考，帮助教师了解项目化教学的实际效果和行业需求的变化，以及时调整教学设计和教学策略。

5. 知识本位转向能力本位，重构专业基础课程

本专业在课程设置上以支撑项目化课程相关知识能力为核心，梳理支持项目化课程任务的知识模块，构建了以知识模块为单元的专业基础课课程模块，并根据知识模块之间的关联度，对课程进行重组，重新设定专业基础课程，即由原来的知识本位向能力本位转变。重构后的专业基础课程以服务项目所需的知识能力为学习目标，为项目化课程的实施提供了有力支撑。

以项目化教学为核心的教学设计能够有效地将真实工程项目、以学生为中心的理念、团队合作与真实场景应用、双师型教师团队和企业评价等要素融为一体。这样的教学模式不仅能够激发学生的学习兴趣和积极性，还能够提高学生的实践能力和职业素养，为学生的职业发展奠定坚实的基础。

4.2　项目化课程教学设计实例

4.2.1　工程招投标与合同管理项目化课程教学设计

1. 课程简介

工程招投标与合同管理课程是工程管理专业管理平台的专业必修课程之一。本课程以岗位需求为导向，采用项目化教学的方式，通过实际工程施工招投标工作的开展，使学生掌握工程招标、投标、合同管理等方面的基本要求、基本程序和相关的法律知识，培养学生具备正直、公平、诚信、敬业的工作态度和工匠精神；具备应用招投标及合同管理知识，完成对招投标信息的分析、处理，组织工程项目招投标，做出招标策划，编制招标文件，模拟投标，组织开评定标等工作，以及进行合同管理的实践能力。

2. 教学设计及实施

本课程在教学设计上，依照“两性一度”的理念，以实际工程建设项目为载体，采用

课下学习、课上研讨的方式，以任务驱动学生主动学习与探究，要求学生综合运用建设法规、平法识图与钢筋算量、建筑施工技术与组织、建设工程计量与计价等前置、并行课程相关知识点，结合现行相关法律法规、规范及标准、施工招标文件等，按照实操工程任务工单，完成本工程的施工招标、投标、定标工作。

本课程的教学过程与当前建筑市场招投标工作一致，分招标、投标、定标三大模块。在招标工作模块，学生需要认真研读实操工程任务工单，进行工作任务拆分和团队分工，制订工作进度计划，研读施工图纸，根据工程具体情况进行招标策划，编制施工招标文件，开展招标工作；在投标工作模块，学生需要根据最终发布的施工招标文件的具体要求，分析本工程施工投标文件的内容构成、编制要点等，梳理施工投标文件；在定标工作模块，学生需要对照施工招标文件的具体规定开展模拟开评标，在实操开评标工作流程的同时检验招标工作质量。本课程具体的教学实施如下。

(1) 发放工程相关资料及团队组建(开课前 1 周)。

选取实际工程项目，以电子版形式向学生发放该项目施工招标相关背景资料、施工图纸、工程量清单、招标控制价等，以电子版形式发放给学生。

学生自主组建 3～4 人的团队，注册(模拟)招标代理企业、建筑施工企业，准备好分别以招标代理企业、建筑施工企业的角色开展施工招标工作。

(2) 研究工程背景资料及施工图纸，编制招标策划、招标文件(第 1～9 周)。

学生团队仔细研读工程背景资料和施工图纸，了解工程特点和招标要求；在复习《中华人民共和国招标投标法》《中华人民共和国招标投标法实施条例》的基础上，拓展学习《电子招标投标办法》《招标公告和公示信息发布管理办法》《工程建设项目施工招标投标办法》等法律法规，学习本课程相关知识以及《建设工程施工合同(示范文本)》《房屋建筑和市政工程标准施工招标文件》《建筑业企业资质标准》等施工相关的规范标准，借助郑州市公共资源交易中心等电子招投标平台，熟悉最新的招标工作相关规则和要求；遵循法律法规及相关规则，编制施工招标策划、施工招标文件；对招标文件进行审议，选择最优组成果为本工程的招标文件。

(3) 按照本工程施工招标文件的要求，梳理施工投标文件(第 10～13 周)。

学生团队以投标人身份开展工作，研读招标文件相关要求，学习投标工作相关知识、投标策略等，梳理关联课程支撑知识点，收集需要借鉴的法律法规和规范标准等文件，确定投标工作内容版块与内容提纲，制订工作进度计划安排，完成投标文件编制；核查成果文件的完整性与招标文件要求的一致性等，并按照招标文件第三章“评标办法”中规定的评标方法和评标标准，对整套施工投标文件展开“自评”，进行最终的查漏补缺，以避免因投标文件存在疏漏而被“废标”。

(4) 按照本工程施工招标文件的要求，进行开评标(第 14 周)。

学生团队按照本工程施工招标文件的要求，组建评标委员会，遵循招投标相关法律法规规定，举行开标会议，并开展评标工作，得出评标结论，出具评标报告。

(5) 根据评标情况，进行评标工作汇报与成果问题反馈(第15周)。

评标委员会根据评标工作情况，梳理反馈招标文件、投标文件中存在的问题，结合法律法规、标准文件、示范文本等，明确需完善的内容。

(6) 课程总结汇报与成绩评定(第16周)。

学生团队对本课程项目化工作开展过程进行复盘，从知识掌握、技能培养、工作提升、自我成长等方面进行总结汇报，依据项目成果文件的质量评定成绩。

3. 教学大纲

课程名称：工程招投标与合同管理

课程编号：2321032423

课程体系/类别：就业方向/项目化课程

学时：48小时

学分：3分

课程性质：必修

先修课程：建设法规、房屋建筑学、平法识图与钢筋算量、建设工程计量与计价Ⅰ、建设工程计量与计价Ⅱ、建筑施工技术与组织Ⅰ等

后续课程：工程项目管理、毕业设计

适用专业：工程管理

1) 课程简介

工程招投标与合同管理课程是工程管理专业管理平台的专业必修课程之一。本课程以岗位需求为导向，采用项目化教学的方式，通过实际工程施工招投标工作的开展，使学生掌握工程招标、投标、合同管理等方面的基本要求、基本程序和相关的法律知识，培养学生具备正直、公平、诚信、敬业的工作态度和工匠精神，具备应用招投标及合同管理知识完成对招投标信息的分析、处理，组织工程项目招标，做出招标策划，编制招标文件，组织招标工作，以及进行合同管理的实践能力。

2) 项目来源

☐ a. 企业研发类项目

☐ b. 岗位典型任务和研发类项目相结合

☑ c. 岗位典型任务

☐ d. 课程领域真实应用案例(仿真模拟)

☐ e. 岗位任务真实应用案例(仿真模拟)

3) 课程目标

(1) 课程总体目标。

通过本课程的学习，使学生理解工程招投标的工作内容、程序及相关要求，能够运

用招投标法律法规、标准文件等，考虑工程建设项目实际情况及业主的具体要求，完成招标策划、编制招标文件、组织开展招标及决标、进行合同管理等工作。本课程重在培养学生的创新意识、规范意识、程序意识，培养学生按照工程实际情况来整合资源、分析解决问题、开展岗位实践工作的能力。

(2) 能力目标。

① 能够根据工程项目实际和业主要求，编制招标策划。

② 能够根据工程项目实际和业主要求，编制招投标文件。

③ 能够根据工程项目实际和业主要求，组织招投标工作。

④ 能够依托工程施工合同，开展合同管理工作。

(3) 知识目标。

① 理解《中华人民共和国招标投标法》《中华人民共和国招标投标法实施条例》等相关法律法规。

② 理解招投标的一般工作程序、内容及相关规定。

③ 掌握招标文件、投标文件的内容及编制要点。

④ 理解合同主要内容，掌握合同管理要点。

(4) 素质目标。

① 通过团队协作完成项目任务并进行分享，培养团队协作精神，锻炼学生的沟通表达能力。

② 通过对实际工程施工招投标文件的编制，培养资源收集、学习、整合、运用、迁移和创新的能力。

③ 通过实际工程施工招标工作的开展，培养法律意识、诚信意识、程序意识、社会责任感和工匠精神。

(5) 课程目标与毕业要求的关系。

课程目标与专业毕业要求的关系参见表 4-1。

表 4-1　课程目标与专业毕业要求的关系

毕业要求指标点	课程目标			
	课程总体目标	能力目标	知识目标	素质目标
2.2　具备在土木工程领域进行工程策划、设计管理、投资控制、进度控制、质量控制、安全管理、合同管理、信息管理和组织协调的基本能力，具备发现、分析、研究、解决工程管理实际问题的综合专业能力	√			
3.2　具备进行建设工程项目管理的操作能力，掌握合同管理的基本原理与方法，能针对具体工程编制招标文件；掌握成本管理的基本原理与方法，能针对具体工程进行成本预测、成本计划、成本核算和成本考核；掌握进度、质量、安全与环境保护等管理的基本原理与方法，能针对具体工程编制相应的管理计划，并能有效组织实施与控制		√		√

续表

毕业要求指标点	课程目标			
	课程总体目标	能力目标	知识目标	素质目标
8.1 熟悉住房和城乡建设部对建筑业各执业资格人员的相关管理规定；熟悉我国建设行政主管部门的“建筑市场诚信体系监管平台”的内容和作用			√	

4）教学内容及基本要求

教学内容及基本要求见表4-2。

表4-2 教学内容及基本要求

主题、标题	课程主题内容	基本要求	学时/小时	教学方式	对应课程目标	课下学习主题内容	学生用时/小时
主题1 概述	课程总述，工程承发包	能够理解本项目化课程的地位、培养目标、课程内容、实施方式与要求等；能够理解工程承发包的概念、发展、分类、管理等	3	多媒体	课程总体目标	建筑市场	6
主题2 建筑市场	建筑市场的主客体，建筑市场管理	能够理解并运用建筑市场主客体知识及市场管理相关规定	3	多媒体	课程总体目标	工程招投标	6
主题3 工程招投标	工程招投标及相关法律体系	能够理解并运用工程招投标相关法律体系	3	多媒体	能力目标	施工招标策划	7
主题4 施工招标策划	施工招标准备，施工招标开展程序	能够理解并运用施工招标工作程序，编制施工招标策划	3	多媒体	全部	施工招标文件编制	6
主题5 施工招标文件编制	标准施工招标文件的内容构成及应用	能够运用标准施工招标文件、招投标法律法规等，编制施工招标公告/投标邀请书、投标人须知等文件内容	3	多媒体	全部	评标办法编制	7
主题6 评标办法编制	评标方法选择，评标标准设计，评标办法编制	能够运用标准施工招标文件、招投标法律法规等，编制施工招标评标办法文件	3	多媒体	全部	合同条款及格式编制	5

续表

主题、标题	课程主题内容	基本要求	学时/小时	教学方式	对应课程目标	课下学习主题内容	学生用时/小时
主题 7　合同条款与格式编制	专用合同条款编制	能够按照招标要求，根据招标工作任务书中提供的条件，编制合同条款与格式	3	多媒体	全部	工程量清单、技术标准与要求、投标文件格式内容编制	6
主题 8　工程量清单、技术标准与要求、投标文件格式内容编制	工程量清单、技术标准与要求、投标文件格式内容编制	能够运用标准施工招标文件、施工相关规范标准、工程量清单计价规范等，编制工程量清单、技术标准与要求、投标文件格式内容	3	多媒体	全部	施工招标文件整合、评审与完善	8
主题 9　施工招标文件整合、评审与完善	施工招标文件整合、评审与完善	能够运用标准施工招标文件，招投标相关法律法规、施工相关规范标准、工程量清单计价规范等，对招标文件进行整合与汇报；小组互审发现问题后，提出修改建议，并进行完善优化	3	多媒体	知识目标	施工招标文件修改与完善；施工投标	8
主题 10　施工投标	施工投标工作内容、程序、投标文件内容构成与编制要点	能够理解施工投标工作内容与程序，按照招标文件要求，梳理施工投标文件内容及要点	3	多媒体	知识目标、素质目标	施工投标文件编制	8
课题 11　施工投标文件编制	施工投标文件编制、投标策略运用	能够研读施工招标文件要求，运用投标策略，编制施工投标文件内容清单	3	多媒体	课程总体目标、知识目标、素质目标	项目开标、评标工作	8
主题 12　项目开标、评标工作	工程项目开标、评标工作	能够按照施工招标文件要求，针对已完成的施工投标文件进行开标、评标工作	3	多媒体	全部	施工合同示范文本	6

续表

主题、标题	课程主题内容	基本要求	学时/小时	教学方式	对应课程目标	课下学习主题内容	学生用时/小时
主题 13 施工合同示范文本	施工合同示范文本内容结构、合同内容规定、运用原则等	能够研读施工合同示范文本，理解合同文件构成优先顺序，理解通用条款的各项规定	3	多媒体	课程总体目标、知识目标	合同履约管理	10
主题 14 合同履约管理(结构部分)	合同履约管理工作内容、工作流程、工作要点、时效性等	能够理解并运用合同履约管理工作内容、责任归属等，进行案例分析	3	多媒体	全部	索赔管理	6
主题 15 索赔管理	索赔分类、起因，索赔管理工作内容、流程、处理等	能够理解索赔的分类、起因，运用索赔管理程序，处理实际工程施工索赔	3	多媒体	全部	课程总结	6
主题 16 课程总结	项目化课程总结		3	多媒体	课程总体目标、素质目标	整理设计报告	

5）课程的教学方法

课程目标与教学环节具体见表 4-3。

表 4-3 课程目标与教学环节

序号	课程目标	教学环节				
		讲授	研讨	小组互评	项目任务	自主学习
1	课程目标 1	√	√	√	√	√
2	课程目标 2	√	√	√	√	√
3	课程目标 3	√	√	√	√	√
4	课程目标 4	√	√	√	√	√

6）课程考核内容及方式

课程目标与考核方式关系如下。

成绩评定依据项目任务完成情况、项目过程成果成绩等进行。施工招标文件编制占比 40%，施工招标策划占比 10%，建筑云课学习与测试占比 10%，翻转校园测试占比 10%，课程知识结构图占比 10%，课程知识总结分享 PPT 占比 10%，课堂参与度占比 10%。课程目标考核与评价方式及成绩比例如表 4-4 所示。

表 4-4　课程目标考核与评价方式及成绩比例

序号	课 程 目 标	毕业要求指标点	考核与评价方式							成绩比例/%
			招标文件	招标策划	建筑云课	翻转校园	知识结构图	分享PPT	课堂参与	
1	通过对本课程的学习，学生应理解工程招标投标的工作内容、程序及相关要求，能够运用招投标法律法规、标准文件等，考虑工程建设项目实际情况及业主的具体要求，完成招标策划、编制招标文件、组织开展招标及决标、进行合同管理等工作。本课程重在培养学生的创新意识、规范意识、程序意识，以及按照工程实际情况，整合资源，分析解决问题，开展岗位实践工作的能力	2.2	10	2.5	5	5	3	2	2.5	28
2	(1) 能够根据工程项目实际和业主要求，编制招标策划 (2) 能够根据工程项目实际和业主要求，编制招标文件 (3) 能够根据工程项目实际和业主要求，组织招标工作 (4) 能够依托工程施工合同，开展合同管理工作 (5) 通过团队协作完成项目任务并进行分享，培养学生团队协作精神，锻炼学生沟通表达能力 (6) 通过对实际工程施工招标文件的编制，培养学生资源搜集、学习、整合、运用、迁移和创新的能力 (7) 通过实际工程施工招标工作的开展，培养学生的法律意识、诚信意识、程序意识、社会责任感和工匠精神	3.2	20	5			4	5	5	39
3	(1) 理解招标投标法、实施条例等相关法律法规 (2) 理解招投标的一般工作程序、内容及相关规定 (3) 掌握招标文件、投标文件的内容及编制要点 (4) 理解合同主要内容，掌握合同管理要点	8.1	10	2.5	5	5	3	3	2.5	33
合　计			40	10	10	10	10	10	10	100

7) 课程评价方式

本课程的评价方式包括过程性评价和最终成果评价，其中过程性评价占 60%，成果评价占 40%。过程性评价包括建筑云课学习与测试、招标策划、分享 PPT、知识结构图、翻转校园测试、课堂参与度等，成果评价针对施工招标文件进行，具体如下。

(1) 建筑云课学习与测试(10分)：由建筑云课平台根据学习任务完成情况、测试题目得分情况，按1∶1进行记分。

(2) 招标策划(10分)：由教师根据招标策划编制的完整性、工作计划安排的合理性进行打分。

(3) 分享PPT(10分)：以小组为单位进行打分互评。

(4) 知识结构图(10分)：以小组为单位进行打分互评。

(5) 翻转校园测试(10分)：由翻转校园平台根据课堂测试情况进行记分。

(6) 课堂参与度(10分)：①出勤(5分)；②课堂表现(5分)。

(7) 成果评价(三级评价)(40分)。

① 优秀(35～40分)：文件内容完整，措辞严谨准确，具有可操作性；招标方式、评标方法选择适当；资格条件、投标要求的设定与工程特点相匹配，并符合行业实际；时间节点设置符合招标要求及招投标相关法规规定；评标标准合理，且具备可衡量性；引用规范标准正确适当；可直接交付企业使用。

② 合格(28～34分)：文件内容完整，具有可操作性；招标方式、评标方法选择适当；资格条件与投标要求设定基本与工程特点相匹配；时间节点设置基本符合招标要求及招投标相关法规规定；评标标准合理，基本具备可衡量性；引用规范标准适当；经修改后可交付企业使用。

③ 基本合格(24～27分)：文件内容完整，大部分内容具有可操作性；招标方式、评标方法选择适当；资格条件与投标要求设定基本符合工程特点；时间节点设定大部分符合招投标相关法规规定，评标标准基本合理，大部分具有可衡量性；引用规范标准基本适当；存在少量错误。

8) 课程资源

(1) 自主设计：教学课件、项目化教学案例库。

(2) 现有资源：建筑云课精品课程教学视频、中国大学MOOC课程资源、教学课件、教材、招投标相关法律法规、标准招标文件、合同示范文本、电子招投标平台等。

9) 课程教学单元设计

工程招投标与合同管理课程教学单元设计见表4-5。

4.2.2　建筑工程计量与计价Ⅰ项目化课程教学设计

1. 课程简介

建筑工程计量与计价Ⅰ是工程管理专业一门重要的专业核心课程，是综合运用房屋建筑学、建筑材料、建筑构造、平法识图等基础知识，解决建筑工程计量与计价问题的工程课程。本课程通过对现行国家计量计价规范及地方行业定额等相关规定进行详细讲解，使学生初步掌握建筑工程计量与计价的基本理论与方法；通过将建筑工程计量计价软件与工程项目结合，进行建模与计价的项目化教学，使学生具备初步编制中小型房屋建筑工程招标工程量清单及招标控制价的基本能力。

表 4-5　工程招投标与合同管理课程教学单元设计

第 4 次课

知识建模图：

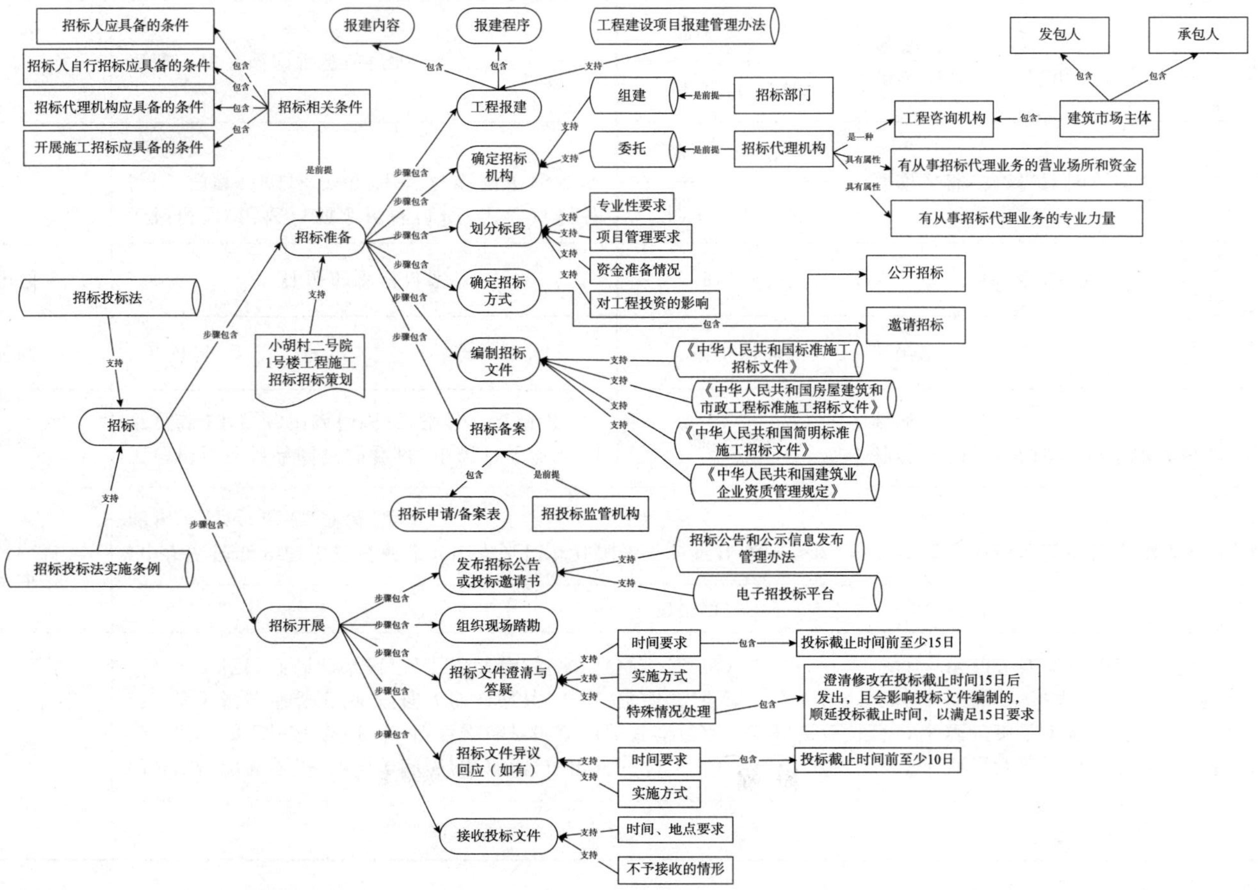

续表

学习目标	知识点(学习水平)		能 力 目 标	
	(1) 招标的概念、招标相关的条件(理解、运用) (2) 招标的工作程序、要求,以及招标投标法律法规的规定(理解、记忆、运用) (3) 施工招标准备工作、招标文件的内容、要求等(理解、运用) (4) 施工招标开展的流程,与工作内容、要求等(理解、运用)		通过项目实操,初步具备熟悉招标流程、编写招标策划文件、开展工程招标准备工作的能力;培养学生在工作中的社会责任感和严谨的程序意识	
学习先决知识技能	知识点(学习水平)			
	《中华人民共和国招标投标法》《中华人民共和国招标投标法实施条例》中对依法必须招标的项目范围的规定、对招标工作的相关规定(记忆、理解、运用)			
课上资源	工程招投标与合同管理教材;小组自主学习内容总结 PPT、知识结构图;工程背景资料等	课下资源	建筑云课、招投标相关法律法规、电子招投标平台等	
课上时间	150 分钟	课下时间	330 分钟	
活动序列	任务的学习目标	时 间	学 习 资 源	学习地点
活动 1	工程报建(记忆);确定招标机构(记忆);划分标段(理解);招标方式(记忆);编制招标文件(运用)	课上 110 分钟 课下 220 分钟	建筑云课、教材、法律法规等	课上+课下
活动 2	招标工作开展的步骤(运用)	课上 30 分钟 课下 60 分钟	建筑云课、教材、电子招投标平台等	课上+课下
活动 3	招标策划文件编制(运用);招标开展的工作流程(理解);时间计划制订(运用)	课上 10 分钟 课下 50 分钟	建筑云课、教材、相关案例、法律法规、电子招投标平台等	课上+课下

续表

活动 1 知识建模图：

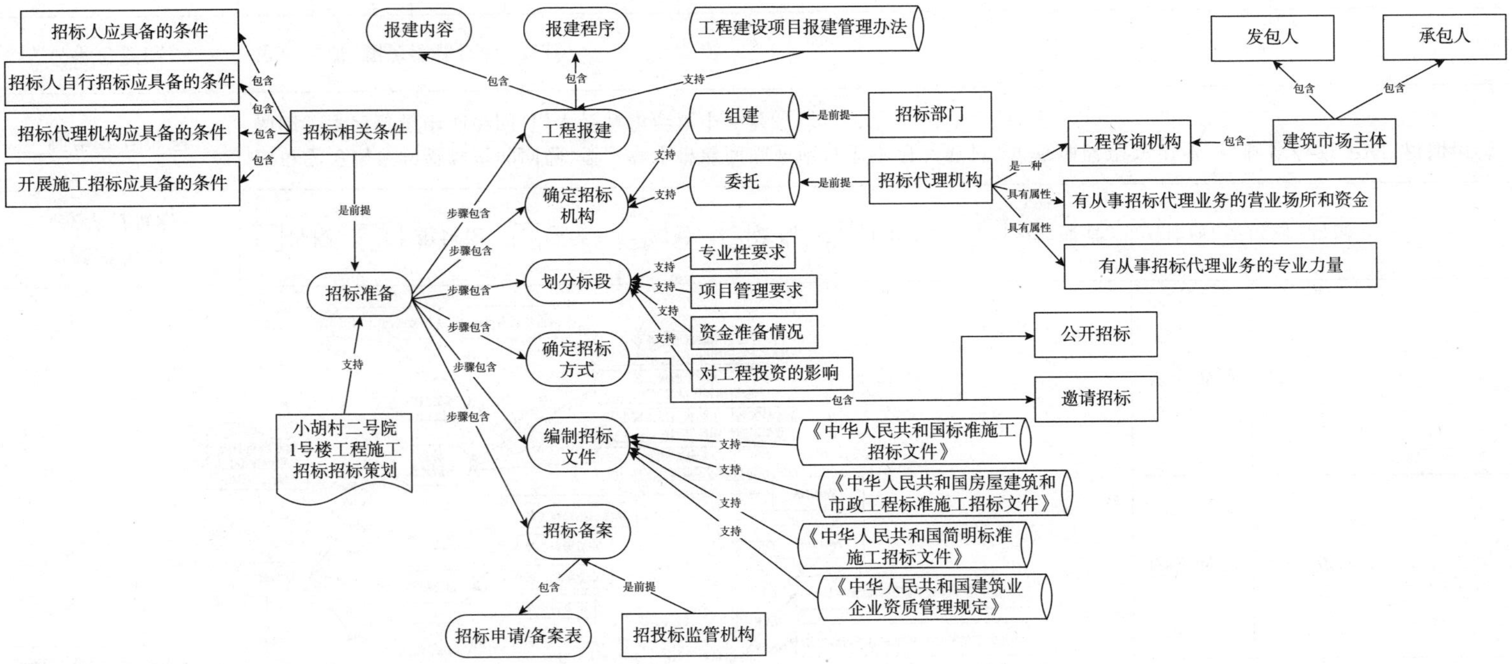

活动目标	工程报建(记忆)；确定招标机构(记忆)；划分标段(理解)；招标方式(记忆)；编制招标文件(运用)
活动任务序列(导入任务)	
师生交互过程	教师提出问题(引子)：请同学们根据预习情况和对姚家镇中学施工招标工作任务的解读，初步梳理本项目进行招标已具备的条件有哪些？还应做哪些准备？存在哪些疑问？

续表

<table>
<tr><th colspan="3">活动 1 任务序列(任务一)</th></tr>
<tr><td rowspan="3">任务一知识组块：
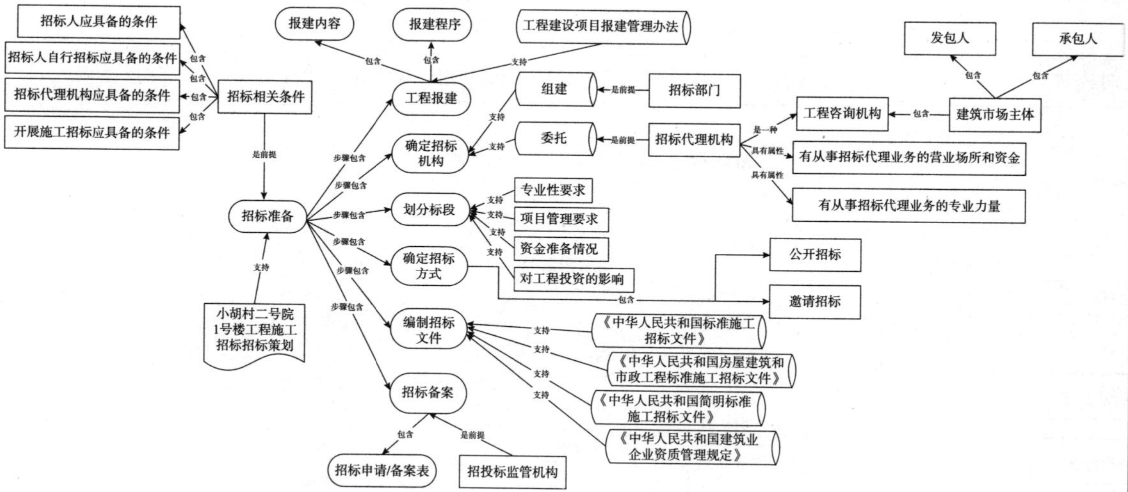
</td><td>任务描述</td><td>自学课本项目 2 第 1 节至第 3 节的内容，并在建筑云课平台完成学习视频及测试，在课前完成自主学习</td></tr>
<tr><td>任务时长</td><td>220 分钟</td></tr>
<tr><td>学习地点</td><td>课下</td></tr>
<tr><td>教学策略
(或学习策略)</td><td colspan="2">□讲授　□小组讨论　☑答疑　□实验　☑实训　☑自主学习　□翻转课堂　☑其他(请填写)测试</td></tr>
<tr><td>师生交互过程</td><td colspan="2">预设学习内容和要解决的问题，要求学生带着问题完成自主学习与测试，并梳理课程知识要点，制作分享 PPT 和知识结构图。学习过程中的疑问，由学委收集后集中答疑</td></tr>
<tr><td>学习资源</td><td colspan="2">建筑云课、相关法律法规、教材</td></tr>
<tr><td>学习成果及评价标准</td><td colspan="2">学生在建筑云课平台完成自学任务及测试，由建筑云课后台按 1：1 的比例进行计分</td></tr>
</table>

续表

活动 1 任务序列(任务二)		
任务二知识组块：同任务一	任务描述	课前测试与讲评。了解学生自主学习对知识的掌握情况
	任务时长	15 分钟
	学习地点	课上
教学策略(或学习策略)	□讲授 □小组讨论 □答疑 □实验 ☑实训 ☑自主学习 □翻转课堂 ☑其他(请填写)测试与讲评	
师生交互过程	以测验题为基础，明确知识要点，对易错知识点进行重点解析	
学习资源	建筑云课、招标投标法、教材	
学习成果及评价标准	教师在翻转校园发布计时测试，测试结束由翻转校园后台记录成绩	
活动 1 任务序列(任务三)		
任务三知识组块：同任务一	任务描述	学生自学知识总结并分享，教师讲评。翻转课堂以输出倒逼输入，培养自主学习能力和对知识体系的查阅、梳理与传达能力
	任务时长	35 分钟
	学习地点	课上
教学策略(或学习策略)	□讲授 □小组讨论 ☑答疑 □实验 ☑实训 ☑自主学习 □翻转课堂 ☑其他(请填写)学生分享与教师指导	
师生交互过程	根据自主学习内容，学生以 PPT、思维导图等形式对自学内容知识要点进行总结与分享；教师针对学生知识体系梳理、关联资源运用等进行点评与指导	
学习资源	建筑云课、相关法律法规、教材	
学习成果及评价标准	学生成果包括知识梳理 PPT、课程内容思维导图等 评价标准： 优秀：PPT 页面清晰，内容体现课程知识重点，有总结、有拓展，能体现思考与综合能力，思维导图不少于三层主题 良好：PPT 页面清晰，内容体现课程知识重点，有总结，能体现课程资源查阅内容，思维导图不少于三层主题 中等：PPT 页面清晰，内容体现课程知识重点，有总结，能体现思考与综合能力，思维导图少于三层主题 及格：PPT 页面清晰，内容体现课程知识点，思维导图少于三层主题	

续表

<table>
<tr><th colspan="3">活动 1 任务序列(任务四)</th></tr>
<tr><td rowspan="3">任务四知识组块：
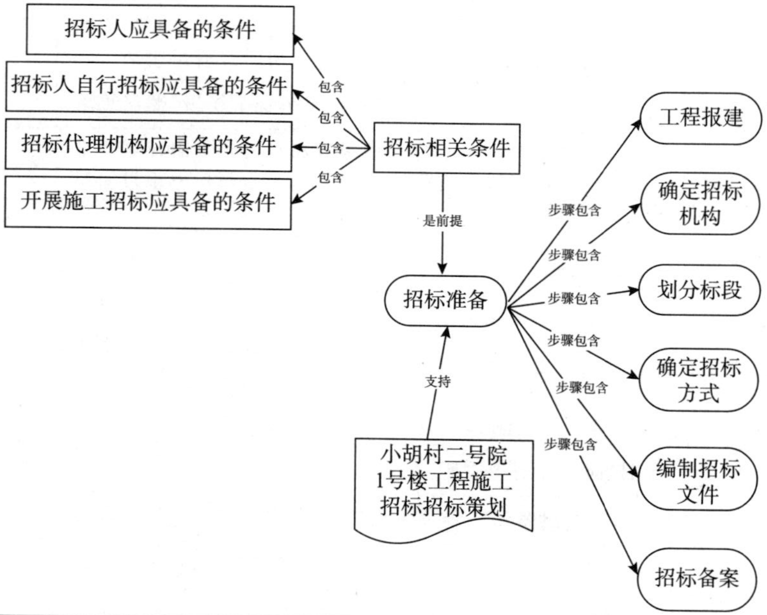
</td><td>任务描述</td><td>了解开展招标活动应具备的相关条件，以及招标准备应包含的主要内容和步骤</td></tr>
<tr><td>任务时长</td><td>20 分钟</td></tr>
<tr><td>学习地点</td><td>课上</td></tr>
</table>

教学策略 （或学习策略）	☑讲授　☑小组讨论　☑答疑　□实验　□实训　□自主学习　□翻转课堂　□其他(请填写)________
师生交互过程	(1) 整合教材、法律法规、视频课程中的知识要点，梳理讲解招标工作开展的前提条件、招标准备工作的内容、制式文件、相关规定及注意事项等 (2) 讲解过程中提出思考问题，由学生以小组为单位展开讨论。例如，确定招标机构与工程报建顺序可否调换，确定招标方式应遵循什么原则，如何理解不同的招标方式优劣等
学习资源	建筑云课、相关法律法规、教材

续表

活动 1 任务序列(任务五)		
任务五知识组块：同任务一	任务描述	掌握招标准备各项工作的具体内容、原则与方法
	任务时长	50 分钟
	学习地点	课上
教学策略(或学习策略)	☑讲授 ☑小组讨论 ☑答疑 □实验 □实训 □自主学习 □翻转课堂 □其他(请填写)________	
师生交互过程	(1) 根据讲授的招标准备工作内容,依托姚家镇中学招标工作任务书的内容,以小组为单位,讨论本工程施工招标准备的“工程报建、确定招标机构、划分标段、确定招标方式、招标备案”等内容,并以小组为单位进行讨论结果汇报 (2) 教师对汇报情况进行点评和答疑	
学习资源	建筑云课、相关法律法规、教材、工程项目报建管理办法	

活动 2 知识建模图：

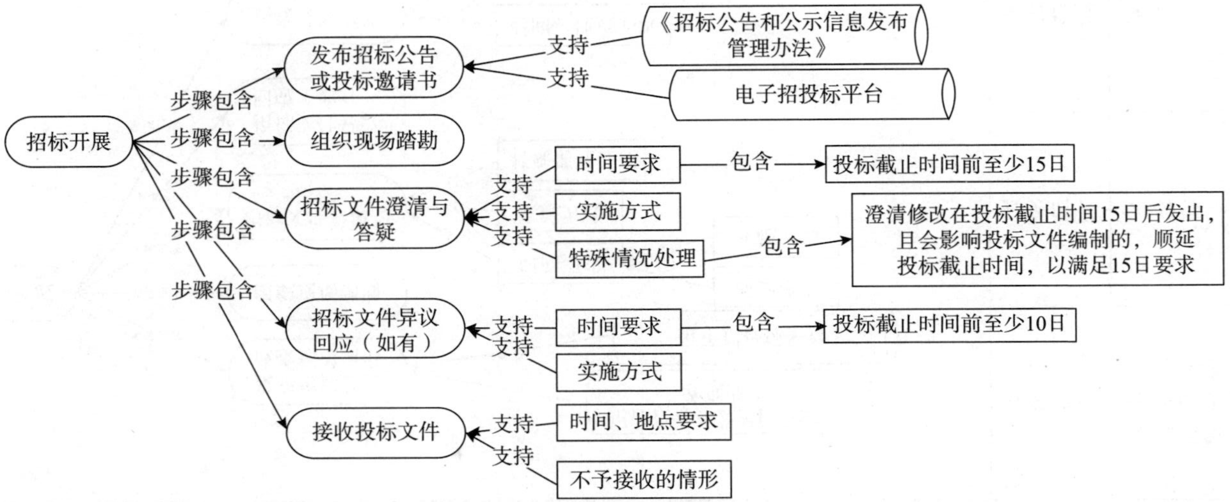

活动目标	掌握招标工作开展的步骤、各环节的相关规定及注意事项

续表

<table>
<tr><td colspan="4">活动 2 任务序列(任务一)</td></tr>
<tr><td colspan="2" rowspan="3">任务一知识组块：
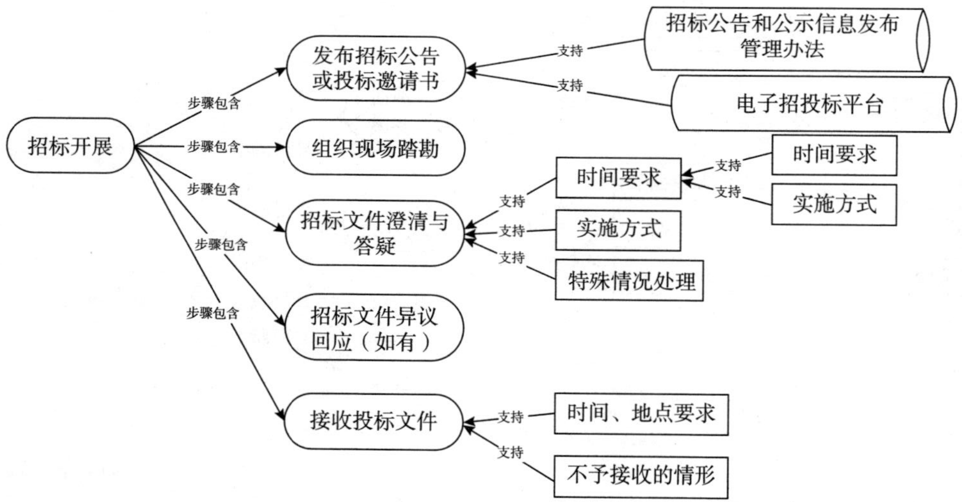
</td><td>任务描述</td><td>完成建筑云课有关招标开展工作程序的视频内容的学习与测试</td></tr>
<tr><td>任务时长</td><td>60 分钟</td></tr>
<tr><td>学习地点</td><td>课下</td></tr>
<tr><td>教学策略
(或学习策略)</td><td colspan="3">□讲授 □小组讨论 ☑答疑 □实验 □实训 □自主学习 □翻转课堂 □其他(请填写)________</td></tr>
<tr><td>师生交互过程</td><td colspan="3">预设学习内容和要解决的问题,要求学生带着问题完成自主学习与测试。学习过程中的疑问,由学委收集后集中答疑</td></tr>
<tr><td>学习资源</td><td colspan="3">建筑云课、相关法律法规、教材等</td></tr>
<tr><td colspan="4">活动 2 任务序列(任务二)</td></tr>
<tr><td rowspan="3">任务二知识组块：
同任务一</td><td>任务描述</td><td colspan="2">对照招标投标法及相关法律法规,掌握招标的工作流程及相关规定</td></tr>
<tr><td>任务时长</td><td colspan="2">30 分钟</td></tr>
<tr><td>学习地点</td><td colspan="2">课上</td></tr>
</table>

续表

教学策略 （或学习策略）	☑讲授 □小组讨论 ☑答疑 □实验 □实训 □自主学习 □翻转课堂 □其他（请填写）________
师生交互过程	（1）教师讲解施工招标工作的开展流程，结合相关法律法规，明确工作要点及相关时效性规定 （2）根据实际工作中时经常遇到的问题，展开提问与答疑
学习资源	建筑云课、相关法律法规、教材、电子招投标网站
学习成果及评价标准	（1）通过本活动，学生应能够掌握施工招标工作开展的步骤、方法、工作期限规定及特殊情况处理办法等 （2）通过课堂测试进行客观评价

活动 3 知识建模图（课上、课下）：

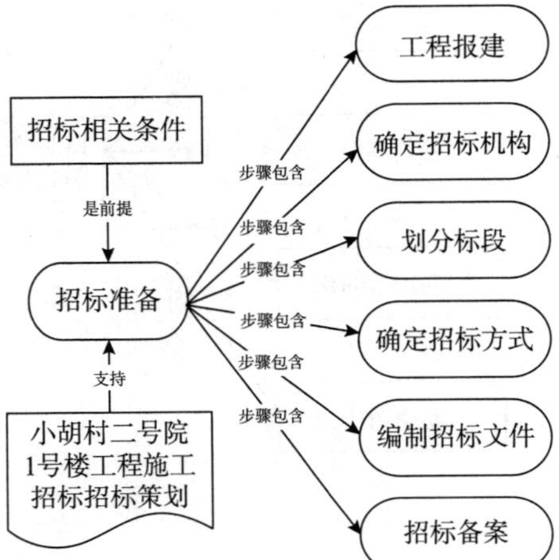

活动目标	应用所学知识，解析案例工程招标策划信息，为编制姚家镇中学施工招标策划文件奠定基础

续表

<table>
<tr><td colspan="3">活动 3 任务序列(任务一)</td></tr>
<tr><td rowspan="3">任务一知识组块：
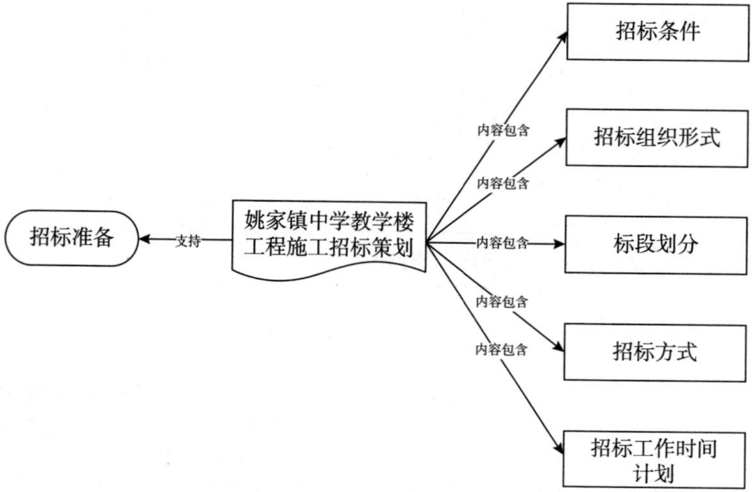
</td><td>任务描述</td><td>应用本次课程所学内容，梳理施工招标策划文件内容框架</td></tr>
<tr><td>任务时长</td><td>10 分钟</td></tr>
<tr><td>学习地点</td><td>课上</td></tr>
<tr><td>教学策略
(或学习策略)</td><td colspan="2">☑讲授 ☑小组讨论 □答疑 □实验 □实训 □自主学习 □翻转课堂 □其他(请填写)</td></tr>
<tr><td>师生交互过程</td><td colspan="2">(1) 教师讲解施工招标策划文件内容结构、编写要点、注意事项等
(2) 学生对照讨论姚家镇中学教学楼工程招标策划文件内容</td></tr>
<tr><td>学习资源</td><td colspan="2">相关法律法规、教材</td></tr>
</table>

续表

<table>
<tr><td colspan="4">活动 3 任务序列(任务二)</td></tr>
<tr><td colspan="2" rowspan="3">任务二知识组块：
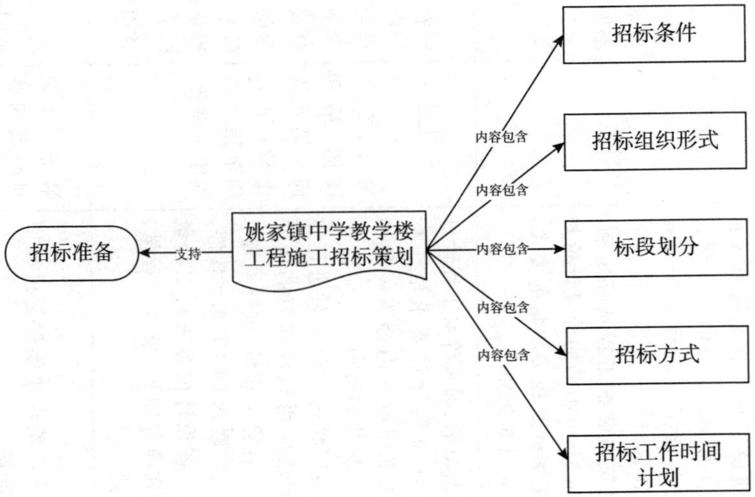
</td><td>任务描述</td><td>按照姚家镇中学施工招标工作任务书的要求，编制本工程施工招标策划文件</td></tr>
<tr><td>任务时长</td><td>50 分钟</td></tr>
<tr><td>学习地点</td><td>课下</td></tr>
<tr><td>教学策略
(或学习策略)</td><td colspan="3">☑讲授　□小组讨论　□答疑　□实验　☑实训　□自主学习　□翻转课堂　□其他(请填写)________</td></tr>
<tr><td>师生交互过程</td><td colspan="3">(1) 以小组为单位，讨论编写本工程施工招标策划文件
(2) 教师一对一答疑</td></tr>
<tr><td>学习资源</td><td colspan="3">建筑云课、相关法律法规、教材等</td></tr>
</table>

2. 教学设计与实施

在教学设计上，本课程基于实际工作场景，以项目流程为主线，以实际操作所出现问题及常见问题为节点，不断地修改完善工程量清单及招标控制价文件，以保证成果的真实性和可应用性。具体实施流程如图 4-1 所示。

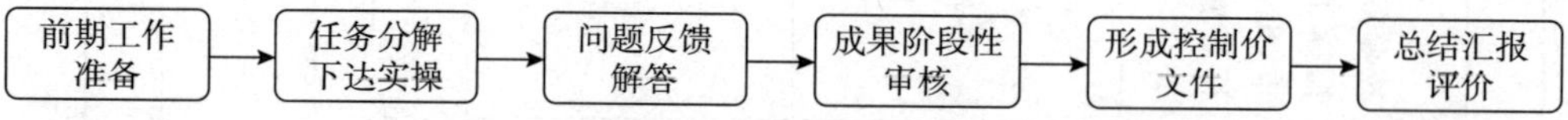

图 4-1　项目实施流程图

本课程以小组为单位展开项目化教学活动，每组 3 人，组内成员间相互讨论问题、进行实施过程的交叉复核，对外以小组为单位进行外组成果的阶段性审核，最终形成能为企业所应用的工程量清单及招标控制价文件。具体方案如表 4-6 所示。

表 4-6　项目实施方案

工作流程	任务安排	学 生 活 动	时间安排	目标达成度
前期工作准备	梳理计量计价思路	根据《建设工程工程量清单计价规范》(GB 50500—2013)、《房屋建筑与装饰工程工程量计算规范》(GB 50854—2013)、《河南省房屋建筑与装饰工程预算定额》(HA01- 31—2016)的计量计价规则、施工图纸及相关图集的要求，展开计量计价思路	第一周	形成计量计价思路图
任务分解下达实操	(1) 读图 (2) 建模提量 (3) 列项组价调价差，形成初步招标控制价文件	(1) 根据图纸、图集等对工程计价中需要注意的设计要求给予标注，对施工图设计内容不一致的问题给予标注和整理 (2) 运用广联达 GTJ 软件进行建模，对无法应用软件建模的构件采用手工计算工程量，进行检查 (3) 运用广联达 GCCP 6.0 软件，结合施工图设计内容进行工程量清单的列项并组价，填入工程量，调整价差	第二、三周读图；第四周至第八周建模；第九周至第十四周组价调价	(1) 对图纸所有的内容了然于胸，对与图纸内容不一致的地方形成对设计院提出问题的书面材料 (2) 整理导出工程量计算表 (3) 初步形成招标控制价文件
问题反馈与解答	(1) 有关图纸问题的反馈 (2) 对模型建立技术问题的反馈 (3) 有关初步控制价文件及清单项问题的反馈	(1) 进一步整理建模提量过程中的图纸问题 (2) 核对模型建立过程的合理性，对不能完成部分进行整理 (3) 复核招标控制价及清单项问题	第五、七周对图纸问题及建模技术问题解答；第十一周对控制价及清单问题解答	(1) 建模过程中图纸问题全部解决 (2) 能自主完成建模 (3) 能自主完成招标控制价文件

续表

工作流程	任务安排	学 生 活 动	时间安排	目标达成度
成果阶段性审核	(1) 审核计量模型 (2) 审核控制价文件	(1) 提交待审核计量模型 (2) 提交待审核招标控制价文件	第八周进行模型审核；第十三、十四周进行计价审核、修改	(1) 给出提量阶段的阶段性成绩 (2) 给出招标控制价文件编制阶段的阶段性成绩
形成控制价文件	(1) 导出打印 (2) 准备总结汇报	(1) 导出招标控制价文件,并根据成果要求进行整理 (2) 准备总结汇报 PPT 文件	第十五周	(1) 形成最终招标控制价文件 (2) 形成 PPT 汇报文件 (3) 形成学习总结
总结汇报评价	总结汇报	根据之前准备文件进行现场答辩	第十六周	给出评价结果

3. 教学大纲

课程名称:建筑工程计量与计价Ⅰ

课程编号:2321032422

课程体系/类别:就业方向/项目化课程

学时:64 小时

学分:4 分

课程性质:必修

先修课程:平法识图与钢筋算量、房屋建筑学、建筑结构、土木工程材料

后续课程:工程招投标与合同管理、工程造价项目实践、毕业设计

适用专业:工程管理

1) 课程简介

建筑工程计量与计价Ⅰ是工程管理专业一门重要的专业核心课程,是综合运用房屋建筑学、建筑材料、建筑构造、平法识图等基础知识,解决建筑工程计量与计价问题的工程课程。本课程通过对现行国家计量计价规范及地方行业定额等相关规定进行详细讲解,使学生初步掌握建筑工程计量与计价的基本理论与方法;通过使用建筑工程计量计价软件对工程项目进行建模与计价的项目化教学,使学生具备初步编制中小型房屋建筑工程招标工程量清单及招标控制价的基本能力。

2) 项目来源

☐ a. 企业研发类项目

☐ b. 岗位典型任务和研发类项目相结合

☑ c. 岗位典型任务

☐ d. 课程领域真实应用案例(仿真模拟)

☐ e. 岗位任务真实应用案例(仿真模拟)

3) 课程目标

(1) 课程总体目标。

通过本课程的学习,学生能够理解建筑工程计量与计价的基本原理,学会运用工程造价的相关知识。通过对岗位任务的真实应用案例的真题真做,培养学生解决复杂综合问题的能力,无缝衔接用人单位和市场,助力学生高质量就业。

(2) 能力目标。

① 能够编制招标工程量清单。

② 能够编制招标控制价文件、投标报价文件等计价文件。

③ 能够熟练运用工程造价软件(算量和计价软件)。

④ 具备社会单位如建设单位中工程造价咨询、工程施工、工程监理等部门对工程造价基本执业能力的要求。

(3) 知识目标。

① 了解实际工程对识图能力及造价能力等基本素质的要求。

② 理解编制工程量清单及招标控制价的意义。

③ 掌握如何运用软件进行建模、提量。

④ 掌握如何编制工程量清单及招标控制价等计价文件。

(4) 素质目标。

① 通过分组完成项目任务,培养学生的团队协作精神,锻炼学生善于沟通交流的品质。

② 通过模型建立,计价文件编制,培养学生的实践动手能力。

③ 通过对工作任务的分析与总结,培养学生收集整理信息、发现问题的能力,锻炼学生主动分析思考、解决问题的意识。

④ 通过真实项目训练,基本达到造价员的岗位要求。

(5) 课程目标与专业毕业要求的关系。

课程目标与专业毕业要求的关系参见表4-7。

表4-7　课程目标与专业毕业要求的关系

毕业要求指标点	课程目标			
	课程总体目标	能力目标	知识目标	素质目标
2.2　具备在土木工程领域进行投资控制,解决工程管理实际问题	√			
4.2　针对建设项目的管理实施问题,能够有效进行数据采集和分析,并提出改进方案		√		√
5.2　掌握工程项目管理信息系统及软件应用			√	

4）教学内容及基本要求

项目化课程教学内容及基本要求见表 4-8。

表 4-8　项目化课程教学内容及基本要求

主题、标题	课程主题内容	基 本 要 求	学时/小时	教学方式	对应课程目标	课下学习主题内容	学生用时/小时
主题 1　概述	课程介绍/工程造价知识	能够用列表示意工程建设全过程及其对应造价管理	4	多媒体	课程总体目标	工程造价的基础理论/全过程造价管理的阶段分析	4
主题 2　建筑安装工程造价的费用组成	建安工程费的两种划分方式/两种计价模式	掌握建安费用组成/简述两种计价模式	4	多媒体	课程总体目标	建安工程费的两种划分方式/两种计价模式	4
主题 3　砌筑工程及基本技能操作	砌筑工程计量计价/工程造价计量计价基本技能操作	理解本次课的授课内容/掌握计量与计价基本操作技能	4	多媒体	能力目标	砌筑工程计量计价/工程造价计量计价基本技能操作	6
主题 4　混凝土及钢筋混凝土工程	混凝土工程基础知识/混凝土工程计量与计价	理解本次课的授课内容/掌握本分部量价计算	4	多媒体	能力目标	混凝土工程基础知识及手算	10
主题 5　混凝土及钢筋混凝土工程	混凝土工程基础知识/混凝土工程计量与计价	理解本次课的授课内容/掌握本分部量价计算	4	多媒体	能力目标	混凝土工程基础知识及手算	10
主题 6　混凝土及钢筋混凝土工程	混凝土工程基础知识/混凝土工程计量与计价	理解本次课的授课内容/掌握本分部量价计算	4	多媒体	能力目标	混凝土工程基础知识及手算	10
主题 7　土石方工程	土石方工程基础知识/土石方工程计量与计价	理解本次课的授课内容/掌握本分部量价计算	4	多媒体	能力目标	土石方工程基础知识及手算	8
主题 8　土石方工程	土石方工程基础知识/土石方工程计量与计价	理解本次课的授课内容/掌握本分部量价计算	4	多媒体	能力目标	土石方工程基础知识及手算	8
主题 9　门窗工程、屋面及防水工程	门窗、屋面基础知识/门窗、屋面工程计量与计价	理解本次课的授课内容/掌握本分部量价计算	4	多媒体	能力目标	门窗、屋面基础知识及手算	12

续表

主题、标题	课程主题内容	基本要求	学时/小时	教学方式	对应课程目标	课下学习主题内容	学生用时/小时
主题10　混凝土及钢筋混凝土分部软件计量	GTJ软件建模基本操作,进行工程、轴网、柱、梁构件进行建模	掌握软件基本操作,能够运用CAD导图及手动建模	4	GTJ建模软件	知识目标、素质目标	GTJ软件建模基本操作,对工程、轴网、柱、梁构件进行建模	8
课题11　混凝土及钢筋混凝土分部软件计量	GTJ板、悬挑板、基础、垫层构件进行建模	能够运用CAD导图及手动建模	4	GTJ建模软件	知识目标、素质目标	用GTJ软件对板、悬挑板、基础、垫层构件进行建模	8
主题12　砌筑工程、门窗工程软件计量	GTJ砌体、门窗件进行建模	能够运用CAD导图及手动建模	4	GTJ建模软件	知识目标、素质目标	用GTJ软件对砌体、门窗件进行建模	8
主题13　二次结构节点、屋面工程、土方工程	GTJ过梁、构造柱、圈梁、压顶等节点、屋面工程、土方工程构件进行建模	能够运用CAD导图及手动建模	4	GTJ建模软件	知识目标、素质目标	用GTJ软件对过梁、构造柱、圈梁、压顶等节点、屋面工程、土方工程构件进行建模	10
主题14　招标工程量清单编制与复核(结构部分)	GCCP 6.0进行招标工程量清单编制	能够运用GCCP 6.0进行清单列项	4	GCCP 6.0	知识目标、素质目标	用GCCP 6.0软件对进行招标工程量清单编制	8
主题15　招标控制价编制与复核(结构部分)	GCCP 6.0进行招标控制价编制	能够运用GCCP 6.0进行招标控制价编制	4	GCCP 6.0	知识目标、素质目标	用GCCP 6.0软件对进行招标控制价编制	10
主题16　结课答辩	项目化课程结课答辩		4	多媒体	知识目标、素质目标	整理设计报告	4

5)课程的教学方法

课程目标与教学环节见表4-9。

表 4-9 课程目标与教学环节

序号	课程目标	教学环节				
		讲授	答疑	小组互评	项目任务	自主学习
1	课程目标 1	√	√	√	√	√
2	课程目标 2	√	√	√	√	√
3	课程目标 3	√	√	√	√	√
4	课程目标 4	√	√	√	√	√

6）课程考核内容及方式

课程目标与考核方式关系如下。

成绩评定依据项目任务完成情况、项目答辩考核成绩等进行，整体比例为平时成绩（30%）＋成果成绩（70%）。其中，平时成绩包括出勤、小组互评结果、专家阶段性审核结果及答辩，各项成绩平均分配；成果成绩中包括占比 10%的手算成果、占比 30%的招标控制价一成果和占比 30%的招标控制价二成果。课程目标考核与评价方式及成绩比例见表 4-10。

表 4-10 课程目标考核与评价方式及成绩比例

序号	课程目标	毕业要求指标点	考核与评价方式				成绩比例/%
			平时成绩	手算成果	招标控制价一成果	招标控制价二成果	
1	(1) 使学生能够编制招标工程量清单 (2) 使学生能够编制招标控制价文件、投标报价文件等计价文件 (3) 使学生能够熟练运用工程造价软件（算量和计价软件） (4) 使学生具备社会单位（如建设单位中工程造价咨询、工程施工、工程监理等部门）对工程造价基本执业能力的要求	2.2	10	4	10	10	34
2	(1) 了解实际工程对学生识图能力及造价所具备基本素质的要求 (2) 理解编制工程量清单及招标控制价的意义 (3) 掌握如何运用软件进行建模、提量 (4) 掌握如何编制工程量清单及招标控制价等计价文件	4.2	10	3	10	10	33

续表

序号	课程目标	毕业要求指标点	考核与评价方式				成绩比例/%
			平时成绩	手算成果	招标控制价一成果	招标控制价二成果	
3	(1) 通过分组完成项目任务,培养学生团队协作精神,锻炼学生善于沟通交流的品质 (2) 通过模型建立,计价文件编制,培养学生的实践动手能力 (3) 通过对工作任务的分析与总结,培养学生收集整理信息、发现问题的能力,锻炼学生主动分析思考、解决问题的意识 (4) 通过真实项目训练,基本胜任造价员就业岗位要求的能力	5.2	10	3	10	10	33
合　计			30	10	30	30	100

7) 课程评价方式

本课程的评价方式包括过程性评价和成果评价,其中过程性评价占 30%,成果评价占 70%。过程性评价包括出勤、小组互评、专家阶段性审核、答辩,成果评价包括手算成果、招标控制价一成果、招标控制价二成果,具体如下。

(1) 出勤(5 分)。

(2) 小组互评(10 分)。①小组自评 5 分,包括对课下自主学习的完成度情况、讨论参与情况、对基础知识的掌握情况进行评价;②小组间评价 10 分(组长对其他组整体评价)。

(3) 专家阶段性审核(10 分)。①GTJ 建模成果 4 分;②GCCP 6.0 计价成果 6 分。

(4) 答辩(5 分)。对答辩准备情况、设计思路和设计过程的讲解情况和回答问题情况进行评价。

(5) 手算成果(10 分)。①提交的工程量计算书中分部分项列项清楚,工程量计算过程清晰,工程量准确率在±5%以内,为优秀;②提交的工程量计算书中分部分项列项较清楚,工程量计算过程较清晰,工程量准确率在±(5%~10%),为良好;③提交的工程量计算书中分部分项列项一般,工程量计算过程存在,工程量准确率在±(10%~15%),为中等;④提交了分部分项列项的工程量计算书,工程量准确率在±(15%~30%),为及格。

(6) 招标控制价一成果(30 分)。以提交的招标控制价成果文件及过程文件为准,成果文件中招标控制价误差在±3%以内为优秀,±(3%~5%)为良好,±(5%~

10%)为中等,±(10%~30%)为及格。过程文件应完整且相关数据与招标控制价中相应数据应保持一致。

(7) 招标控制价二成果(30分)。以提交的招标控制价成果文件及过程文件为准,成果文件中招标控制价误差在±3%以内为优秀,±(3%~5%)为良好,±(5%~10%)为中等,±(10%~30%)为及格。过程文件应完整且相关数据与招标控制价中相应数据应保持一致。

8) 课程资源

(1) 自主设计:教学课件、案例库、教学微视频等。

(2) 现有资源:广联达服务新干线—建筑课堂—土建计量/云计价等相关教学视频、建筑云课教学视频、教学课件、定额、规范、设计任务书、完整版招标控制价文件。

9) 课程教学单元设计

建筑工程计量与计价Ⅰ课程教学单元设计见表4-11。

4.2.3 建筑施工技术与组织Ⅰ项目化课程教学设计

1. 课程简介

本课程立足工程管理专业学生主要的就业方向——建筑施工企业,基于投标专员、现场技术员、施工员、项目经理等就业岗位和发展定位,对应岗位能力要求,拟通过项目化教学过程的开展,培养学生依据设计文件、法律法规、规范标准、招标文件、施工合同等,结合工程项目实际情况和业主要求,优选施工方案,建立项目管理体系,制订项目施工计划,编制施工组织设计,开展施工投标或施工管理工作的专业核心能力。同时,提升学生团队协作能力与沟通能力。

2. 教学设计与实施

本课程拟综合运用平法识图与钢筋算量、房屋建筑学、建筑信息技术等前置、并行课程的相关知识点,以"学生自学+小组讨论+师生共同研讨"的方式,由指导教师团队协助,以学生为主导,完成工程施工图识读与算量、施工方案优选、进度计划制订与优化、管理体系建立、资源计划制订、施工现场平面设计等工作内容。具体实施过程设计如下。

(1) 发放工程相关资料:工程相关资料包括本工程招标文件、施工图纸、工程量清单等,以电子版形式发放给学生。

(2) 组建团队:学生自主组建成3~4人的团队,以某建筑施工企业名义开展投标施工组织设计编制工作。

(3) 研究招标文件及施工图纸,制订设计工作规划:学生团队对招标文件、施工图纸进行仔细研究,确定实施路径、时间节点、设计内容模块、招标文件和图纸的疑问等。

表 4-11　建筑工程计量与计价Ⅰ课程教学单元设计

第 14 次课

知识建模图：

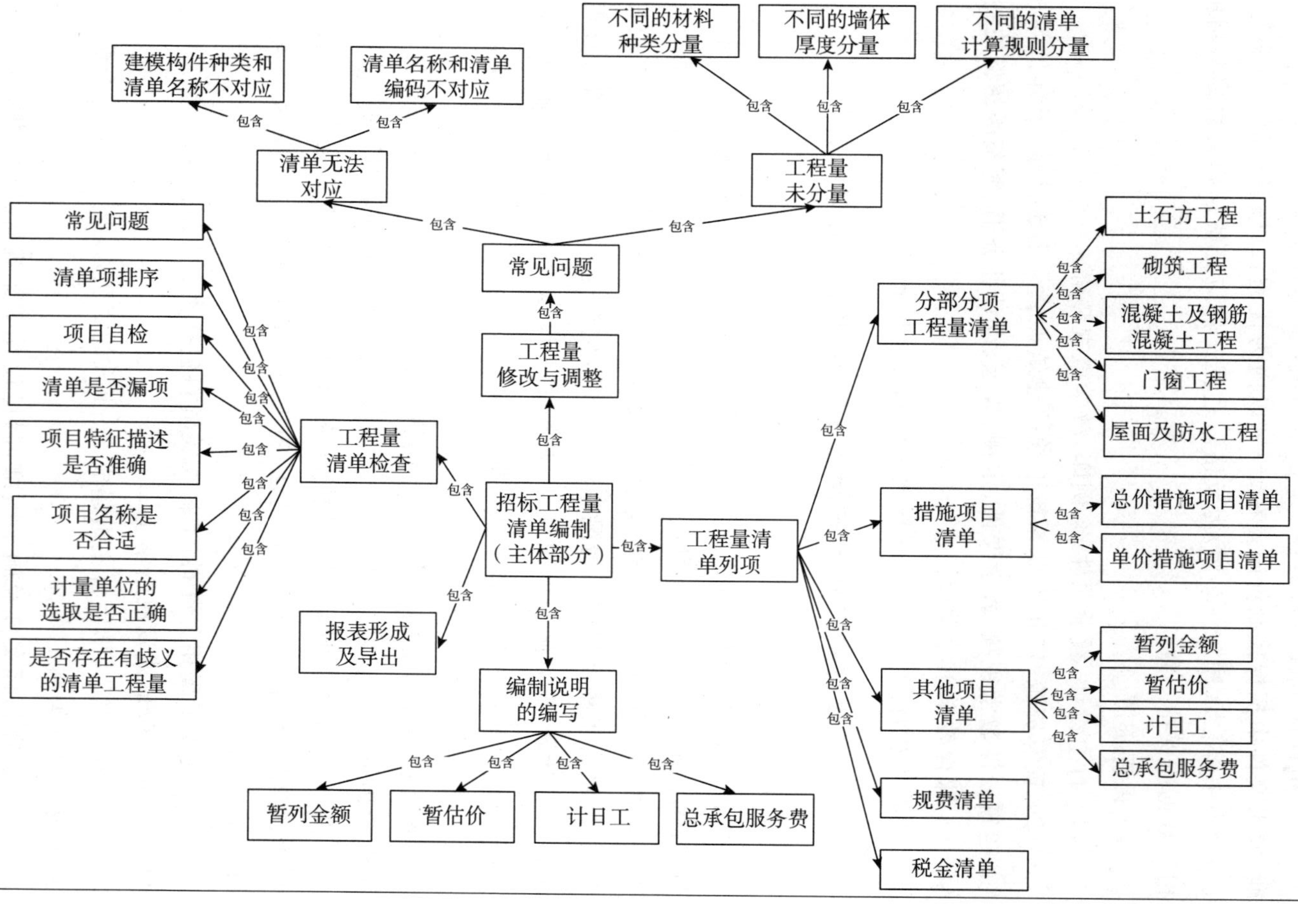
招标工程量
清单编制
（主体部分）
包含
工程量
修改与调整
常见问题
清单无法
对应
建模构件种类和
清单名称不对应
清单名称和清单
编码不对应
工程量
未分量
不同的材料
种类分量
不同的墙体
厚度分量
不同的清单
计算规则分量
工程量
清单检查
常见问题
清单项排序
项目自检
清单是否漏项
项目特征描述
是否准确
项目名称是
否合适
计量单位的
选取是否正确
是否存在有歧义
的清单工程量
报表形成
及导出
编制说明
的编写
暂列金额
暂估价
计日工
总承包服务费
工程量清
单列项
分部分项
工程量清单
土石方工程
砌筑工程
混凝土及钢筋
混凝土工程
门窗工程
屋面及防水工程
措施项目
清单
总价措施项目清单
单价措施项目清单
其他项目
清单
暂列金额
暂估价
计日工
总承包服务费
规费清单
税金清单

续表

学习目标	知识点（学习水平）		能力目标	
	各分部分项工程清单列项（运用）、措施项目列项（运用）、工程量清单检查（运用）、工程量的修改调整（运用）、编制说明的编写（运用）		根据施工图设计内容，结合前期建模成果文件，具备初步完成该项目招标工程量清单编制（主体结构部分）的能力	
学习先决知识技能	知识点（学习水平）			
	依据需要掌握的建筑工程计量计价的知识理论，完成以下知识模块内容 （1）识读“杞县和寨小学教学楼建筑/结构施工图” （2）熟悉计价软件“广联达云计价平台 GCCP 6.0”内各项费用的操作界面 （3）整理计量软件“广联达 BIM 土建计量平台 GTJ 2021”内各构件类型的工程量，导出构件/钢筋的工程量报表			
课上资源	（1）案例二“杞县和寨小学教学楼建筑/结构施工图” （2）计价软件“广联达云计价平台 GCCP 6.0” （3）计量软件“广联达 BIM 土建计量平台 GTJ 2021” （4）项目任务工单（招标工程量清单编制）	课下资源	（1）《建设工程工程量清单计价规范》（GB 50500—2013） （2）《房屋建筑与装饰工程工程量清单计算规范》（GB 50854—2013） （3）广联达服务新干线—建筑课堂—土建计量/云计价等相关教学视频 （4）翻转校园上其他相关教学资料	
课上时间	200 分钟	课下时间	500 分钟	
活动序列	任务的学习目标	时　间	学习资源	学习地点
活动 1	土方、砌筑、混凝土分部、门窗、屋面、单价措施项目中板分部清单列项（不含工程量提取）（运用）	课上 100 分钟 课下 130 分钟	（1）学习中心教学视频 （2）广联达服务新干线—建筑课堂—土建计量/云计价等相关教学视频 （3）任务工单	课上＋课下
活动 2	工程量修改、调整（运用）	课上 50 分钟 课下 50 分钟	（1）学习中心教学视频 （2）广联达服务新干线—建筑课堂—土建计量/云计价等相关教学视频 （3）翻转校园上其他相关内容 （4）任务工单	课上＋课下

续表

活动序列	任务的学习目标	时　间	学 习 资 源	学习地点
活动 3	工程量清单检查（运用）、编制说明的填写（运用）	课上 40 分钟 课下 20 分钟	（1）学习中心教学视频 （2）广联达服务新干线—建筑课堂—土建计量/云计价等相关教学视频 （3）翻转校园上其他相关内容 （4）任务工单	课上＋课下
活动 4	课程总结、查漏补缺（运用）	课上 10 分钟 课下 300 分钟	（1）学习中心教学视频 （2）广联达服务新干线—建筑课堂—土建计量/云计价等相关教学视频 （3）翻转校园上其他相关内容 （4）任务工单	课上

活动 1 知识建模图：

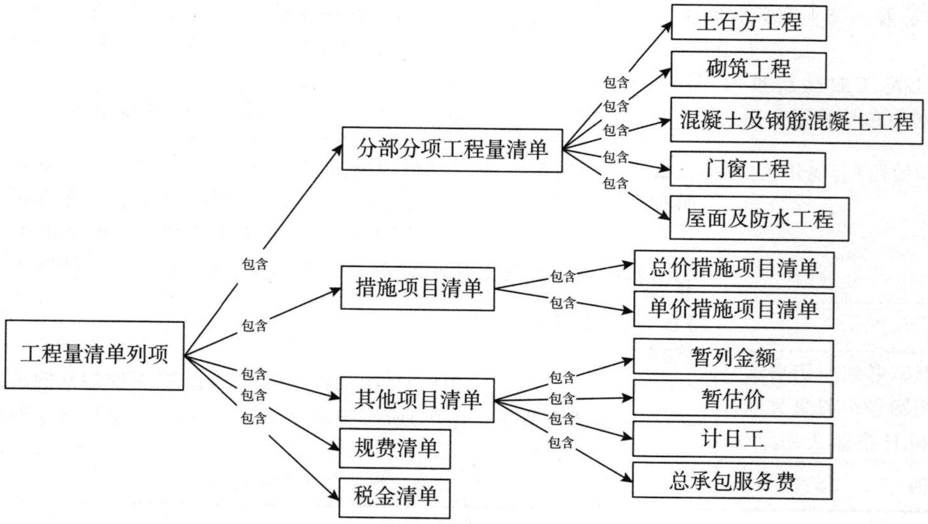

续表

<table>
<tr><td>活动目标</td><td colspan="3">熟练编制土方、砌筑、混凝土分部招标工程量清单</td></tr>
<tr><td colspan="4">活动1任务序列(任务一)</td></tr>
<tr><td colspan="2" rowspan="3">任务一知识组块：
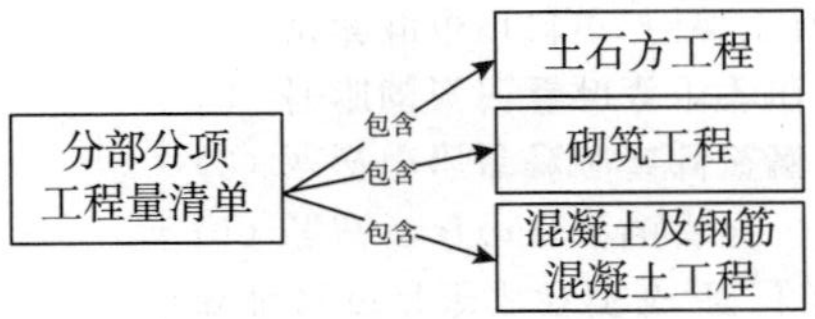
</td><td>任务描述</td><td>(1) 教师依据杞县和寨小学教学楼建筑/结构施工图，结合本课程讲解的建筑安装工程费用项目组成等相关工程造价理论，应用计价软件“广联达云计价平台 GCCP 6.0”进行各项费用的具体讲解，并检查学生课前操作情况
(2) 教师根据检查情况，具体讲解注意事项</td></tr>
<tr><td>任务时长</td><td>课上 50 分钟＋课下 70 分钟</td></tr>
<tr><td>学习地点</td><td>教室</td></tr>
<tr><td>教学方法
(或学习方法)</td><td colspan="3">☑讲授 □小组讨论 ☑答疑 □实验 ☑实训 ☑自主学习 □翻转课堂 □其他(请填写)________</td></tr>
<tr><td>师生交互过程</td><td colspan="3">教师发布自主学习任务：通过微信群和上次课任务布置环节通知学生，要求如下
(1) 完成学习中心视频学习
(2) 完成微信群教师录制视频、部分主体工程清单列项的学习
(3) 仔细阅读杞县和寨小学项目建筑施工图和结构施工图及相关说明进行清单列项
(4) 思考和小组讨论：土石方、砌筑、混凝土及钢筋混凝土分部，清单列项的要点是什么
学生课前完成自主学习任务，完成杞县和寨小学项目主体部分清单列项，熟悉计价软件的操作
教师根据学生完成情况进行检查，对共性问题统一讲解，个性问题单独辅导</td></tr>
<tr><td>学习资源</td><td colspan="3">(1) 学习中心视频
① 主体结构部分清单列项视频(8 分钟)
② 微信群部分主体结构工程计价视频(57 分钟)
③ B站相关视频
(2) 图纸、图集、规范、定额等
① 杞县和寨小学项目建筑施工图和结构施工图
② 图集 12YJ1、12YJ9、12YJ07-1、12YJ09-1
③《建设工程工程量清单计价规范》《房屋建筑工程工程量清单计算规则》《河南省房屋建筑与装饰工程预算定额》等</td></tr>
</table>

续表

<table>
<tr><td>学习成果及评价标准</td><td colspan="2">学习成果:完成课下自主学习任务
评价标准:按时完成自主学习任务+2 分,完成但未按时+1 分,未完成 0 分</td></tr>
<tr><td colspan="3">活动 1 任务序列(任务二)</td></tr>
<tr><td rowspan="3">任务二知识组块:
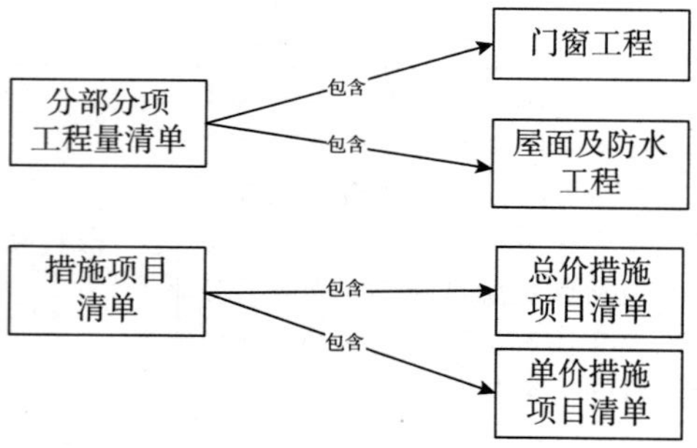
</td><td>任务描述</td><td>(1) 教师依据杞县和寨小学教学楼建筑/结构施工图,结合本课程讲解的建筑安装工程费用项目组成等相关工程造价理论,应用计价软件“广联达云计价平台 GCCP 6.0”进行各项费用的具体讲解,并检查学生课前操作情况
(2) 教师根据检查情况,并具体讲解注意事项</td></tr>
<tr><td>任务时长</td><td>课上 50 分钟+课下 60 分钟</td></tr>
<tr><td>学习地点</td><td>教室</td></tr>
<tr><td>教学方法
(或学习方法)</td><td colspan="2">☑讲授　☐小组讨论　☑答疑　☐实验　☑实训　☑自主学习　☐翻转课堂　☐其他(请填写)________</td></tr>
<tr><td>师生交互过程</td><td colspan="2">教师发布自主学习任务:通过微信群和上次课任务布置环节通知学生,要求如下
(1) 完成学习中心视频学习
(2) 完成微信群教师录制视频、部分主体工程清单列项的学习
(3) 仔细阅读杞县和寨小学项目建筑施工图和结构施工图及相关说明进行清单列项
(4) 思考和小组讨论:门窗工程、屋面防水及措施清单,清单列项的要点是什么
学生课前完成自主学习任务,完成杞县和寨小学项目主体部分清单列项,熟悉计价软件的操作
教师根据学生完成情况进行检查,对共性问题统一讲解,个性问题单独辅导</td></tr>
<tr><td>学习资源</td><td colspan="2">(1) 学习中心视频
① 门窗、屋面防水等清单列项视频(7 分钟)
② 微信群部分主体结构工程计价视频(57 分钟)
③ B 站相关视频</td></tr>
</table>

续表

学习资源	(2) 图纸、图集、规范、定额等 ① 和寨小学项目建筑施工图和结构施工图 ② 图集 12YJ1、12YJ9、12YJ07-1、12YJ09-1 ③《建设工程工程量清单计价规范》《房屋建筑工程工程量清单计算规则》《河南省房屋建筑与装饰工程预算定额》等
学习成果及评价标准	学习成果：完成课下自主学习任务 评价标准：按时完成自主学习任务+2分，完成但未按时+1分，未完成0分

活动 2 知识建模图：

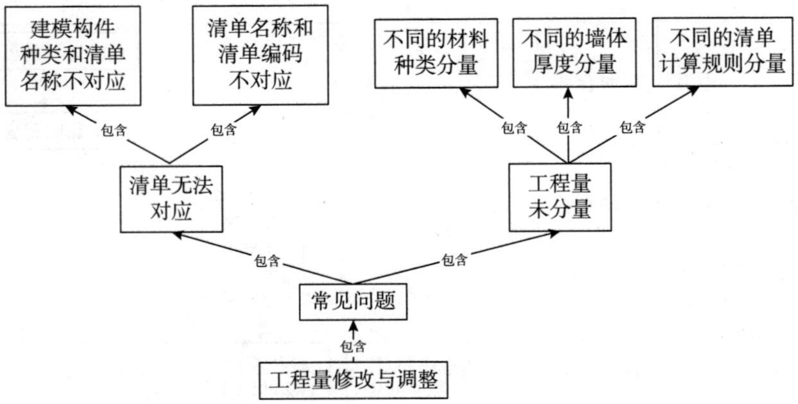

活动目标	工程量修改与调整（运用）

续表

<table>
<tr><th colspan="3">活动 2 任务序列(任务一)</th></tr>
<tr><td rowspan="3">任务一知识组块：
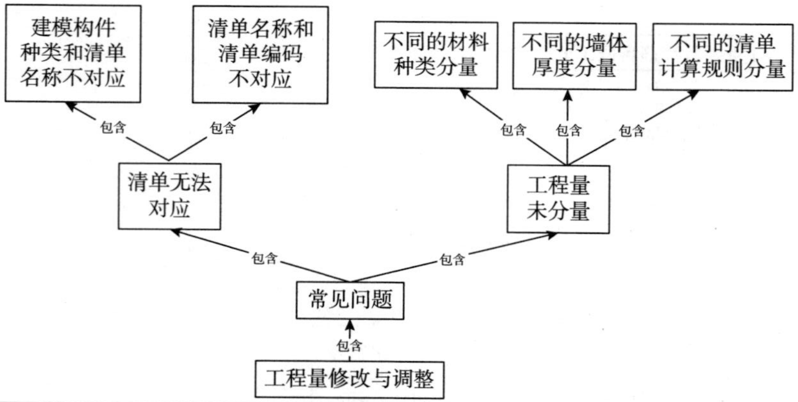
</td><td>任务描述</td><td>(1) 教师依据活动一编制的工程量清单列项，示范检查已整理的“广联达 BIM 土建计量平台 GTJ 2021”报表中的工程量，修改或调整
(2) 学生在活动一编制的工程量清单列项中进行清单工程量的填写</td></tr>
<tr><td>任务时长</td><td>课上 50 分钟＋课下 50 分钟</td></tr>
<tr><td>学习地点</td><td>教室</td></tr>
<tr><td>教学方法
(或学习方法)</td><td colspan="2">☑讲授 □小组讨论 ☑答疑 □实验 ☑实训 ☑自主学习 □翻转课堂 □其他(请填写)________</td></tr>
<tr><td>师生交互过程</td><td colspan="2">学生自查、教师检查
(1) 教师根据共性问题示范检测、调整过程，个性问题单独辅导
(2) 学生根据示范情况进行修改、调整、填写</td></tr>
<tr><td>学习资源</td><td colspan="2">教学视频
(1) 微信群部分主体工程计价视频
(2) 本节课教师讲授录制视频
(3) 任务工单</td></tr>
<tr><td>学习成果及评价标准</td><td colspan="2">学生下课后一天内需提交课堂授课内容的成果文件
优秀：提交的工程量分量表完整、清晰，招标工程量清单中工程量填写误差在±3%以内
良好：提交的工程量分量表较完整，招标工程量清单中工程量填写误差在±(3%～5%)
中等：提交的工程量分量表基本完整，招标工程量清单中工程量填写误差在±(5%～10%)
及格：提交了工程量分量表，招标工程量清单中工程量填写误差在±(10%～30%)</td></tr>
</table>

续表

活动 3 知识建模图：

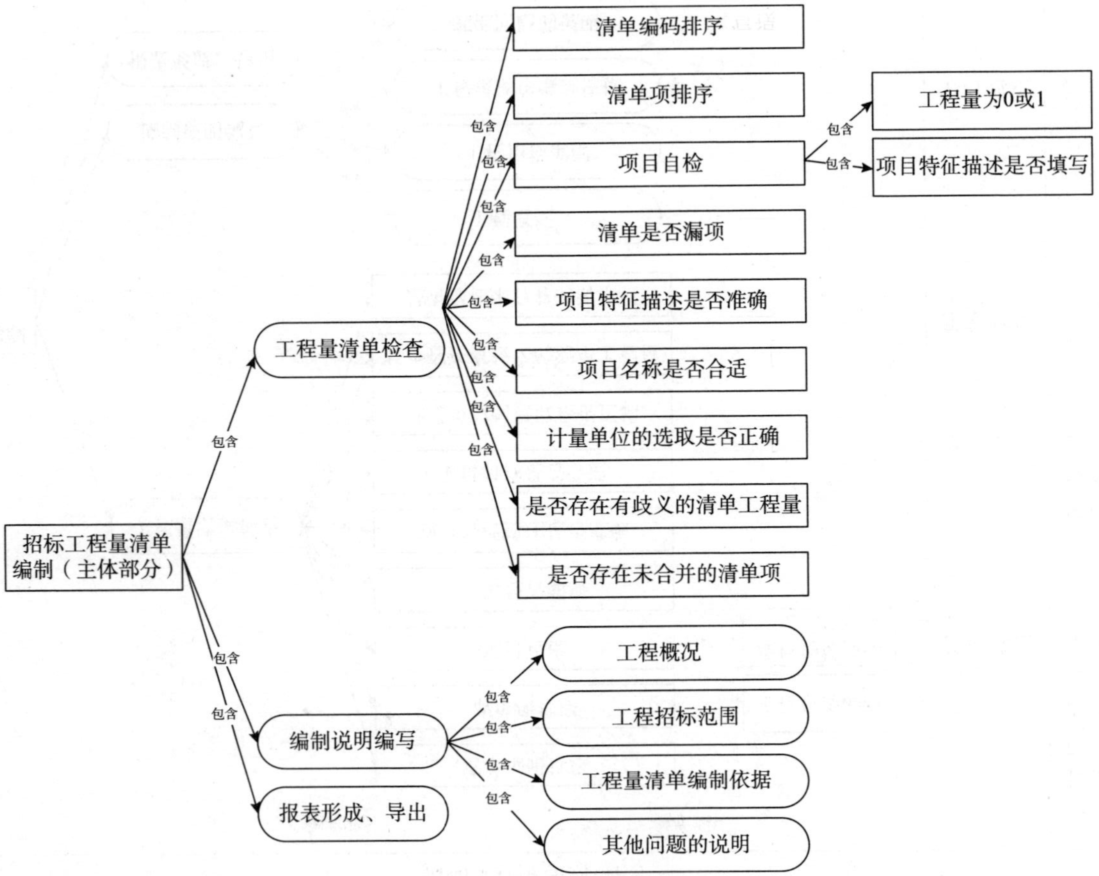

活动目标	工程量清单检查(运用)、编制说明的编写(运用)、报表的导出(运用)

续表

<table>
<tr><td colspan="3">活动 3 任务序列(任务一)</td></tr>
<tr><td rowspan="3">任务一知识组块：
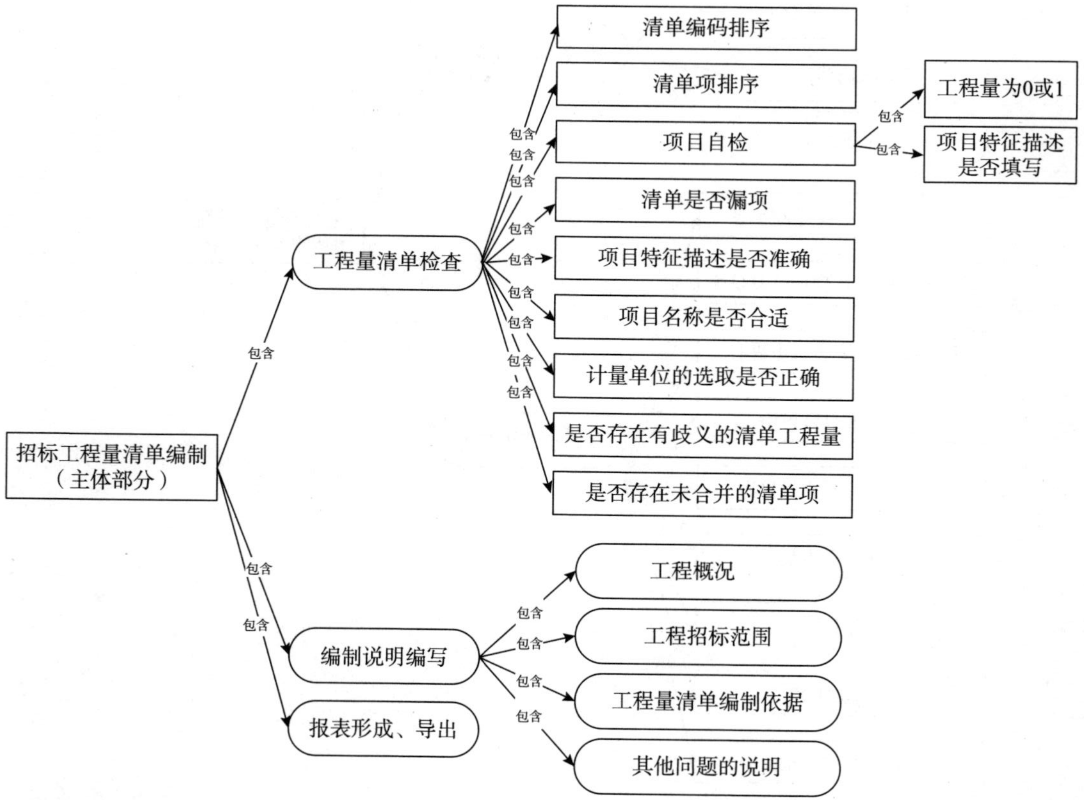</td><td>任务描述</td><td>(1) 教师示范主体工程清单分部及清单编码的检查、整理、排序方式
(2) 检查学生填写编制说明撰写情况并解析
(3) 引导学生熟悉清单工程量报表的类型，导出招标工程量清单报表</td></tr>
<tr><td>任务时长</td><td>课上 40 分钟＋课下 20 分钟</td></tr>
<tr><td>学习地点</td><td>教室</td></tr>
<tr><td>教学方法
(或学习方法)</td><td colspan="2">☑讲授　□小组讨论　☑答疑　□实验　☑实训　☑自主学习　□翻转课堂　□其他(请填写)________</td></tr>
</table>

续表

师生交互过程	(1) 学生根据前期任务布置，清单检查注意事项进行自查 (2) 教师示范检查方法及注意问题、评价学生编制说明撰写情况，并提出编制要点 (3) 学生根据示范情况进行修改、编写、导表
学习资源	(1) 微信群录制教学视频 (2) 广联达服务新干线—建筑课堂—土建计量/云计价等相关教学视频 (3) 翻转校园上其他相关内容 (4) 微信群部分装饰工程计价视频(57 分钟)
学习成果及评价标准	学生下课后一天内需提交课堂授课内容的成果文件如下 (1) 招标工程量清单报表各项内容规范，完整，优秀 (2) 招标工程量清单报表各项内容较规范，较完整，良好 (3) 招标工程量清单报表不完整，但分部分项、措施项目、其他项目、规费和税金项目清单均有，及格

活动 4 知识建模图：

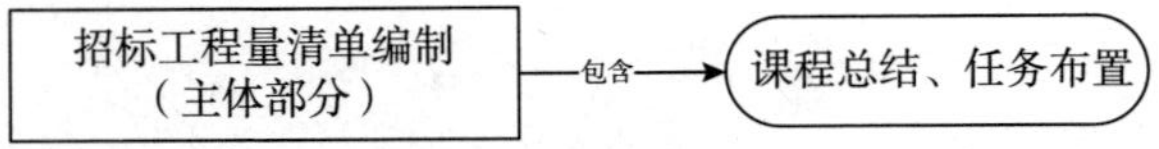

活动目标	招标工程量请按编制(运用)		
活动 4 任务序列(任务一)			
任务一知识组块：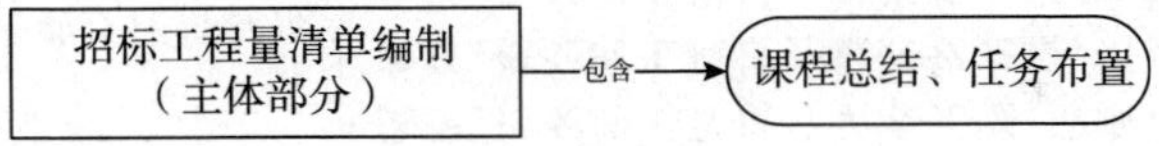	任务描述	课程总结，布置课下任务“案例三：涧东项目 10＃楼招标工程量清单编制(主体部分)”，讲明要求	
	任务时长	课上 10 分钟＋课下 300 分钟	
	学习地点	教室	
教学方法 (或学习方法)	☑讲授　☐小组讨论　☑答疑　☐实验　☑实训　☑自主学习　☐翻转课堂　☐其他(请填写)________		
师生交互过程	(1) 教师布置课下任务 (2) 学生明确任务，课下完成		

续表

学习资源	(1) 学习中心教学视频计价视频 1～14 (2) 广联达服务新干线—建筑课堂—土建计量/云计价等相关教学视频 (3) 翻转校园上其他相关内容 (4) 任务工单
学习成果及评价标准	优秀：提交的工程量分量表完整、清晰，招标工程量清单中工程量填写误差在±3%以内 良好：提交的工程量分量表较完整，招标工程量清单中工程量填写误差在±(3%～5%) 及格：提交的工程量分量表基本完整，招标工程量清单中工程量填写误差在±(5%～10%) 中等：提交了工程量分量表，招标工程量清单中工程量填写误差在±(10%～30%)

(4) 任务分工：学生团队根据招标文件对施工组织设计编制的要求，分解任务，确定分工。

(5) 课下学习，课上研讨：学生利用课余时间，根据任务分工收集资料，自主学习，发现问题，讨论并解决问题；对于课下解决不了的问题，在课上进行研讨，寻求解决方案。

(6) 进度汇报：每 1～2 周做一次总结汇报，内容包括学习成效、设计进展、已解决的问题、需集体研讨的问题等。

(7) 成果汇总：根据各自分工完成的任务，进行成果整合，核查成果文件的完整性、与招标文件要求的一致性等，并对整套施工组织设计文件进行最终的查漏补缺。

(8) 成果汇报：各小组依据最终形成的施工组织设计成果文件，制作汇报 PPT，进行总结汇报。

(9) 本课程拟从成果的完整性、针对性、完成度、前沿性等方面进行综合评价。①完整性：主要考查本工程施工组织设计文件内容构成的全面性，是否依据规范标准完成了所有内容版块的设计工作；②针对性：主要考查成果文件是否能体现本工程的独特性，与工程本身的特点及实际工作需要是否匹配；③完成度：主要考查成果文件的设计深度，是否能够满足实际工作的需要，是否具有可操作性；④前沿性：主要考查成果文件是否体现了行业新标准、新技术的应用等。

在成果评价环节，教学团队将组建专家组(含外聘)，共同听取各小组的成果汇报，并对小组提交的施工组织设计成果文件进行评阅，得出综合评价结果。

此外，为了促进学生进一步成长，教学团队将会同专家组一起，将学生成果中存在的问题和建议进行反馈讲评，以帮助学生提升专业认知，并在后续的项目化课程中加以深化应用。

3. 教学评价

本课程的成绩评定依据项目任务完成情况、项目答辩考核成绩等进行。小组互评占比 30%，课堂参与占比 15%，项目成果占比 40%，答辩成绩占比 15%，如表 4-12 所示。

表 4-12　课程目标考核与评价方式及成绩比例

序号	课程目标	毕业要求指标点	考核与评价方式				成绩比例/%
			小组互评	课堂参与	项目成果	答辩	
1	(1) 使学生能够根据要求对项目进行项目分解 (2) 使学生能够根据项目实际分析各分部分项工程的工程量 (3) 使学生能够根据工程量规划各分部分项施工的施工方法 (4) 使学生能够根据分部分项施工方法编制各分部分项工程的施工方案	1.2	10	5	15	5	35

续表

序号	课程目标	毕业要求指标点	考核与评价方式				成绩比例/%
			小组互评	课堂参与	项目成果	答辩	
2	(1) 使学生理解场地平整施工中的土方量计算、土方调配和施工、基坑开挖施工中降低地下水位的方法，边坡稳定 (2) 使学生理解锤击法施工的全过程和施工要点（包括打桩设备、打桩顺序、打桩方法和质量控制）、泥浆护壁成孔灌注桩和干作业成孔灌注桩的施工要点 (3) 使学生理解砖砌体的施工工艺、质量要求及保证质量和安全的技术措施 (4) 使学生理解钢筋混凝土结构施工的特点及施工过程 (5) 使学生理解先张法、后张法以及无黏结预应力施工工艺及预应力的建立传递的原理 (6) 使学生理解地下室、屋面、厨卫及外墙防水施工流程及工序要求	3.2	10	5	15	5	35
3	(1) 通过分组完成项目任务，培养学生团队的协作精神，锻炼学生善于沟通交流的品质 (2) 通过对工作任务的分析与方案论证，培养学生收集整理信息、发现问题的能力，锻炼学生主动分析思考、解决问题的意识 (3) 通过编写各分部分项工程的施工方案，提高学生的书面表达能力与实践动手能力 (4) 通过对各分部分项工程施工方案的编制，培养学生重视理论联系实际的意识 (5) 通过项目训练，培养学生的问题分析及团队协作意识	6.1	10	5	10	5	30
合计		3个	30	15	40	15	100

4. 课程教学单元设计

建筑施工技术与组织Ⅰ课程教学单元设计见表4-13。

表 4-13　建筑施工技术与组织 I 课程教学单元设计

第 4 次课

知识建模图：

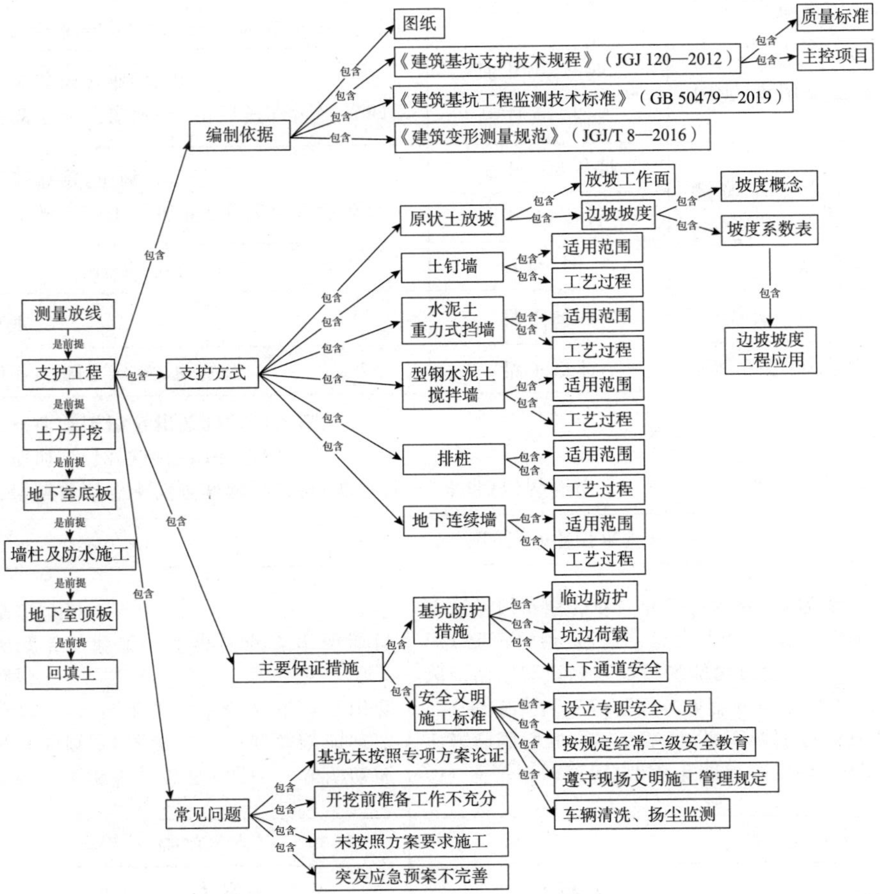
测量放线
是前提
支护工程
是前提
土方开挖
是前提
地下室底板
是前提
墙柱及防水施工
是前提
地下室顶板
是前提
回填土
包含
编制依据
图纸
《建筑基坑支护技术规程》（JGJ 120—2012）
质量标准
主控项目
《建筑基坑工程监测技术标准》（GB 50479—2019）
《建筑变形测量规范》（JGJ/T 8—2016）
支护方式
原状土放坡
放坡工作面
边坡坡度
坡度概念
坡度系数表
边坡坡度工程应用
土钉墙
水泥土重力式挡墙
型钢水泥土搅拌墙
排桩
地下连续墙
适用范围
工艺过程
主要保证措施
基坑防护措施
临边防护
坑边荷载
上下通道安全
安全文明施工标准
设立专职安全人员
按规定经常三级安全教育
遵守现场文明施工管理规定
车辆清洗、扬尘监测
常见问题
基坑未按照专项方案论证
开挖前准备工作不充分
未按照方案要求施工
突发应急预案不完善

续表

<table>
<tr><td rowspan="2">学习目标</td><td>知识点(学习水平)</td><td colspan="3">能 力 目 标</td></tr>
<tr><td>土方工程施工的工艺流程(记忆)、基坑放坡开挖坡度的概念(理解)、工作面宽度如何选取(运用)、深基坑常见的支护方式及适用范围(理解)
常见基坑支护形式的质量标准及主控项目的检查(运用)</td><td colspan="3">(1) 通过具体案例,让学生能从经济性、适用性等角度选择深基坑支护的形式的结构和施工方法,具备能读懂和编制基坑支护专项施工方案的能力
(2) 根据基坑支护规范和所学知识选取支护基坑的形式,要求对已有建筑物或周围的道路交通造成的影响较小
(3) 通过调研、模拟或实习建立考虑实际场景的支护方案,通过小组分工完成支护方案的设计并进行汇报,体现学生的团队合作能力和规范意识</td></tr>
<tr><td rowspan="2">学习先决知识技能</td><td colspan="4">知识点(学习水平)</td></tr>
<tr><td colspan="4">(1) 工程测量的基本原则和测量仪器(如全站仪、水准仪)的使用
(2) 工程地质(读懂地质构造图)
(3) 了解环境保护等相关的法律法规</td></tr>
<tr><td>课上资源</td><td>教材、PPT 课件、视频、规范等</td><td>课下资源</td><td colspan="2">建筑云课、中国大学慕课网、我要自学网等</td></tr>
<tr><td>课上时间</td><td>100 分钟</td><td>课下时间</td><td colspan="2">200 分钟</td></tr>
<tr><td>活动序列</td><td>任务的学习目标</td><td>时　间</td><td>学 习 资 源</td><td>学习地点</td></tr>
<tr><td rowspan="2">活动 1</td><td rowspan="2">土方工程施工的工艺流程(记忆)、基坑放坡开挖坡度的概念(理解)</td><td>课上 50 分钟</td><td rowspan="2">视频、PPT 教材、规范、图集等</td><td rowspan="2">课下+课上</td></tr>
<tr><td>课下 100 分钟</td></tr>
<tr><td rowspan="2">活动 2</td><td rowspan="2">工作面宽度如何选取(运用)、深基坑常见的支护方式及适用范围(理解)</td><td>课上 20 分钟</td><td rowspan="2">图纸、案例参考、教材、规范等</td><td rowspan="2">课上</td></tr>
<tr><td>课下 40 分钟</td></tr>
<tr><td>活动 3</td><td>常见基坑支护形式的质量标准及主控项目的检查(运用)</td><td>课上 25 分钟</td><td>图纸、案例参考、教材、规范等</td><td>课上</td></tr>
<tr><td rowspan="2">活动 4</td><td rowspan="2">布置下次课的任务</td><td>课上 5 分钟</td><td rowspan="2">教材、大学慕课网、规范等</td><td rowspan="2">课上</td></tr>
<tr><td>课下 200 分钟</td></tr>
</table>

续表

活动 1 知识建模图：

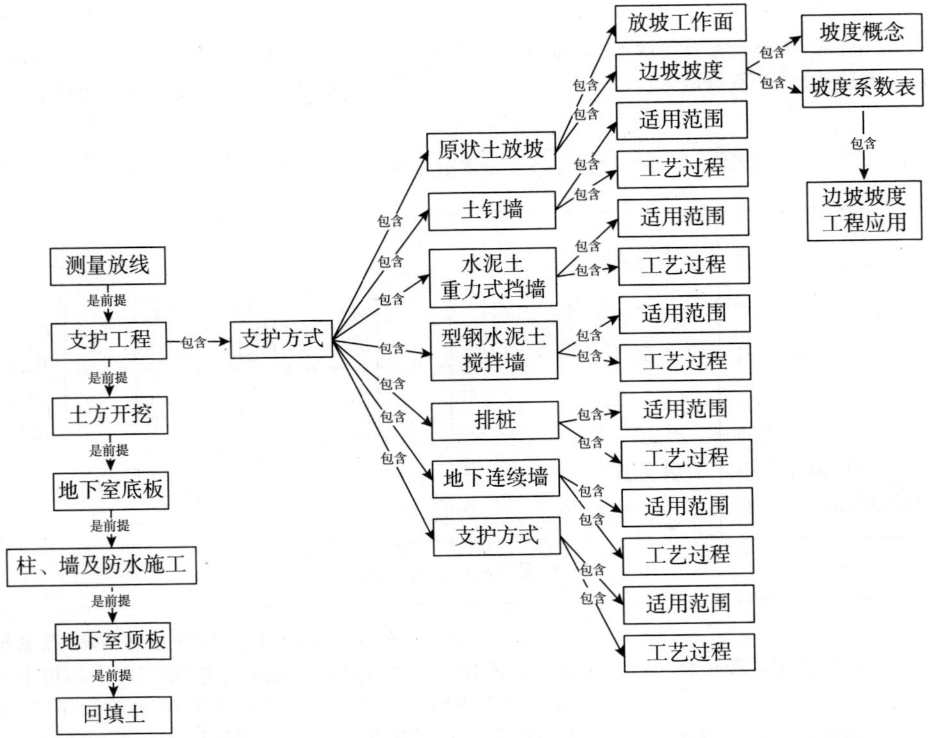

活动目标	土方工程施工工艺流程(记忆)、支护方式(理解)

活动任务序列：

(1) 通过提前学习中国大学慕课网上，昆明理工大学吴顺川教授的“边坡工程”课程，让学生明白边坡安全稳定问题及建筑施工的安全问题

(2) 通过提问，让学生复习边坡坡度的概念及影响稳定性的因素

续表

<table>
<tr><td>师生交互过程</td><td colspan="3">课程导入:通过联系房屋建筑学相关构件的知识,引导学生思考钢筋混凝土结构的基础组成。讲解钢筋混凝土结构筏板基础或箱型基础的施工工艺流程。通过视频形式形象展示整个地下结构的施工过程
教师提问:钢筋混凝土结构筏板基础或箱型基础的施工工艺流程
教师讲授:通过引入工程安全事故案例,说明边坡坡度的重要性,由工程案例说明坡度系数表的应用。通过图片、案例等让学生认识支护方案的类型,并通过规范熟悉基坑的安全等级划分,理解适用范围及施工工艺;给出工程案例,如地下挖深 10m,土质较好,基坑长 60m,宽 30m,如何确定支护方案等
学生小组讨论并汇报:让学生从安全角度通过图片思考水平或竖向支撑的架设顺序或距离
教师答疑:学生若有问题,由教师进行答疑</td></tr>
<tr><td colspan="4">活动 1 任务序列(任务一)</td></tr>
<tr><td colspan="2" rowspan="3">任务一知识组块:
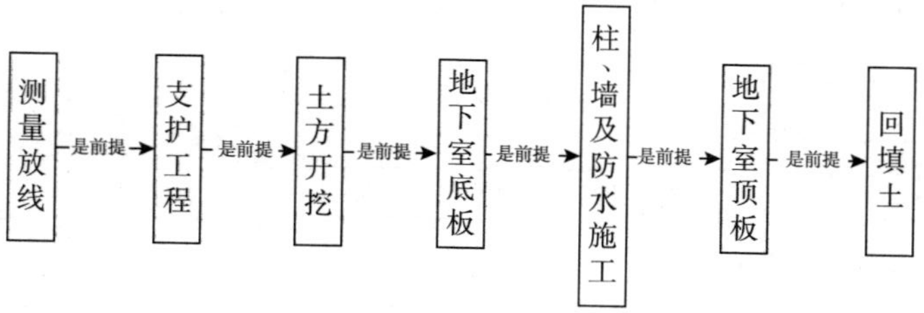
</td><td>任务描述</td><td>通过采用播放视频、老师讲解和提问的教学策略与方法,达到让学生掌握地下结构施工顺序的目的</td></tr>
<tr><td>任务时长</td><td>10 分钟</td></tr>
<tr><td>学习地点</td><td>课上</td></tr>
<tr><td>教学策略
(或学习策略)</td><td colspan="3">☑讲授 □小组讨论 ☑答疑 ☑实验 □实训 □自主学习 □翻转课堂 ☑其他视频+教师讲授+提问</td></tr>
<tr><td>师生交互过程</td><td colspan="3">教师检查:通报课前自主学习情况:课前查看智慧黄科学生自主学习完成情况,通过查看学生笔记和与学生交谈等方式了解学生自主学习情况;课上对未按时完成的学生进行通报批评,强调要在课下对未完成内容进行补学,并要求下次要按时完成
教师讲授:通过联系房屋建筑学相关构件的知识,引导学生思考钢筋混凝土结构的基础组成;讲解钢筋混凝土结构筏板基础或箱型基础的施工工艺流程;通过视频形式形象展示整个地下结构的施工过程</td></tr>
</table>

续表

<table>
<tr><td>学习资源</td><td colspan="3">(1) 教材:西北工业大学出版社的《建筑施工技术》
(2) 建筑云课:土木工程施工
(3) 课件 PPT:边坡支护</td></tr>
<tr><td>学习成果及评价标准</td><td colspan="3">学习成果:完成课下自主学习任务,并记录预习笔记,熟悉冲压工艺性分析的主要内容
评价标准:按时完成自主学习任务+2 分,完成但未按时+1 分,未完成为 0 分</td></tr>
<tr><td colspan="4">活动 1 任务序列(任务二)</td></tr>
<tr><td colspan="2" rowspan="3">任务二知识组块:
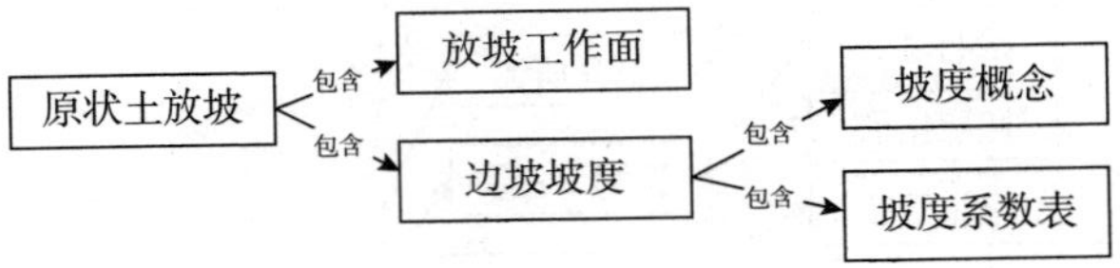</td><td>任务描述</td><td>由工程案例说明坡度系数表的应用,使学生达到掌握坡度系数应用的目的</td></tr>
<tr><td>任务时长</td><td>15 分钟</td></tr>
<tr><td>学习地点</td><td>课上</td></tr>
<tr><td>教学策略
(或学习策略)</td><td colspan="3">☑讲授　☑小组讨论　☐答疑　☐实验　☐实训　☐自主学习　☐翻转课堂　☐其他<u>教师讲授+实训+讨论+提问</u></td></tr>
<tr><td>师生交互过程</td><td colspan="3">教师讲授:通过引入工程安全事故案例说明边坡坡度的重要性,通过图片观察常用的放坡形式及适用的土质情况,进行工程案例讲解
学生小组讨论并汇报:以小组为单位进行讨论,每个小组选取一名代表进行汇报,说明坡度系数表的应用
教师答疑:若有问题教师进行答疑</td></tr>
<tr><td>学习资源</td><td colspan="3">(1) 教材:西北工业大学出版社的《建筑施工技术》
(2) 建筑云课:土木工程施工
(3) 课件 PPT:边坡支护</td></tr>
<tr><td>学习成果及评价标准</td><td colspan="3">学习成果:案例练习
评价标准:能够按时完成作业+2 分,能够完成但未按时完成+1 分,未完成为 0 分</td></tr>
</table>

续表

<table>
<tr><th colspan="3">活动 1 任务序列(任务三)</th></tr>
<tr><td rowspan="3">任务三知识组块:
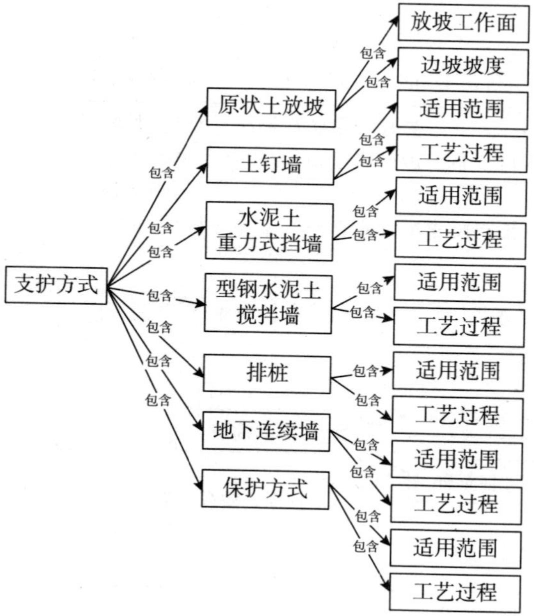</td><td>任务描述</td><td>(1) 先学习《建筑基坑支护技术规程》(JGJ 120—2012)
(2) 通过讲授、视频及答疑等方式,达到让学生理解深基坑常见的支护方式及适用范围</td></tr>
<tr><td>任务时长</td><td>25 分钟</td></tr>
<tr><td>学习地点</td><td>课上</td></tr>
<tr><td>教学策略
(或学习策略)</td><td colspan="2">☑讲授 □小组讨论 ☑答疑 □实验 □实训 □自主学习 □翻转课堂 □其他教师讲授+答疑</td></tr>
<tr><td>师生交互过程</td><td colspan="2">教师讲授:通过图片、案例感性认识多种多样的支护形式,深基坑的适用范围和支护形式;从经济、合理的角度进行深基坑的支护选型</td></tr>
<tr><td>学习资源</td><td colspan="2">(1) 教材:西北工业大学出版社的《建筑施工技术》
(2) 建筑云课:土木工程施工
(3) 课件 PPT:边坡支护</td></tr>
</table>

续表

学习成果及评价标准	学生成果：翻转校园试题。通过翻转校园试题测试学生的掌握情况 评价标准：正确率进行评价，大于60%+2分，小于60%+1分，未做或者正确率是0的为0分

活动2知识建模图：

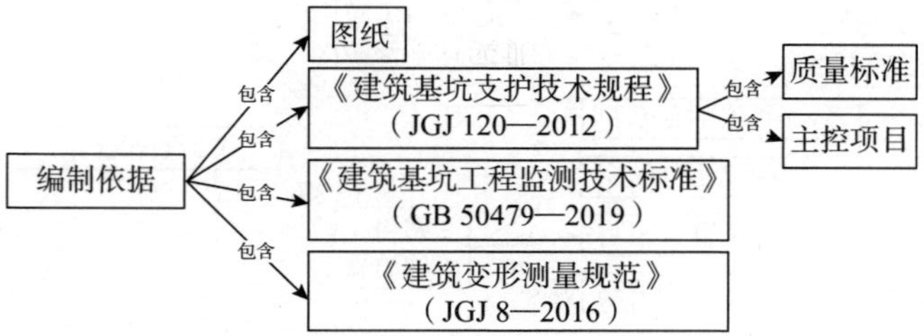

活动目标	基坑支护工程编制依据（记忆）、质量标准（记忆）、主控项目（记忆）
师生交互过程	教师讲授：通过带领学生熟悉规范和工程案例，让学生知道支护结构方案编制的主要内容有哪些，在此背景下，讲授支护工程中支护方式应如何选取、考虑哪些影响因素，确定支护结构的质量检验标准和检查项目及方法 学生小组讨论及回答问题：以小组为单位进行讨论，每个小组选取一位代表进行回答 教师答疑：针对案例中的问题进行答疑

活动2任务序列（任务一）

任务一知识组块：

任务描述	通过讲解一个工程案例，让学生熟悉规范，知道根据工程特点选取合理的支护方案，掌握规范中支护结构的质量标准和主控项目的检查方法，达到学以致用的目的
任务时长	20分钟
学习地点	课上

续表

教学策略 （或学习策略）	☑讲授　☐小组讨论　☑答疑　☐实验　☐实训　☐自主学习　☐翻转课堂　☐其他教师讲授＋讨论
师生交互过程	教师讲授：通过带领学生熟悉规范和工程案例，让学生知道支护结构方案编制的主要内容有哪些，在此背景下，讲授支护工程中支护方式应如何选取、考虑哪些影响因素，确定支护结构的质量检验标准和检查项目及方法 学生小组讨论及回答问题：以小组为单位进行讨论，每个小组选取一位代表进行回答 教师答疑：针对案例中的问题进行答疑
学习资源	（1）教材：西北工业大学出版社的《建筑施工技术》 （2）建筑云课：土木工程施工 （3）课件 PPT：边坡支护
学习成果及评价标准	学习成果：无 评价标准： （1）小组评价：组长对本活动任务课堂讨论情况进行打分，讨论积极，工序组合方案优缺点分析合理者＋1 分，讨论积极性一般＋1 分，不参与讨论为 0 分 （2）老师对小组评价：课程讨论环节比较活跃的小组＋1 分 （3）参与汇报的同学＋1 分

活动 3 知识建模图：

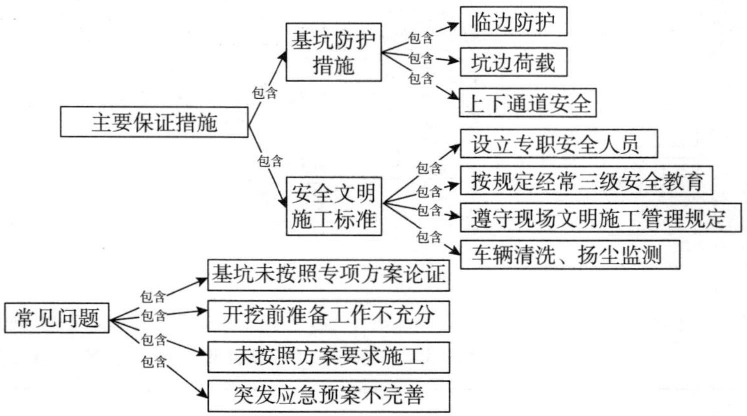

续表

<table>
<tr><td>活动目标</td><td colspan="3">基坑防护措施(运用);安全文明施工标准(记忆)</td></tr>
<tr><td>师生交互过程</td><td colspan="3">教师讲解:通过讲解如何满足环保、安全文明施工、安全防护措施等要求,提示学生选取基坑支护的方法
学生小组讨论并汇报:通过给出图纸、布置任务,让学生讨论并列出支护工程方案的选取方法、施工要点和要注意的问题
教师答疑:针对案例中的问题进行答疑</td></tr>
<tr><td colspan="4">活动3任务序列(任务一)</td></tr>
<tr><td colspan="2" rowspan="3">任务一知识组块:
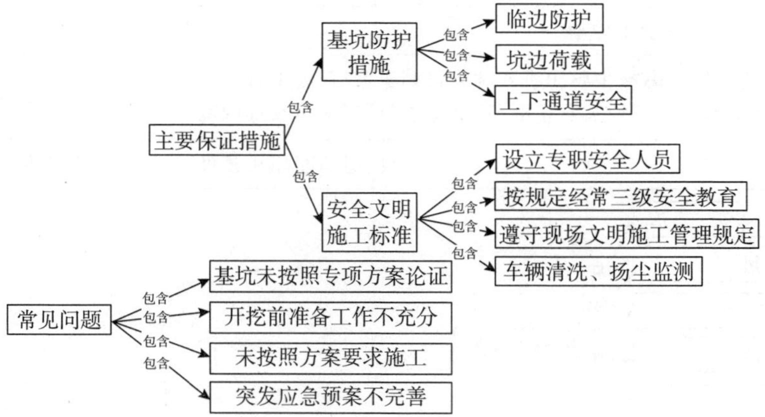
</td><td>任务描述</td><td>通过给出图纸、布置任务,让学生讨论并列出支护工程方案的选取方法、施工要点,并考虑环境保护、文明施工及安全防护等要素,锻炼学生考虑问题的全面性</td></tr>
<tr><td>任务时长</td><td>20分钟</td></tr>
<tr><td>学习地点</td><td>课上</td></tr>
<tr><td>教学策略
(或学习策略)</td><td colspan="3">☑讲授 ☑小组讨论 ☑答疑 □实验 □实训 □自主学习 □翻转课堂 □其他教师讲授+讨论+答疑</td></tr>
<tr><td>师生交互过程</td><td colspan="3">教师讲解:通过讲解如何满足环保、安全文明施工、安全防护措施等要求,提示学生选取基坑支护的方法
学生小组讨论并汇报:通过给出图纸、布置任务,让学生讨论并列出支护工程方案的选取方法、施工要点和要注意的问题;
教师答疑:针对案例中的问题进行答疑</td></tr>
<tr><td>学习资源</td><td colspan="3">(1)教材:西北工业大学出版社的《建筑施工技术》
(2)建筑云课:土木工程施工
(3)课件PPT:边坡支护</td></tr>
</table>

续表

学习成果及评价标准	学习成果：通过小组汇报成果检查学生是否能合理、安全、经济地选取支护方案，并满足相关政策要求 评价标准： (1) 小组评价：组长对本活动任务课堂讨论情况进行打分，讨论积极，工序组合方案优缺点分析合理者＋1 分，讨论积极性一般＋1 分，不参与讨论为 0 分 (2) 老师对小组评价：课程讨论环节比较活跃的小组＋1 分 (3) 参与汇报的同学＋1 分

活动 4 知识建模图（课上、课下）：

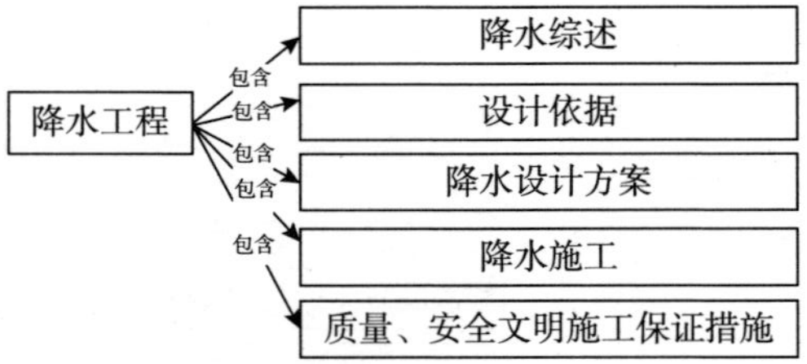

活动目标	布置下次课的预习任务
师生交互过程	教师布置任务：进行情景假设，如果基坑地下水位较浅或遇到雨季，如何做好现场的降、排水工作，降水的意义是什么 学生自主学习：思考降排水和支护的施工顺序

活动 4 任务序列（任务一）

任务一知识组块：

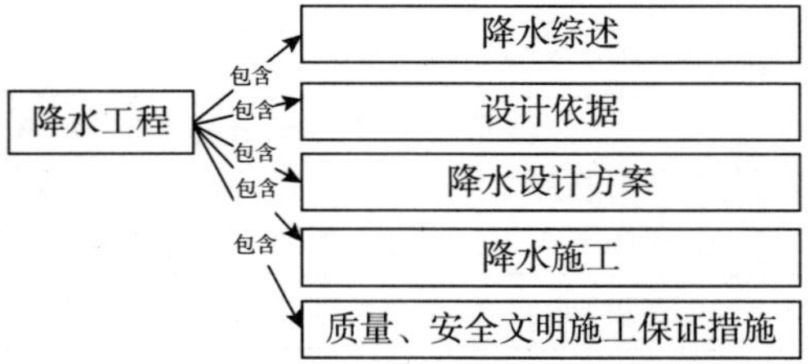

任务描述	通过预习降排水的相关知识，达到编制基坑降水方案的目的
任务时长	5 分钟
学习地点	课下

续表

教学策略 （或学习策略）	□讲授 □小组讨论 □答疑 □实验 □实训 ☑自主学习 □翻转课堂 □其他教师讲授＋讨论＋答疑
师生交互过程	教师布置任务：进行情景假设，如果基坑地下水位较浅或遇到雨季，如何做好现场的降、排水工作，降水的意义是什么 学生自主学习：思考降排水和支护的施工顺序
学习资源	(1) 教材：西北工业大学出版社《建筑施工技术》 (2) 建筑云课：土木工程施工 (3) 课件PPT：边坡支护
学习成果及评价标准	学习成果：无 评价标准：下次上课时在课堂提问，酌情给分

4.2.4 安装工程计量与计价项目化课程教学设计

1. 课程简介

安装工程计量与计价是工程管理专业一门重要的专业核心课程，综合运用建筑制图Ⅰ、建筑制图Ⅱ、建筑设备、房屋建筑学等基础知识，解决安装工程计量与计价问题。本课程通过对现行国家计量计价规范及地方行业定额等相关规定进行详细讲解，使学生初步掌握安装工程计量与计价的基本理论与方法。通过对安装工程计量计价软件结合工程项目进行建模与计价的项目化教学，使学生具备初步编制中等规模建设项目的安装工程招标工程量清单及招标控制价的基本能力。

2. 教学设计与实施

(1) 教学内容设计。

安装工程计量与计价课程主要包括了建筑给排水附件及支吊架、电气工程、电缆工程、建筑电气、照明线路等内容。

(2) 教学设计与方法。

本课程采用线上线下混合的教学方法，线上教学借助教材配套中国大学 MOOC 慕课平台上在线开放课程进行。

课前教师发布学习任务和相关资料，学生通过老师发布的相关资料进行自主学习，在学习过程中发现问题，将问题反馈给任课教师；在课堂教学过程中，教师利用课堂测试、提问等方式检验学生自主学习的质量，并对学生反馈的问题及检验环节中发现的问题进行重点讲解，同时对学生学习情况通过课堂测验进行验证；课后要求学生自主完成作业，并对学习内容进行总结。

本课程在整个教学过程中，将讲授法、互动式教学法、演示教学法，问题驱动教学法，项目驱动教学法等多种教学方法贯穿在一起。对于基本的理论知识，主要采用线上教学，让学生通过课下观看 MOOC 慕课视频进行基础知识的学习，线下通过案例教学等形式对于重难点知识进行讲解。问题不辩不明，在课堂上教师会引导学生广泛开展讨论。

此外，大学课堂是思政教育的重要阵地，培养学生爱国情怀、工匠精神、踏实严谨的学习态度和求真务实的科学精神是课程的重要功能。安装工程计量与计价课程全面融入思政教育，把培育学生践行社会主义核心价值观有机融入整个教学过程。

(3) 实施过程。

本课程的具体实施分为课前、课上、课后三个部分。课前教师给学生布置自学任务和设计任务，学生根据以前的专业基础课程知识和查阅资料独立完成该部分量价计算。课上教学主要采用了理论加研讨式教学的方法进行授课。课堂上首先由学生进行汇报，然后各小组针对汇报内容进行讨论，指出工程设计中存在的问题或者针对设计内容进行提问，然后让每个小组轮流与汇报者进行质疑和讨论，最后由教师进行点评和总结。课后，根据课上的研讨结果对自己的设计进行完善。

3. 教学评价

本课程的评价方案主要分三个部分，分别是学生自评、导师评价、市场评价。

(1) 学生自评。

评价主体：以本人自评、同学互评为主。

评价方案：项目组根据目标分工，制订科学的项目工作计划——以周为单位。根据项目阶段计划对阶段成果进行自评和互评。

(2) 导师评价。

评价主体：以教师评价为主。

评价方案：将从成果的完整性、准确度、合理性、参与度等方面进行综合评价。

① 完整性：主要考查各分部分项工程量在计量计价时，列项是否齐全。

② 准确度：主要考查各分部分项工程在计量时的准确率，对于优良的误差控制在 5%。

③ 合理性：主要考查各分部分项在列项及组价时的合理性，是否依据实际工程及《河南省通用安装工程预算定额》(HA02-31—2016)给予合理组价，对于优良的招标控制价，其总造价误差控制在 5%。

④ 参与度：主要考查学生在整个过程是否积极参与学习、讨论并解决问题。

(3) 市场评价。

评价主体：以企业导师评价为主。

评价方案：教学团队将组建专家组，企业导师将依据国家计量计价规范及河南省通用安装工程预算定额及实际工程特点，共同听取各小组的成果汇报，并对小组提交的招标控制价成果文件进行评阅，得出最终评价结果。

具体评价如下。

优秀：出勤率在 90%及以上，安装计量与计价应用能力较好，提交的成果文件脉络清晰，整体误差在±15%以内，个人提交的实践教学心得层次分明，有亮点。

良好：出勤率在 80%及以上，安装计量与计价应用能力较好，提交的成果文件整体较清晰，整体误差在±(5%～10%)，个人提交的实践教学心得较完整。

中等：出勤率在 70%及以上，安装计量与计价应用能力满足基本要求，提交的成果文件基本完整，整体误差在±(10%～15%)，个人提交了实践教学心得。

及格：出勤率在 60%及以上，安装计量与计价应用能力满足基本要求，提交的成果文件基本完整，整体误差在±(15%～20%)，个人提交了实践教学心得。

不及格：出勤率在 60%以下，安装计量与计价应用能力满足基本要求，提交的成果文件不完整，整体误差在±20%以上，个人提交或未提交实践教学心得。

此外，为了促进学生进一步成长，教学团队将会同专家组一起，将学生成果中存在的问题和建议进行反馈讲评，以帮助学生提升专业认知，并在后续的项目化课程中加以深化应用。

4. 课程教学单元设计

安装工程计量与计价课程教学单元设计见表 4-14。

表 4-14　安装工程计量与计价课程教学单元设计

第 8 次课

知识建模图：

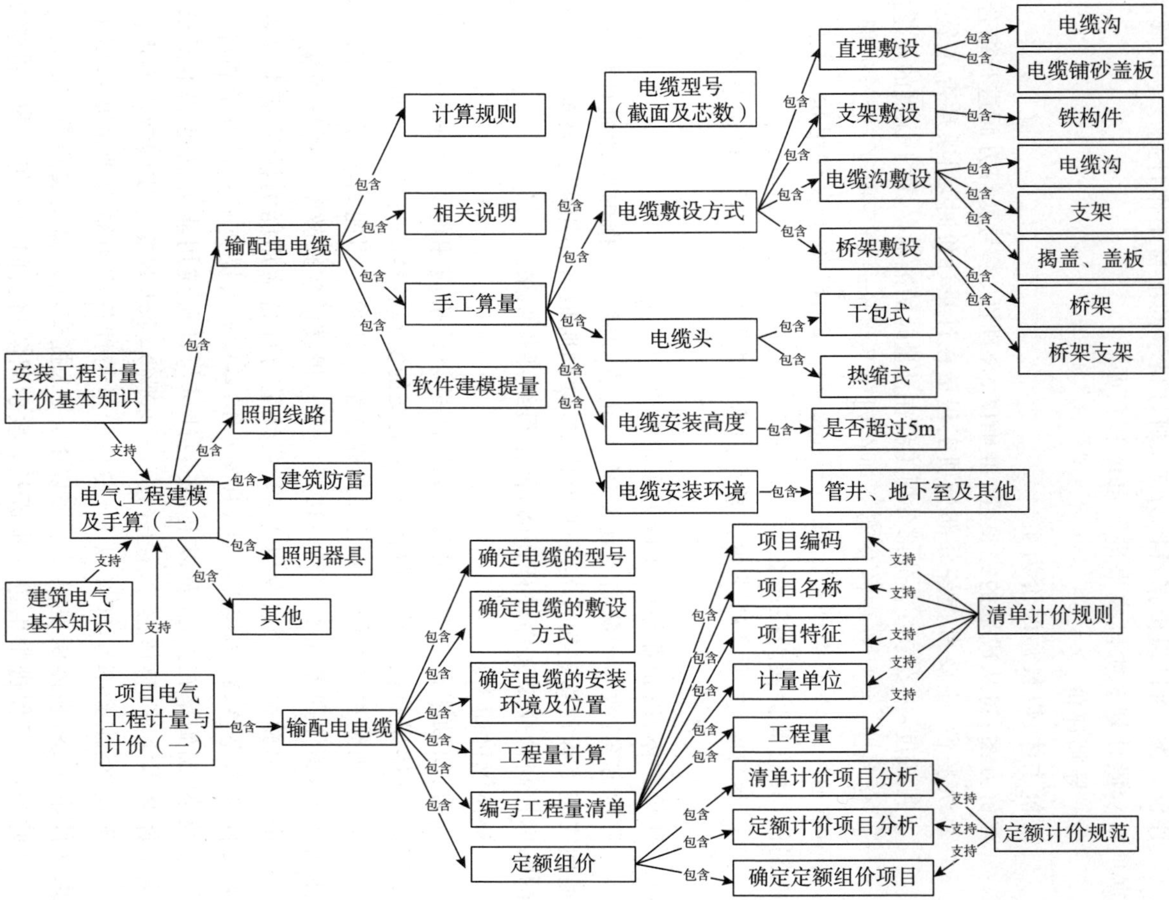

安装工程计量计价基本知识
建筑电气基本知识
电气工程建模及手算（一）
项目电气工程计量与计价（一）
输配电电缆
照明线路
建筑防雷
照明器具
其他
计算规则
相关说明
手工算量
软件建模提量
电缆型号（截面及芯数）
电缆敷设方式
电缆头
电缆安装高度
电缆安装环境
直埋敷设
支架敷设
电缆沟敷设
桥架敷设
干包式
热缩式
是否超过5m
管井、地下室及其他
电缆沟
电缆铺砂盖板
铁构件
电缆沟
支架
揭盖、盖板
桥架
桥架支架
确定电缆的型号
确定电缆的敷设方式
确定电缆的安装环境及位置
工程量计算
编写工程量清单
定额组价
项目编码
项目名称
项目特征
计量单位
工程量
清单计价项目分析
定额计价项目分析
确定定额组价项目
清单计价规则
定额计价规范
包含
支持

续表

<table>
<tr><td rowspan="2">学习目标</td><td colspan="2">知识点(学习水平)</td><td colspan="2">能 力 目 标</td></tr>
<tr><td colspan="2">电缆的型号及敷设方式(记忆)、电缆的计量规则(记忆)、电缆的计价规范(理解)、电缆部分工程量清单(运用)</td><td colspan="2">具备熟练识读电气施工图的能力,具备完成电缆工程计量计价的能力,具备完成该项目编制招标工程量清单(电缆部分)的能力</td></tr>
<tr><td rowspan="2">学习先决知识技能</td><td colspan="4">知识点(学习水平)</td></tr>
<tr><td colspan="4">(1) 安装工程计量计价的知识理论
(2) 建筑电气的基本知识</td></tr>
<tr><td>课上资源</td><td>(1) 案例二“席郭小学教学楼设备施工图”
(2)《河南省通用安装工程预算定额》(HA02-31—2016)
(3)《通用安装工程工程量计算规范》(GB 50856—2013)
(4) 教材及 PPT</td><td>课下资源</td><td colspan="2">(1)《通用安装工程工程量计算规范》(GB 50856—2013)
(2) 中国大学 MOOC-安装工程计量与计价(西华大学)
(3) 案例二“席郭小学教学楼设备施工图”
(4)《河南省通用安装工程预算定额》(HA02-31—2016)</td></tr>
<tr><td>课上时间</td><td>200 分钟</td><td>课下时间</td><td colspan="2">420 分钟</td></tr>
<tr><td>活动序列</td><td>任务的学习目标</td><td>时　间</td><td>学 习 资 源</td><td>学习地点</td></tr>
<tr><td rowspan="2">活动 1</td><td rowspan="2">电缆工程计算规则(理解)、电缆的型号(记忆)、电缆的敷设方式(记忆)、直埋电缆(理解)、支架敷设(记忆)、电缆沟敷设(记忆)、桥架敷设</td><td>课上 30 分钟</td><td rowspan="2">(1)《通用安装工程工程量计算规范》(GB 50856—2013)
(2) 中国大学 MOOC-安装工程计量与计价(西华大学)
(3) 案例二“席郭小学教学楼设备施工图”
(4)《河南省通用安装工程预算定额》(HA02-31—2016)</td><td rowspan="2">课上＋课下</td></tr>
<tr><td>课下 120 分钟</td></tr>
</table>

续表

活动序列	任务的学习目标	时　间	学 习 资 源	学习地点
活动 2	电缆沟(记忆)、电缆铺砂盖板(记忆)、铁构件(记忆)、支架(记忆)、桥架(记忆)、桥架支架	课上 40 分钟	(1) 案例二“席郭小学教学楼设备施工图” (2)《河南省通用安装工程预算定额》(HA02-31—2016) (3)《通用安装工程工程量计算规范》(GB 50856—2013)	课上
活动 3	电缆工程的计量(运用)、计算规则(记忆)	课上 70 分钟	(1) 案例二“席郭小学教学楼设备施工图” (2)《河南省通用安装工程预算定额》(HA02-31—2016) (3)《通用安装工程工程量计算规范》(GB 50856—2013)	课上
活动 4	电缆工程的计价(运用)	课上 60 分钟	(1) 案例二“席郭小学教学楼设备施工图” (2)《河南省通用安装工程预算定额》(HA02-31—2016) (3)《通用安装工程工程量计算规范》(GB 50856—2013)	课上
活动 5	电缆工程计算规则(理解)、电缆的型号(记忆)、电缆的敷设方式(记忆)、直埋电缆(理解)、支架敷设(记忆)、电缆沟敷设(记忆)、桥架敷设、电缆沟(记忆)、电缆铺砂盖板(记忆)、铁构件(记忆)、支架(记忆)、桥架(记忆)、电缆工程的计量(运用)、计算规则(记忆)、电缆工程的计价(运用)	课下 300 分钟	(1)《通用安装工程工程量计算规范》(GB 50856—2013) (2) 中国大学 MOOC-安装工程计量与计价(西华大学) (3) 案例二“席郭小学教学楼设备施工图” (4)《河南省通用安装工程预算定额》(HA02-31—2016)	课下

续表

<table>
<tr><td colspan="3">活动 1 知识建模图：
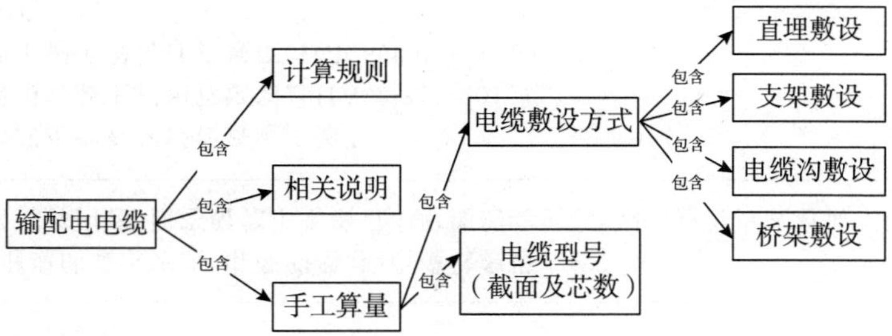
</td></tr>
<tr><td>活动目标</td><td colspan="2">电缆工程的相关说明（记忆）、计算规则（理解）</td></tr>
<tr><td>师生交互过程</td><td colspan="2">请同学们根据课下学习情况，指出席郭小学电气施工图中电缆的类型及电缆的敷设方式</td></tr>
<tr><td colspan="3">活动 1 任务序列（任务一）</td></tr>
<tr><td rowspan="3">任务一知识组块：
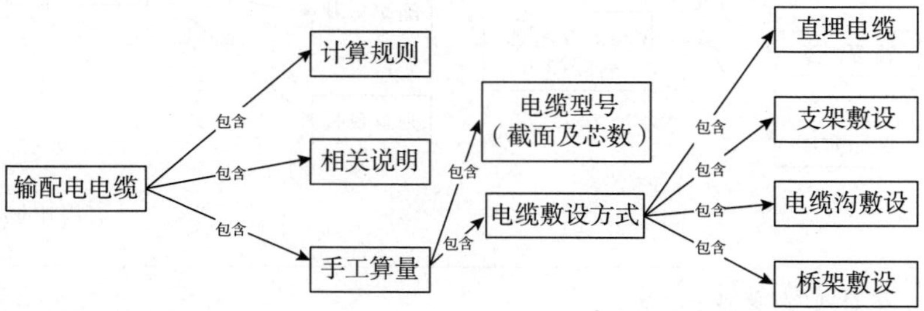
</td><td>任务描述</td><td>通过中国大学生慕课，让学生自主学习有关电缆部分的内容，了解电缆的类型，熟悉电缆的敷设方式和计量的规则</td></tr>
<tr><td>任务时长</td><td>120 分钟</td></tr>
<tr><td>学习地点</td><td>课下</td></tr>
<tr><td>教学策略
（或学习策略）</td><td colspan="2">□讲授　□小组讨论　☑答疑　□实验　□实训　☑自主学习　☑翻转课堂　□其他（请填写）________</td></tr>
<tr><td>师生交互过程</td><td colspan="2">（1）教师提前发布自学任务
（2）学生完成相关自学任务</td></tr>
</table>

续表

<table>
<tr><td>学习资源</td><td colspan="3">中国大学 MOOC-安装工程计量与计价(西华大学)</td></tr>
<tr><td>学习成果及评价标准</td><td colspan="3">学生在中国大学 MOOC 慕课平台完成自学任务并测试</td></tr>
<tr><td colspan="4">活动 1 任务序列(任务二)</td></tr>
<tr><td colspan="2" rowspan="3">任务二知识组块:
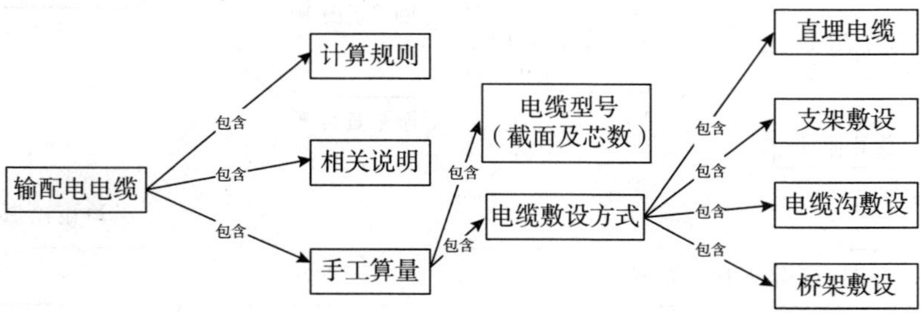
</td><td>任务描述</td><td>掌握电缆的表示方法,记忆电缆的型号及电缆的敷设方式</td></tr>
<tr><td>任务时长</td><td>30 分钟</td></tr>
<tr><td>学习地点</td><td>课上</td></tr>
<tr><td>教学策略
(或学习策略)</td><td colspan="3">☑讲授 □小组讨论 ☑答疑 □实验 □实训 □自主学习 □翻转课堂 □其他(请填写)________</td></tr>
<tr><td>师生交互过程</td><td colspan="3">(1) 系统讲解电缆的表示方法,电缆的型号,电缆的敷设方式
(2) 提问:根据讲解内容,回答席郭小学项目中电缆的类型有哪些,敷设方式有何不同</td></tr>
<tr><td>学习资源</td><td colspan="3">(1) 案例二“席郭小学教学楼设备施工图”
(2)《河南省通用安装工程预算定额》(HA02-31—2016)
(3)《通用安装工程工程量计算规范》(GB 50856—2013)
(4) 教材及 PPT</td></tr>
<tr><td>学习成果及评价标准</td><td colspan="3">学生能依据施工图准确说出电缆的型号、线芯、截面及敷设方式</td></tr>
</table>

续表

活动 2 知识建模图(课上):

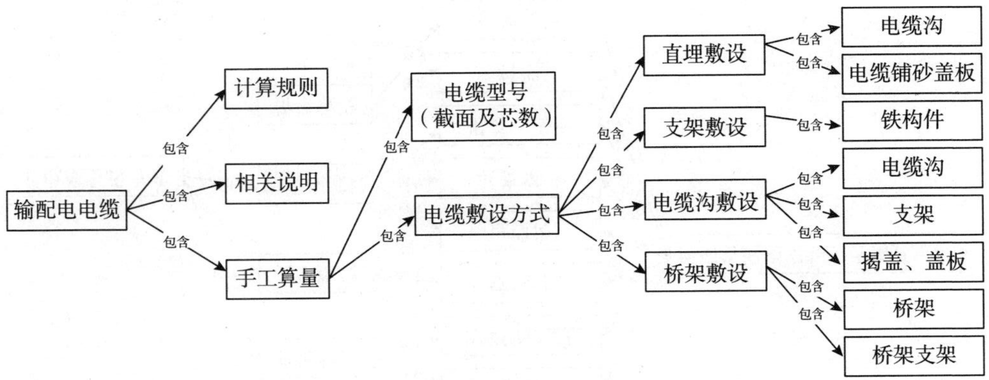

活动目标	电缆工程包含的工作内容(记忆)、电缆沟(记忆)、电缆铺砂盖板(记忆)、桥架(记忆)、桥架支架(记忆)

活动 2 任务序列(任务一)

任务一知识组块:

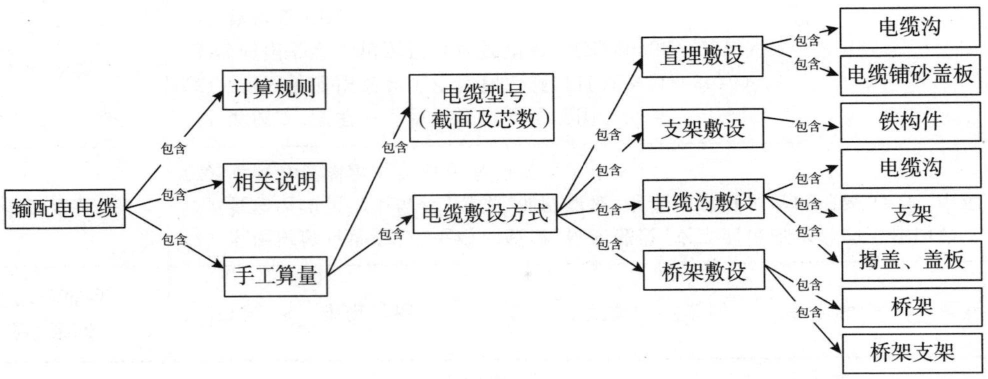

任务描述	掌握电缆在不同敷设方式下,电缆工程所包含的工作内容;理解运用所有工作内容的计量方法
任务时长	40 分钟
学习地点	课上

续表

教学策略 （或学习策略）	☑讲授　☐小组讨论　☑答疑　☐实验　☐实训　☐自主学习　☐翻转课堂　☐其他（请填写）________
师生交互过程	(1) 系统讲解直埋敷设、电缆沟敷设、桥架敷设、支架敷设所包含的工作内容 (2) 直埋电缆包含电缆沟、电缆、铺砂盖板；电缆沟敷设包含电缆沟、支架、电缆等 (3) 实例分析图示电缆所包含的具体工作内容
学习资源	(1) 案例二“席郭小学教学楼设备施工图” (2)《河南省通用安装工程预算定额》(HA02-31—2016) (3)《通用安装工程工程量计算规范》(GB 50856—2013) (4) 教材及 PPT
学习成果及评价标准	学生能依据席郭小学电气施工图说出图示电缆敷设所包含的工作内容及要计量的对象

活动 3 知识建模图（课上）：

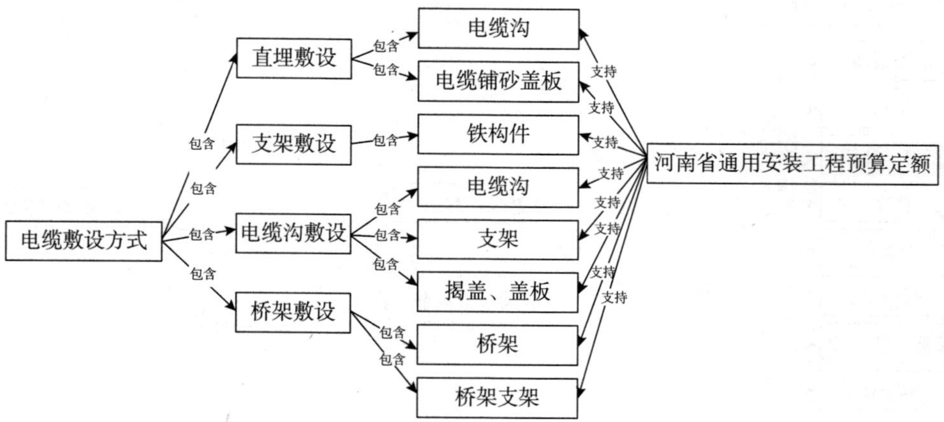

活动目标	电缆工程的计量（理解）、计算规则（理解）

续表

<table>
<tr><td colspan="3">活动 3 任务序列(任务一)</td></tr>
<tr><td rowspan="3">任务一知识组块：
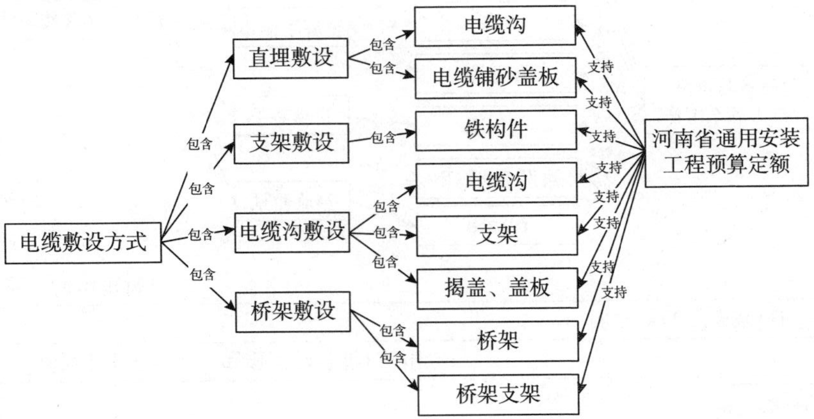
</td><td>任务描述</td><td>掌握电缆不同敷设方式下，电缆工程所包含的工作内容的计量对象，掌握计量的规则</td></tr>
<tr><td>任务时长</td><td>70 分钟</td></tr>
<tr><td>学习地点</td><td>课上</td></tr>
<tr><td>教学策略
(或学习策略)</td><td colspan="2">☑讲授 □小组讨论 ☑答疑 □实验 □实训 □自主学习 □翻转课堂 □其他(请填写)________</td></tr>
<tr><td>师生交互过程</td><td colspan="2">(1) 系统讲解挖电缆沟的工程量计算规则、电缆的工程量计算规则、铺砂盖板的工程量计量规则、支架的计算规则、桥架的类型及计算规则
(2) 要求学生根据工程实例及讲授内容列出直埋电缆、电缆沟敷设、桥架敷设的招标工程量清单</td></tr>
<tr><td>学习资源</td><td colspan="2">(1) 案例二“席郭小学教学楼设备施工图”
(2)《河南省通用安装工程预算定额》(HA02-31—2016)
(3)《通用安装工程工程量计算规范》(GB 50856—2013)
(4) 教材及 PPT</td></tr>
<tr><td>学习成果及评价标准</td><td colspan="2">学生能依据工程实例及讲授内容正确列出直埋电缆、电缆沟敷设、桥架敷设的招标工程量清单</td></tr>
</table>

续表

活动 4 知识建模图(课上):

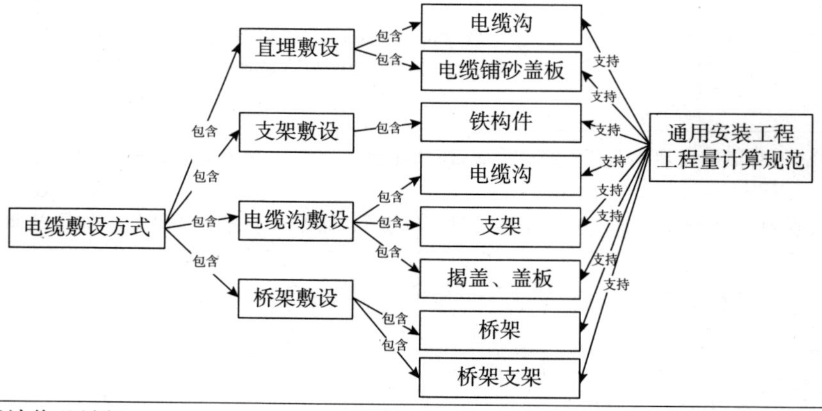

活动目标	电缆工程计价(运用)

活动 4 任务序列(任务一)

任务一知识组块:

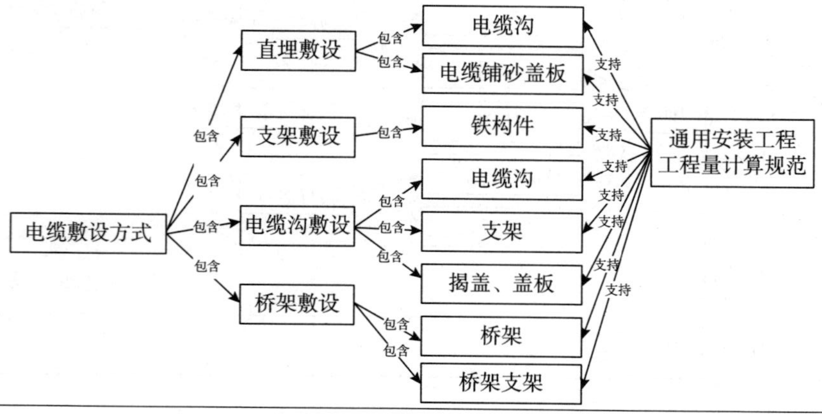

任务描述	掌握《河南省通用安装工程预算定额》(HA02-31—2016)中电气部分中电缆的计价说明、电缆沟的计价说明,以及支架、桥架、电缆保护管等的计价说明,并能编制已标价的工程量清单
任务时长	60 分钟
学习地点	课上

续表

教学策略 （或学习策略）	☑讲授　□小组讨论　☑答疑　□实验　□实训　□自主学习　□翻转课堂　□其他（请填写）________
师生交互过程	(1) 系统讲解电缆沟的计价说明、电缆的计价说明、支架、桥架、电缆保护管的计价说明 (2) 要求学生根据工程实例及讲授内容列出直埋敷设、电缆沟敷设、桥架敷设的已标价招标工程量清单
学习资源	(1) 案例二“席郭小学教学楼设备施工图” (2)《河南省通用安装工程预算定额》(HA02-31—2016) (3)《通用安装工程工程量计算规范》(GB 50856—2013) (4) 教材及 PPT
学习成果及评价标准	学生能依据工程实例及讲授内容正确列出直埋敷设、电缆沟敷设、桥架敷设的已标价招标工程量清单

活动 5 知识建模图：

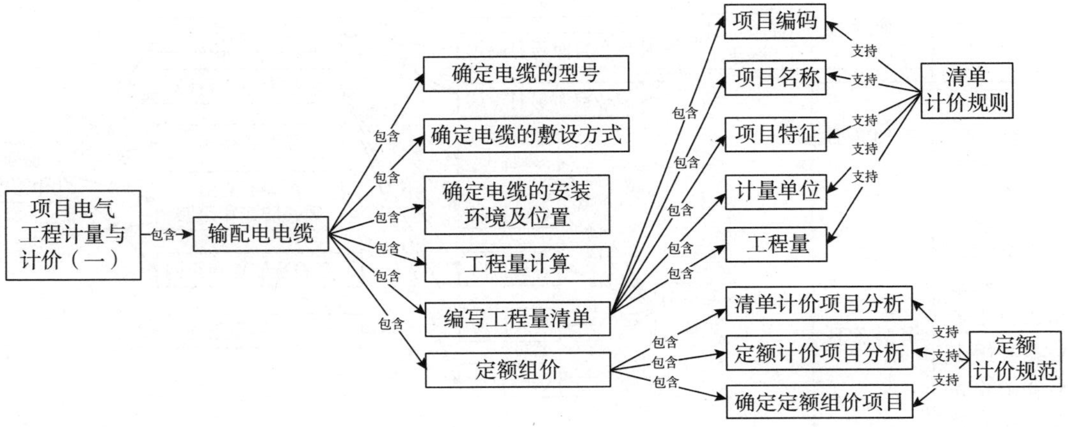

活动目标	电缆工程计算规则（理解）、电缆的型号（记忆）、电缆的敷设方式（记忆）、直埋电缆（理解）、支架敷设（记忆）、电缆沟敷设（记忆）、桥架敷设、电缆沟（记忆）、电缆铺砂盖板（记忆）、铁构件（记忆）、支架（记忆）、桥架（记忆）、电缆工程的计量（运用）、计算规则（记忆）

续表

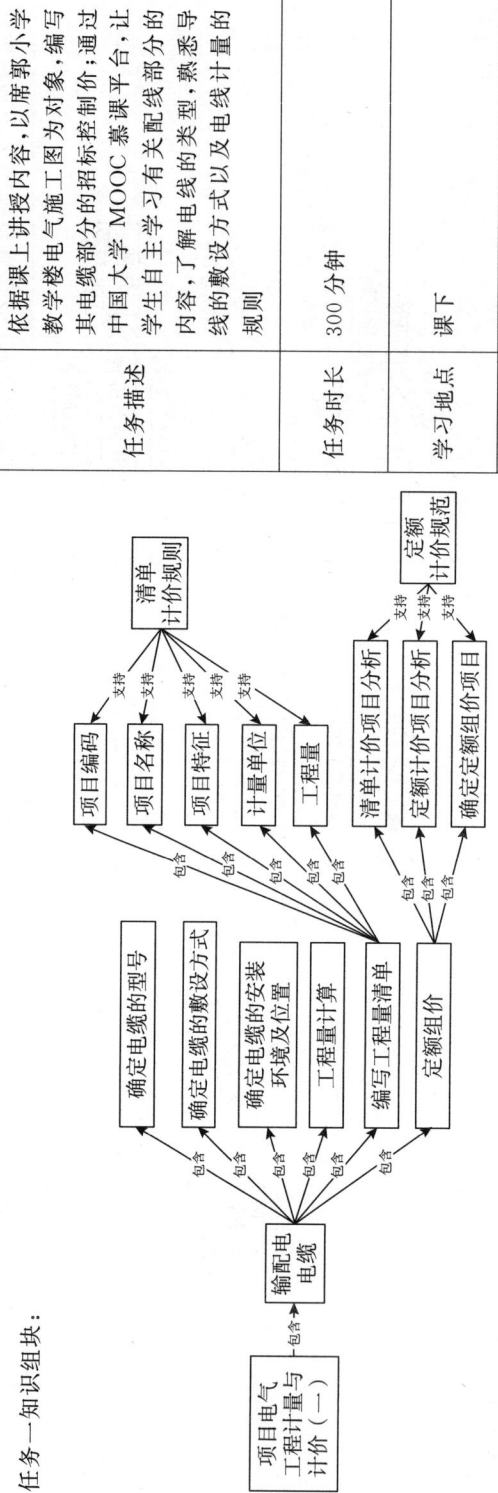

<table>
<tr><th colspan="3">活动 5 任务序列(任务一)</th></tr>
<tr><td rowspan="3">任务一知识组块：
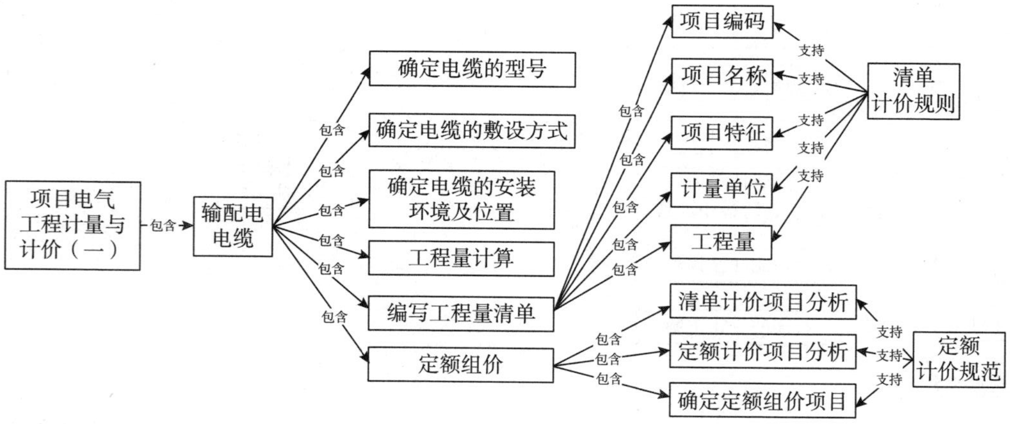
</td><td>任务描述</td><td>依据课上讲授内容，以席郭小学教学楼电气施工图为对象，编写其电缆部分的招标控制价；通过中国大学 MOOC 慕课平台，让学生自主学习有关配线部分的内容，了解电线的类型，熟悉导线的敷设方式以及电线计量的规则</td></tr>
<tr><td>任务时长</td><td>300 分钟</td></tr>
<tr><td>学习地点</td><td>课下</td></tr>
<tr><td>教学策略
（或学习策略）</td><td colspan="2">□讲授　□小组讨论　☑答疑　□实验　□实训　☑自主学习　☑翻转课堂　□其他（请填写）________</td></tr>
<tr><td>师生交互过程</td><td colspan="2">（1）教师提前发布自学任务
（2）学生完成相关自学任务</td></tr>
<tr><td>学习资源</td><td colspan="2">（1）《通用安装工程工程量计算规范》（GB 50856—2013）
（2）中国大学 MOOC-安装工程计量与计价（西华大学）
（3）案例二“席郭小学教学楼电气施工图”
（4）《河南省通用安装工程预算定额》（HA02-31—2016）</td></tr>
<tr><td>学习成果及评价标准</td><td colspan="2">（1）学生能够完成席郭小学教学楼电气施工图电缆部分招标控制价的编写
（2）学生在中国大学 MOOC 慕课平台完成自学任务并测试</td></tr>
</table>

4.3　专业基础课程教学设计实例

4.3.1　建筑制图Ⅰ课程教学设计

1. 课程简介

本课程是土木建筑类相关专业的一门重要的专业基础课，是房屋建筑学、平法识图、建筑 CAD、建筑设备与识图等后续课程的基础，也是认知实习、课程设计、生产实习、顶岗实习、毕业论文等教学环节中不可缺少的预备知识。

通过本课程的学习，可以使学生掌握土木工程制图的国家标准和绘制土木工程图的基本方法和技巧，培养工程意识、标准化意识以及严谨认真的工作态度和良好的工程素养。与此同时，本课程可以引导学生认识、理解并践行社会主义核心价值观，能够遵纪守法、敬业奉献，树立正确的人生观，使学生能够解决实际问题，并为自己职业生涯的发展奠定基础，成为能为国家的发展贡献力量的优秀人才。

2. 教学设计与实施

建筑制图Ⅰ课程计划是以教材章节为模块，利用线下讨论、线上学习、课外实操的方式，通过增加学生实操绘图练习的数量，加强课外制作案例模型的方法，提高空间想象能力、形象思维能力及形图结合的能力，进而优化学习时间、提高学习效率、强化学习效果。

本课程根据学校教学改革让老师动起来、让学生忙起来的要求，拟定了如下设计与实施方案，教学设计与实施方案见表 4-15（课前线上学习学时＋课堂线下学习学时＋课后实操学习学时＝总学习学时，课前线上学习和课后实操学习学时不计入课程学时）。

表 4-15　建筑制图Ⅰ课程教学设计与实施方案

模　块	课前线上学习内容	课堂线下学习内容	课后实操学习内容	学时分配（课前线上＋课堂线下＋课后实操）/小时
绪论	（1）课程简介 （2）投影的基本知识 （3）三面投影的形成	（1）以课堂提问和翻转校园测试为主的基础知识摸底 （2）答疑 （3）重点总结各类投影的区别、正投影的投影特性以及三面投影的“三等关系” （4）点评作业	习题集	2＋2＋4

续表

模　块	课前线上 学习内容	课堂线下 学习内容	课后实操 学习内容	学时分配 （课前线上＋ 课堂线下＋ 课后实操） /小时
制图基本知识	(1) 绘图工具和仪器的使用方法 (2) 制图国家标准简介 (3) 几何作图	(1) 以课堂提问和翻转校园测试为主的基础知识摸底 (2) 答疑 (3) 重点总结国家制图标准中对于尺寸标注的具体要求，圆弧连接相关问题 (4) 点评作业	习题集，A3 图纸抄画习题集	4＋4＋16
点、直线、平面	(1) 点的投影特性、点的坐标、两点的相对位置及重影点及其可见性 (2) 直线的投影特性、直线上的点以及两直线的相对位置 (3) 平面的表示法、平面的投影特性以及平面内的点和直线	(1) 以各个知识点为模块，随机抽取让学生讲解，再结合翻转校园测试进行摸底 (2) 答疑 (3) 重点讲解特殊位置直线和平面的概念及投影特点，总结判定两条直线相对位置的方法 (4) 点评作业	习题集	4＋4＋10
几何元素间的相对位置	(1) 直线与平面、平面与平面的平行几何条件及作图 (2) 直线与平面相交求交点、平面与平面的相交求交线问题 (3) 直线与平面垂直、平面与平面垂直的几何条件及作图	(1) 以课堂提问和翻转校园测试为主的基础知识摸底 (2) 答疑 (3) 举例讲解元素间相对位置关系的投影应用 (4) 点评作业	习题集	4＋6＋10
投影变换	(1) 投影变换的目的与方法 (2) 换面后的投影规律 (3) 总结一般位置直线变换为投影面垂直线的方法步骤，举例说明作图步骤；以及一般位置平面变换为投影面平行面的方法步骤，举例说明作图步骤，形成书面成果	(1) 分组互相展示书面成果 (2) 教师点评书面成果 (3) 点评作业	习题集	4＋6＋10

续表

模 块	课前线上学习内容	课堂线下学习内容	课后实操学习内容	学时分配（课前线上+课堂线下+课后实操）/小时
曲线和曲面	(1) 曲线的形成、分类和投影 (2) 曲面的形成和分类	(1) 以课堂提问和翻转校园测试为主的基础知识摸底 (2) 答疑 (3) 点评作业	习题集	2+2+2
立体	(1) 平面立体的投影以及立体表面的点和直线 (2) 平面立体截切 (3) 回转体的投影以及表面上的点 (4) 回转体的截切 (5) 全班分为六组，针对书上 p. 81、p. 82、p. 90、p. 91、p. 93、p. 94 六个例子，每组做一个完整的立体模型以及被截切后的模型	(1) 按照分组交换模型，每组按照交换后的模型画出该模型被截切后的三面投影图 (2) 教师举例演示各作图问题，规范作图步骤，总结回转体的相关概念以及圆柱、圆锥、球体表面求点的方法 (3) 点评作业	习题集	10+8+18
组合体	(1) 组合体视图的画法 (2) 组合体的尺寸标注 (3) 组合体视图的识读 (4) 全班分为18组，针对习题集 pp. 37-40 共18个小题，每组做一个完整的立体模型	(1) 教师重点讲解视图中线框和图线的含义、形体分析法和线面分析法 (2) 分组展示模型并画出习题答案 (3) 点评模型和题目	用A3图纸完成习题集三视图并标注完整尺寸	10+8+18
轴测投影	(1) 轴测投影基本知识 (2) 正等轴测投影特点和画法 (3) 正面斜轴测特点和画法	(1) 以课堂提问和翻转校园测试为主的基础知识摸底 (2) 答疑 (3) 点评作业	习题集	8+8+20
标高投影	(1) 点、直线、平面的标高投影 (2) 曲面的标高投影 (3) 工程实例	(1) 以课堂提问和翻转校园测试为主的基础知识摸底 (2) 答疑 (3) 点评作业	习题集	4+6+14

3. 教学大纲

课程名称：建筑制图Ⅰ

课程编号：2321032422

课程体系/类别：专业基础课程

学时：48 小时

学分：3 分

课程性质：必修

先修课程：无

后续课程：建筑制图Ⅱ、建筑 CAD、平法识图与钢筋算量、房屋建筑学、建筑工程计量与计价、施工技术与组织等

适用专业：工程管理

1）课程简介

建筑制图Ⅰ是土木建筑类专业的一门重要的专业基础课程，通过本课程的开设，可以使学生了解投影理论，掌握建筑施工图及结构施工图的成图方法；通过对不同形体投影的研究，可以提升学生的空间思维能力，从而培养学生对建筑工程图的识读能力；通过让学生掌握国家制图标准，可以培养学生严谨、规范作图的能力；为后续专业课程的学习奠定基础。

2）课程目标

（1）课程具体目标。

① 熟悉国家制图标准，了解图纸的规格，掌握不同线型的用途及线宽比，掌握工程字体的书写方法，掌握线型尺寸标注的四要素及标注规范。（支撑毕业要求指标点 8.2）

② 了解投影的类型，掌握正投影的性质，了解三面投影的形成，掌握三面投影的三等关系。了解轴测投影的形成，掌握轴测投影的性质，掌握组合体的正等轴测和斜二测的作图方法。（支撑毕业要求指标点 3.2）

③ 掌握点、线、面的投影规律；掌握平面基本体及曲面基本体的投影画法，掌握平面截切体及曲面截切体的作图方法；了解两立体相贯的类型，掌握相贯体的作图方法；了解组合体的组合方式，掌握组合体的视图画法及作图方法。（支撑毕业要求指标点 10.1）

（2）课程目标与毕业要求关系。

课程目标与专业毕业要求的关系参见表 4-16。

表 4-16　课程目标与专业毕业要求的关系

毕业要求指标点	课程目标			
	课程总体目标	能力目标	知识目标	素质目标
8.2　熟悉建筑业相关行业协会发布的职业道德行为准则，在工程实践中能自觉遵守职业道德和规范	√			

续表

毕业要求指标点	课程目标			
	课程总体目标	能力目标	知识目标	素质目标
3.2 能够根据具体的自然环境条件,能够用图纸、模型等表现形式,完成满足特定功能需求的建筑设计方案		√		
10.1 具有运用图表、工作模型、规划设计草图、多媒体演示等手段,以及辅以口头方式而清晰准确表达分析、结论或意图的能力			√	

3) 教学内容及基本要求

课程理论部分的教学内容及基本要求见表 4-17。

表 4-17 课程理论部分的教学内容及基本要求

模块、标题	教学内容	基本要求	学时/小时	教学方式	对应课程目标
模块 1 制图基本知识	制图国家标准、绘图工具 重点:制图国家标准	了解绘图工具的使用方法,掌握国家制图规范	4	多媒体结合实物展示	课程总体目标
模块 2 点线面的投影	投影的基本知识、点线面的投影。 重点:点的投影规律,特殊位置线及面的投影规律	了解投影的基本知识,掌握点的三面投影规律,掌握特殊位置线及面的投影特性	8	多媒体结合模型	能力目标
模块 3 几何元素间的相对位置	线与线、线与面、面与面的位置关系	掌握基于投影判断线与线、线与面、面与面的位置关系的方法	4	多媒体	知识目标
模块 4 投影变换	投影变换的目的,换面法的作图规律	掌握换面法的作图规律	3	多媒体	知识目标
模块 5 曲线和曲面	常见曲线及曲面的类型及其在工程中的应用	了解螺旋线的投影作图方法,了解单叶双曲回转面的作图方法	2	多媒体	知识目标
模块 6 立体及立体的截切体	平面立体、平面立体截切体、基本回转体、回转体截切体的投影画法 重点:平面立体截切体及回转体截切体的投影画法	掌握常见立体的投影特性及作图方法,掌握平面截切体及回转截切体的作图方法	10	多媒体结合模型	知识目标
模块 7 两立体相贯	两平面立体相贯、两回转体相贯、平面立体与回转体相贯 重点:相贯线的特点及画法	掌握两立体相贯的相贯线的特点及其作图方法	5	多媒体结合模型	知识目标

续表

模块、标题	教学内容	基本要求	学时/小时	教学方式	对应课程目标
模块8　组合体的投影	组合体的组合方式、组合体的投影画法及组合体视图的识读 重点：组合体的视图画法及识读	掌握形体分析法和线面分析法，掌握绘制和阅读组合体视图的方法和步骤	8	多媒体结合模型	知识目标
模块9　轴测投影	轴测投影的形成、正等轴测及正面斜二测的画法 重点：正等轴测及正面斜二测的画法	了解轴测投影的形成，掌握绘制立体正等轴测和正面斜二测的方法	4	多媒体	能力目标

4）课程的教学方法

课程目标与教学环节具体见表4-18。

表4-18　课程目标与教学环节

序号	课程目标	教学环节				
		讲授	作业	绘图	模型	自主学习
1	课程目标1	√	√	√		√
2	课程目标2	√	√	√	√	√
3	课程目标3	√	√	√	√	√

5）课程考核内容及方式

（1）课程目标与考核方式关系如下。

成绩评定依据平时（作业、绘图）、期末考试成绩等进行。期末考试成绩占总评成绩的50%，平时成绩占总评成绩的50%（含模型制作20%、习题集50%、抄绘30%）。课程目标考核与评价方式及成绩比例具体见表4-19。

表4-19　课程目标考核与评价方式及成绩比例

序号	课程目标	毕业要求指标点	考核与评价方式			成绩比例/%
			模型制作	习题集	抄绘	
1	熟悉制图国家标准，了解图纸的规格，掌握不同线型的用途及线宽比，掌握工程字体的书写方法，掌握线型尺寸标注的四要素及标注规范	8.2		5	30	35

续表

序号	课程目标	毕业要求指标点	考核与评价方式			成绩比例/%
			模型制作	习题集	抄绘	
2	了解投影的类型,掌握正投影的性质,了解三面投影的形成,掌握三面投影的三等关系。了解轴测投影的形成,掌握轴测投影特性,掌握组合体的正等轴测和斜二测的作图方法	3.2		10		10
3	掌握点、线、面的投影规律;掌握平面基本体及曲面基本体的投影画法,掌握平面截切体及曲面截切体的作图方法;了解两立体相贯的类型,掌握相贯体的作图方法;了解组合体的组合方式,掌握组合体的视图画法及作图方法	10.1	20	35		55
合计		3个	20	50	30	100

(2) 评价标准。

抄绘、习题集、模型作业的评价标准具体见表4-20。

6) 教材及参考书

(1) 杨谆.土木工程制图[M].北京:科学出版社,2022。

(2) 莫章金.建筑工程制图[M].北京:中国建筑工业出版社,2004。

7) 课程教学单元设计

建筑制图Ⅰ课程教学单元设计见表4-21。

4.3.2 建筑结构课程教学设计

1. 课程简介

建筑结构是工程管理专业的核心课程,培养学生运用结构基本理论解决结构设计与施工中常见问题的能力,通过学习能正确认识和处理在施工中遇到的问题,熟悉常见钢筋混凝土构件的受力分析及计算原理,从而正确理解并识读结构施工图,为后续平法识图与钢筋算量、建筑工程计量与计价课程的学习打下基础。

2. 教学设计与实施

建筑结构课程主要用于支撑后续专业基础课程平法识图与钢筋算量和项目化教学课程施工技术与组织Ⅰ,经梳理整合将课程知识划分为基本设计规定、材料、混凝土构件承载能力极限状态计算、混凝土构件正常使用极限状态验算、梁板结构、砌体结构等。

表 4-20　抄绘、习题集、模型作业的评价标准

基本要求	评价标准			
	90～100 分	75～89 分	60～74 分	0～59 分
抄绘指定图样，正确使用绘图工具，合理布置图纸幅面，图纸幅面干净整洁、图线线宽粗细分明且均匀，尺寸标注规范	按时交作业，图样绘制准确，图纸幅面干净整洁、线宽粗细分明，尺寸标注规范、清晰	按时交作业，图样绘制较准确，图纸幅面比较干净整洁、线宽粗细比较分明，尺寸标注比较规范、清晰	按时交作业，图样绘制基本准确，图纸幅面基本干净整洁、线宽粗细基本分明，尺寸标注基本规范、清晰	不交或不按时交作业，图样绘制不准确，图纸幅面不够干净整洁、线宽粗细不分明，尺寸标注不规范、不清晰
依据投影规律，完成习题集中对应练习，要求绘制正确，符合投影规律，作业幅面干净整洁，线宽粗细分明	按时交作业，习题集中作业绘制正确、作业幅面干净整洁、作图规范，线宽及线型的绘制规范	按时交作业，习题集中作业绘制有较小偏差、作业幅面比较干净整洁、作图比较规范，线宽及线型的绘制比较规范	按时交作业，习题集中作业有明显偏差、作业幅面基本干净整洁、作图基本规范，线宽及线型的绘制基本规范	不交或不按时交作业，习题集中作业绘制有多处错误、作业幅面不够干净整洁、作图不规范，线宽及线型的绘制不规范
(1) 依据点线面的投影规律，立体及截切体的投影特性，相贯形体的投影画法等规范完成习题集中对应练习 (2) 依据三视图完成三维模型的制作	按时交作业，习题集中作业绘制正确、作业幅面干净整洁、作图规范，线宽及线型的绘制规范；所做模型表达准确，质量好	按时交作业，习题集中作业绘制有较小偏差、作业幅面比较干净整洁、作图比较规范，线宽及线型的绘制比较规范；所做模型表达较准确，质量较好	按时交作业，习题集中作业有明显偏差、作业幅面基本干净整洁、作图基本规范，线宽及线型的绘制基本规范；所做模型不够准确，质量一般	不交或不按时交作业，习题集中作业绘制有多处错误、作业幅面不够干净整洁、作图不规范，线宽及线型的绘制不规范；没有完成模型制作
了解投影的类型，掌握正投影的性质，了解三面投影的形成，掌握三面投影的三等关系。了解轴测投影的形成，掌握轴测投影特性，掌握组合体的正等轴测和斜二测的作图方法。(对应课程目标能力目标、毕业要求指标点 3.2)	作图中能严格遵循三面投影的三等关系，正确做出正等轴测和正面斜二测的轴测轴，依据组合体三视图正确并完整画出轴测图	作图中能遵循三面投影的三等关系，比较准确地做出正等轴测和正面斜二测的轴测轴，依据组合体三视图能比较完整画出轴测图	作图中能遵循三面投影的三等关系，基本正确做出正等轴测和正面斜二测的轴测轴，依据组合体三视图能基本完整画出轴测图	作图中不能遵循三面投影的三等关系，不能正确做出正等轴测和正面斜二测的轴测轴，依据组合体三视图不能画出轴测图

续表

基本要求	评价标准			
	90～100分	75～89分	60～74分	0～59分
掌握点、线、面的投影规律；掌握平面基本体及曲面基本体的投影画法，掌握平面截切体及曲面截切体的作图方法；了解两立体相贯的类型，掌握相贯体的作图方法；了解组合体的组合方式，掌握组合体的视图画法及作图方法。（对应课程目标知识目标、毕业要求指标点10.1）	作图中能依据点线面的投影规律正确作图；能准确地画出各种截切体的三视图，能准确地画出组合体的三视图，并能对组合体的三视图进行准确的识读；能绘制简单相贯体的三视图	作图中能依据点线面的投影规律比较准确地作图；能比较准确地画出各种截切体的三视图，能比较准确地画出组合体的三视图，并能对组合体的三视图进行比较正确地识读；能绘制简单相贯体的三视图	作图中能依据点线面的投影规律基本准确地作图；能基本准确地画出各种截切体的三视图，能基本准确地画出组合体的三视图，并能对组合体的三视图进行基本准确地识读；能绘制简单相贯体的三视图	作图中不能依据点线面的投影规律正确作图；不能准确地画出各种截切体的三视图，不能准确地画出组合体的三视图，不能对组合体的三视图进行准确地识读；不能绘制简单相贯体的三视图

表 4-21　建筑制图Ⅰ课程教学单元设计

第 1 次课

知识建模图：

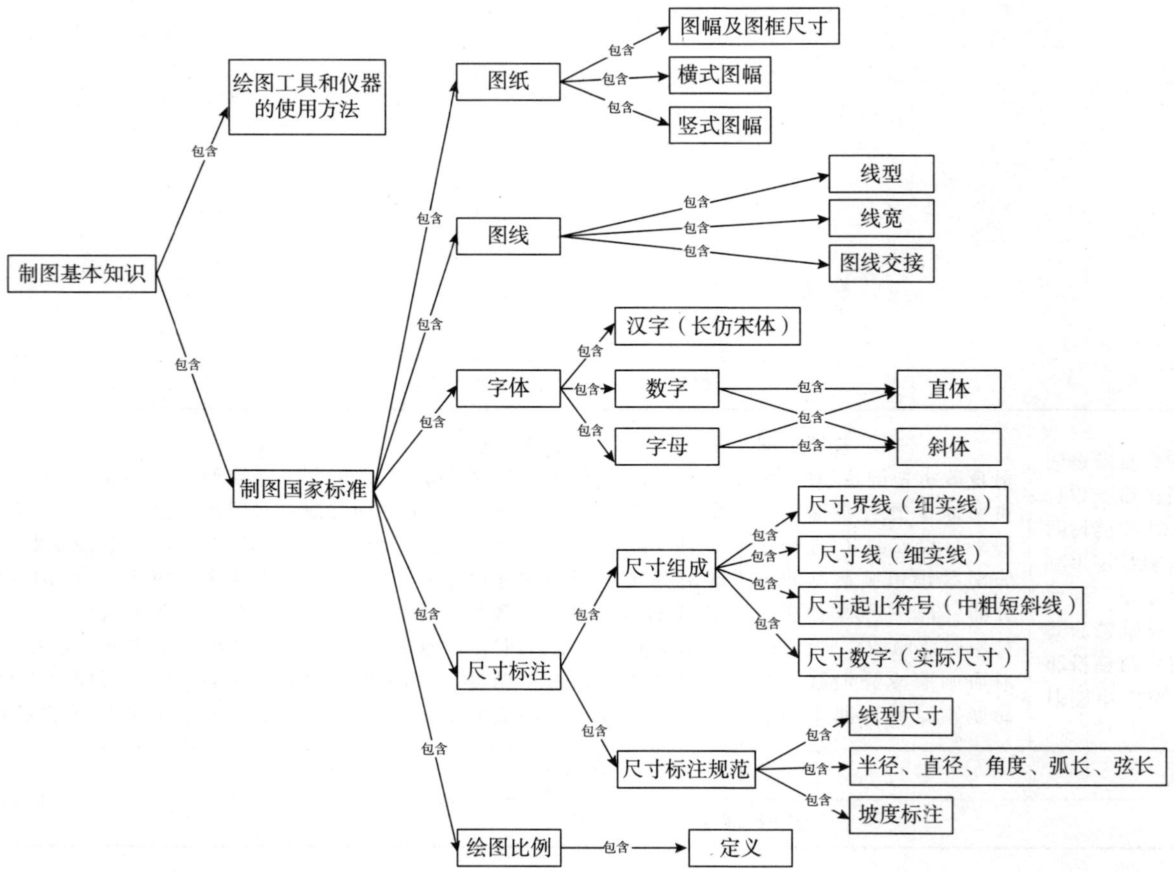

续表

学习目标	知识点(学习水平)			
	绘图工具和仪器的使用方法(运用)、图纸(记忆)、图线(理解、记忆、运用)、字体(运用)、尺寸标注(理解、运用)、绘图比例(理解)			
学习先行知识技能	知识点(学习水平)			
	无			
课上资源	土木工程制图教材、PPT	课下资源	大学慕课、微课视频	
课上时间	100 分钟	课下时间	120 分钟	
活动序列	活动的学习目标	时　间	学习资源	学习地点
活动 1	绘图工具和仪器的使用方法(运用)	课上 10 分钟	微课视频	课上+课下
		课下 10 分钟		
活动 2	工程图纸的图幅图框尺寸(记忆);横式图幅和竖式图幅的内容(记忆)	课上 10 分钟	微课视频	课上+课下
		课下 20 分钟		
活动 3	图线(理解、记忆、运用)	课上 25 分钟	微课视频	课上+课下
		课下 35 分钟		
活动 4	字体(记忆)	课上 10 分钟	微课视频	课上+课下
		课下 10 分钟		
活动 5	尺寸标注(理解、运用)	课上 30 分钟	微课视频	课上+课下
		课下 40 分钟		
活动 6	绘图比例(理解)	课上 5 分钟	微课视频	课上+课下
		课下 5 分钟		

续表

活动 1 知识建模图(课上+课下)： 绘图工具和仪器的使用方法			
活动目标	认识绘图工具和仪器,并掌握使用方法		
活动任务序列(任务一)			
任务一知识组块： 绘图工具和仪器的使用方法		任务描述	阅读课本、课件演示
		任务时长	10 分钟
		学习地点	课上+课下
师生交互过程	教师:提问、演示 学生:听讲、回答问题 学习方法:阅读标记法	师生具体行为	教师提问:绘图工具都有哪些？哪些是见过的？哪些是没见过的也不会使用的？ 根据具体回答,通过课件演示重点讲解学生没有见过且不会使用的绘图工具和仪器
学习资源	绘图工具和仪器实物		
活动 2 知识建模图(课上+课下)： 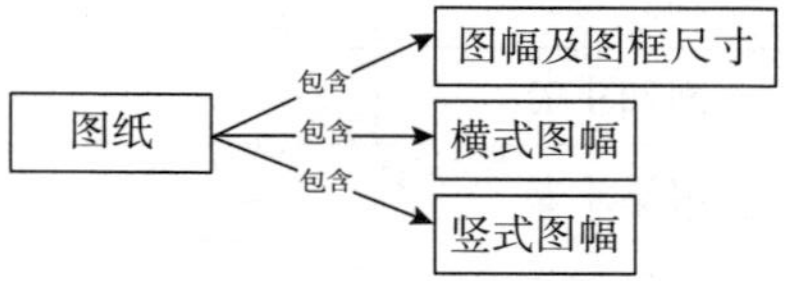 			
活动 2 任务序列(任务一)			
任务一知识组块： 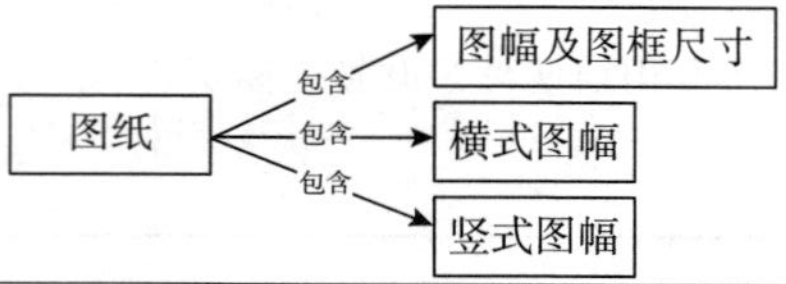 		任务描述	课件演示
		任务时长	10 分钟
		学习地点	课上+课下

续表

师生交互过程	教师：提问、陈述、演示 学生：听讲、回答问题 学习方法：阅读标记法	师生具体行为	教师提问：各知识点的内容 根据具体回答，通过课件演示讲解重要定义，联系实际进行补充
学习资源	图纸实物		
学习成果及评价标准	回答问题正确与否		

活动 3 知识建模图（课上＋课下）：

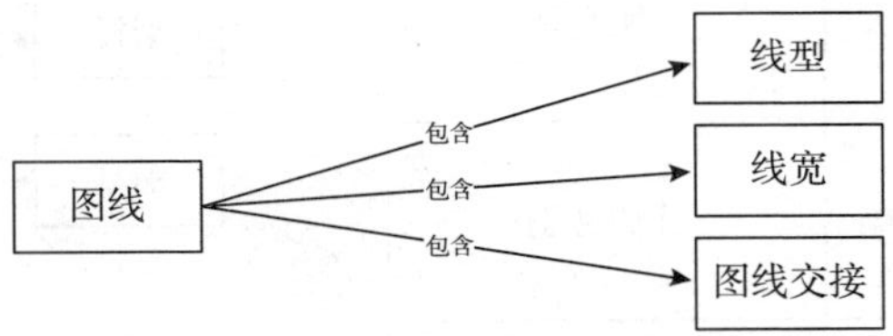

活动 3 任务序列（任务一）

任务一知识组块：

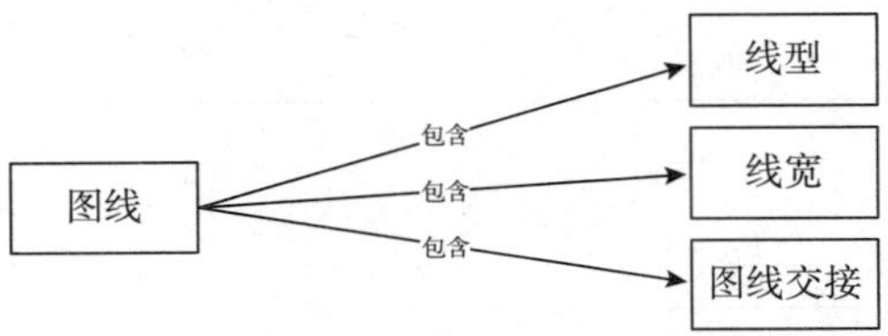

任务描述	课件演示
任务时长	25 分钟
学习地点	课上＋课下

师生交互过程	教师：提问、陈述、演示 学生：听讲、回答问题 学习方法：阅读标记法	师生具体行为	教师提问：各个知识点的内容 根据具体回答，通过课件范例讲解图线的应用
学习资源	课件范例		
学习成果及评价标准	回答问题正确与否		

续表

<table>
<tr><td colspan="4">活动 4 知识建模图(课上＋课下)：
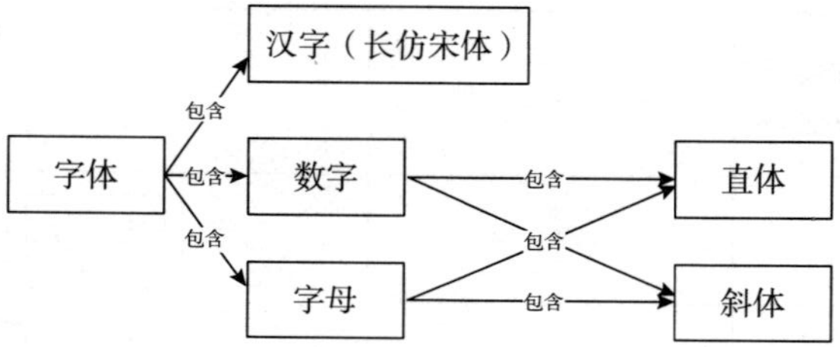</td></tr>
<tr><td colspan="4">活动 4 任务序列(任务一)</td></tr>
<tr><td colspan="2" rowspan="3">任务一知识组块：
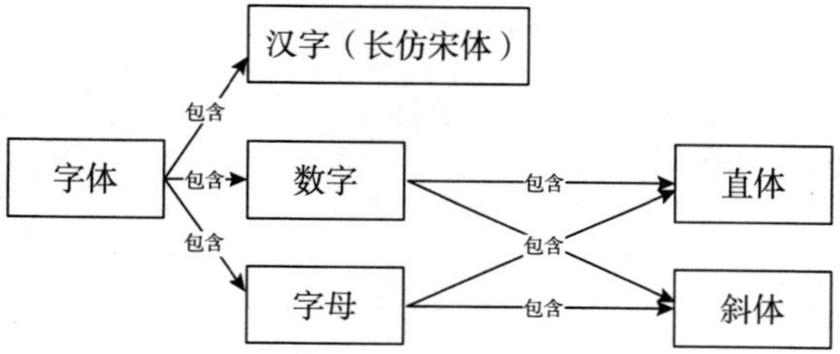</td><td>任务描述</td><td>课件演示</td></tr>
<tr><td>任务时长</td><td>10 分钟</td></tr>
<tr><td>学习地点</td><td>课上＋课下</td></tr>
<tr><td>师生交互过程</td><td>教师：提问、陈述、演示
学生：听讲、回答问题
学习方法：阅读标记法</td><td>师生具体行为</td><td>教师提问：各知识点的内容
根据具体回答，通过课件演示不同类型字体的书写要求</td></tr>
<tr><td>学习资源</td><td colspan="3">无</td></tr>
<tr><td>学习成果及评价标准</td><td colspan="3">回答问题正确与否</td></tr>
</table>

续表

活动 5 知识建模图(课上＋课下)：

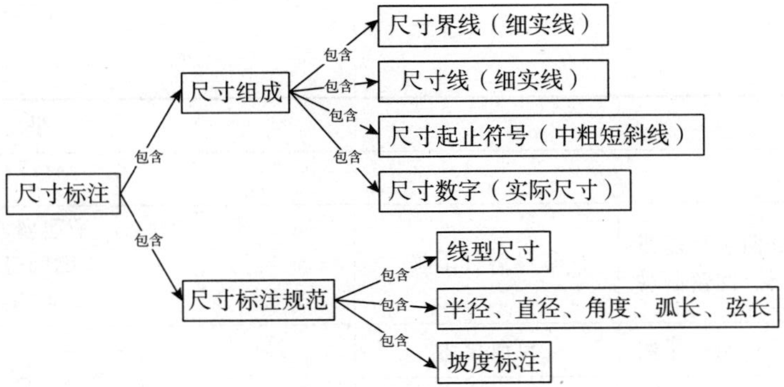

活动目标	尺寸标注的尺寸组成(记忆)、尺寸标注规范(理解)

活动 5 任务序列(任务一)

任务一知识组块：

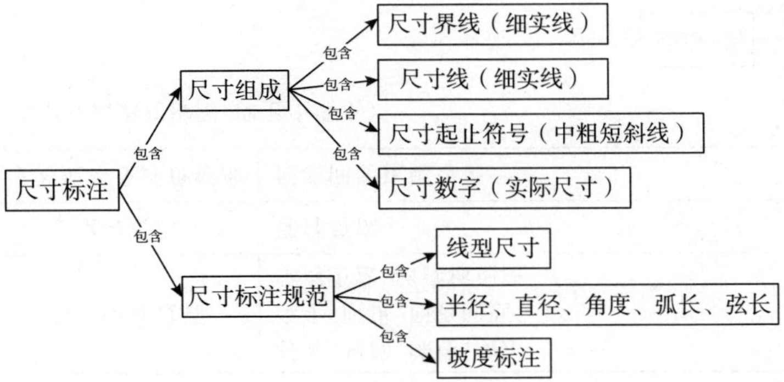

任务描述	课件演示
任务时长	30 分钟
学习地点	课上＋课下

续表

<table>
<tr><td>师生交互过程</td><td>教师：提问、陈述、演示
学生：听讲、回答问题
学习方法：阅读标记法</td><td>师生具体行为</td><td>教师提问：各知识点的内容
根据具体回答，通过课件范例演示尺寸标注的规范</td></tr>
<tr><td>学习资源</td><td colspan="3">课件范例</td></tr>
<tr><td>学习成果及评价标准</td><td colspan="3">回答问题正确与否</td></tr>
<tr><td colspan="4">活动 6 知识建模图(课上＋课下)：

</td></tr>
<tr><td>活动目标</td><td colspan="3">绘图比例的相关内容(理解、掌握)</td></tr>
<tr><td colspan="4">活动 6 任务序列(任务一)</td></tr>
<tr><td colspan="2" rowspan="3">任务一知识组块：
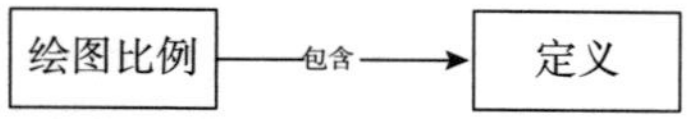
</td><td>任务描述</td><td>课件演示</td></tr>
<tr><td>任务时长</td><td>5 分钟</td></tr>
<tr><td>学习地点</td><td>课上＋课下</td></tr>
<tr><td>师生交互过程</td><td>教师：提问、陈述、演示
学生：听讲、回答问题
学习方法：阅读标记法</td><td>师生具体行为</td><td>教师提问：各知识点的内容
根据具体回答，通过课件范例讲解比例内容</td></tr>
<tr><td>学习资源</td><td colspan="3">课件范例</td></tr>
<tr><td>学习成果及评价标准</td><td colspan="3">回答问题正确与否</td></tr>
</table>

建筑结构抗震设计七个模块,详细知识模块体系如下。

(1) 基本设计规定模块:本模块主要学习建筑结构极限状态分类、承载能力极限状态实用设计方法、正常使用极限状态验算实用设计方法、耐久性设计。通过本模块的学习,学生应掌握结构设计一般原则,能运用结构实用设计表达式求解结构上的效应,掌握耐久性设计要求。

(2) 材料模块:本模块主要学习混凝土结构主要材料钢筋与混凝土的分类、力学性能、级别、黏结作用。通过本模块的学习,学生应掌握钢筋与混凝土材料的力学性能评价指标、分类与级别,能够正确选用材料,掌握钢筋的锚固和连接构造,以及钢筋构造要求。

(3) 混凝土构件承载能力极限状态计算模块:本模块主要学习受弯承载力计算、受剪承载力计算、受扭承载力计算、受压承载力计算。通过本模块的学习,学生应能够利用各类受力构件承载力设计原理进行构件承载力设计与校核,熟练掌握不同受力钢筋的部位、作用、构造。

(4) 混凝土构件正常使用极限状态验算模块:本模块主要学习受弯构件挠度与裂缝的验算。通过本模块的学习,学生应了解钢筋混凝土结构受弯构件的刚度特点,掌握钢筋混凝土受弯构件挠度验算方法与校核标准,掌握裂缝控制等级、裂缝宽度验算方法及校核标准。

(5) 梁板结构模块:本模块主要学习混凝土梁板结构(楼盖的设计)。通过本模块的学习,学生应掌握单向板与双向板的设计方法、配筋及构造。

(6) 砌体结构模块:本模块主要学习砌体结构材料分类、力学性能指标,受压构件承载力、稳定性设计,结构静力计算方案的选择。

(7) 建筑结构抗震设计模块:本模块主要学习建筑结构抗震设计准则,方法、抗震构造,通过本模块的学习,要求学生掌握建筑结构抗震设计原则,了解地震相关概念,熟悉混凝土结构、砌体结构抗震设计方法和构造要求。

这七大模块的知识对后续课程的支撑情况见表 4-22。

表 4-22 模块知识对后续项目化课程的支撑情况表

模块知识	支撑项目化课程的内容
基本设计规定	明确结构所处环境类别、混凝土构件保护层厚度取值
材料	结构材料的类型,强度级别;确定钢筋锚固、连接构造
混凝土构件承载能力极限状态计算	结构中不同构件受力的分析,正确识读基础、梁、柱结构施工图中的配筋形式,明确钢筋部位、作用,准确完成钢筋抽样
混凝土构件正常使用极限状态验算	构造钢筋布置

续表

模块知识	支撑项目化课程的内容
梁板结构	正确识读梁板结构施工图中配筋形式，明确钢筋的部位、作用，准确完成钢筋抽样
砌体结构	正确识读结构施工图中砌体结构材料的类别、强度等级、符号，构件的尺寸及构造
建筑结构抗震设计	正确确定结构抗震等级，正确识读结构施工图，明确结构抗震构造要求，如梁柱箍筋加密区范围的确定

3. 教学评价

本课程的教学评价机制立足终结性评价和过程性评价相结合，定性评价和定量评价相结合；关注个体差异，促进学生全面发展。整个评价机制将学生平时各阶段的课堂表现、作业成果、实践应用能力等作为课程考核的主要依据，具体见表 4-23。

表 4-23　课程目标考核与评价方式及成绩比例

评价内容	评价方法	评价标准
课堂出勤 5%	翻转校园	出勤得分=(实际出勤次数/考勤次数)×100×5%，请假 2 次计 1 次旷课，旷课 3 次直接评定不及格
线上学习 20%	MOOC	App 上显示的章节任务完成进度，以及学习次数、讨论次数、作业次数等统计情况
课堂表现 5%	课堂学习状态	积极参与课堂讨论、发言，每发言 1 次加 2 分，加满为止；不认真学习扣 2 分，扣完为止
课堂测验 10%	翻转校园	课堂测试，直接导出，取测试平均分
作业 20%	调研报告 5%	以小组为单位汇报，小组互评取平均分，评价标准：成果规范占 30%，内容科学占 40%，表达清晰、术语规范占 30%
	课后书面作业 5%	提交思维导图，课后书面作业，按实际次数和完成情况评分
	综合项目实践（楼盖设计）10%	结合规范分析案例。以小组为单位汇报，小组互评取平均分，评价标准：成果规范占 30%，内容科学占 40%，表达清晰术语规范占 30%
期末考试 40%	闭卷笔试	主观题笔答，测试卷附评分标准

4. 课程教学单元设计

建筑结构课程教学单元设计见表 4-24。

表 4-24　建筑结构课程教学单元设计

第 2 次课

知识建模图：

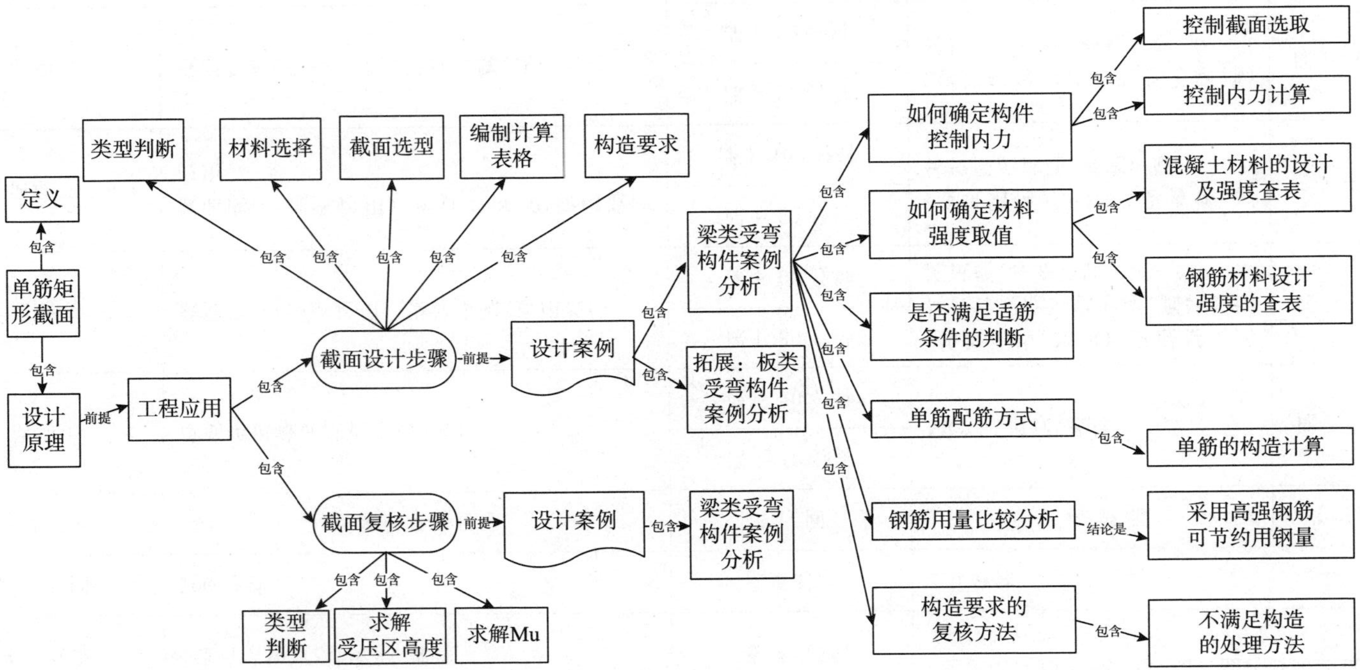

	知识点(学习水平)
学习目标	(1) 单筋矩形截面(理解)：仅在截面受拉区配置纵向受力钢筋的矩形截面 (2) 截面设计(理解、应用)：已知 M，求 As；控制截面和控制内力计算，材料和截面的选型，配筋设计计算与适用条件的判断，配筋构造要求复核 (3) 截面复核(理解、应用)：已知 As，求 $Mu(\geqslant M)$；求解截面受压区高度，判断适用条件，确定破坏类型，求解 Mu

续表

学习先决知识技能	知识点(学习水平)			
	设计原理:包括适筋梁正截面受力的三个阶段各自的特点及工程意义(理解、运用),等效矩形应力图形(理解运用),正截面抗弯承载力公式的建立与适用条件(理解、运用)			
课上资源	《建筑结构》设计案例、课件	课下资源	《建筑结构》MOOC、思考题、翻转校园测试题、补充习题	
课上时间	100 分钟	课下时间	200 分钟	
活动序列	任务的学习目标	时　间	学 习 资 源	学习地点
活动 1	单筋矩形截面的概念(理解)	课上 10 分钟 课下 20 分钟	MOOC 视频,教材	课上+课下
活动 2	截面设计(理解运用)、设计步骤、适用条件	课上 30 分钟 课下 30 分钟	《建筑结构》MOOC、《混凝土结构设计规范》、思考题、翻转校园测试题、补充习题	课上+课下
活动 3	截面设计(理解运用)、设计案例、配筋构造的应用	课上 30 分钟 课下 100 分钟	《建筑结构》MOOC、思考题、翻转校园测试题、补充习题	课上+课下
活动 4	截面复核(理解运用)、设计步骤、适用条件	课上 20 分钟 课下 20 分钟	《建筑结构》MOOC、思考题、翻转校园测试题、补充习题	课上+课下
活动 5	截面复核(理解运用)、设计案例	课上 10 分钟 课下 30 分钟	《建筑结构》MOOC、思考题、翻转校园测试题、补充习题	课上+课下

续表

活动 1 知识建模图：

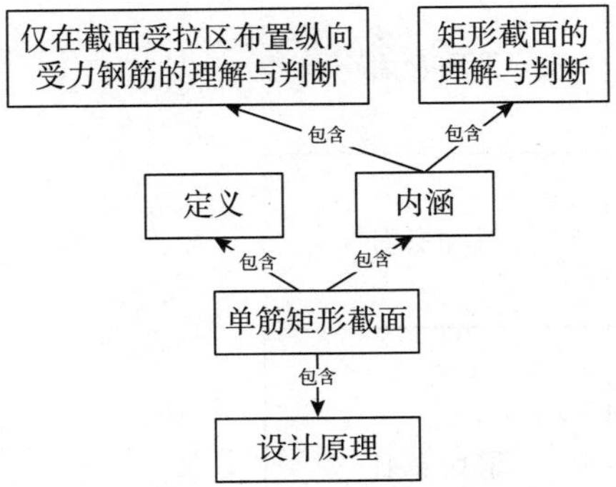

活动目标	明确单筋矩形截面的概念(理解)：仅在截面受拉区布置纵向受力钢筋的矩形截面，包括仅在截面受拉区布置纵向受力钢筋的理解与判断，矩形截面的理解与判断		
活动 1 任务序列(导入任务)			
师生交互过程	教师提问：受弯构件适筋梁的试验设计中，纯弯区段是怎样得到的 知识点：一矩形截面简支梁在梁截面的下部(受拉侧)配置纵向受力钢筋，采用三等分对称集中力加载方式，在梁跨中 1/3 的区段即为纯弯区段，该梁截面即为单筋矩形截面		
活动 1 任务序列(任务一)			
任务一知识组块： 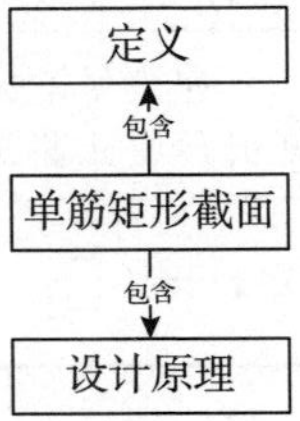	任务描述	教师布置学习任务，学生课下自主学习，初步认识单筋矩形截面	
	任务时长	20 分钟	
	学习地点	课下	

续表

<table>
<tr><td>教学方法
（或学习方法）</td><td colspan="3">□讲授　□小组讨论　□答疑　□实验　□实训　☑自主学习　□其他（请填写）________</td></tr>
<tr><td>师生交互过程</td><td colspan="3">教师布置课下学习任务，学生通过自主学习了解单筋矩形截面的要点 1：单筋指仅在截面受拉区布置纵向受力钢筋；要点 2：截面形式为矩形</td></tr>
<tr><td>学习资源</td><td colspan="3">（1）MOOC 学习视频
（2）教材 4.3 节图 4-5、4.5 节图 4-18
（3）翻转校园测验</td></tr>
<tr><td>学习成果及评价标准</td><td colspan="3">学习成果：
（1）观看 MOOC，提交学习进度截图（慕课平台记录学习时长和进度）
（2）学习教材 4.3 节图 4-5、4.5 节图 4-18，绘制单筋矩形截面配筋图，记录学习笔记
评价标准：完成学习任务，平时成绩+2 分；未完成学习任务，不得分</td></tr>
<tr><td colspan="4">活动 1 任务序列（任务二）</td></tr>
<tr><td colspan="2" rowspan="3">任务二知识组块：
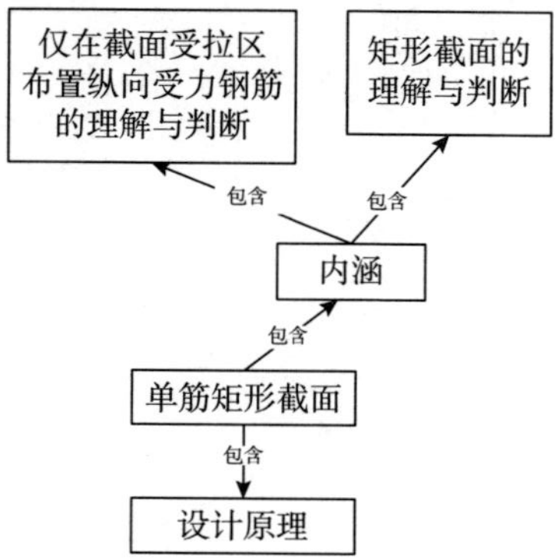
</td><td>任务描述</td><td>通过案例分析、小组讨论，深刻理解单筋矩形截面内涵</td></tr>
<tr><td>任务时长</td><td>10 分钟</td></tr>
<tr><td>学习地点</td><td>课上</td></tr>
<tr><td>教学方法
（或学习方法）</td><td colspan="3">□讲授　☑小组讨论　□答疑　□实验　□实训　□自主学习　□其他（请填写）________</td></tr>
</table>

续表

师生交互过程	教师给出均布荷载作用连续梁的内力图和简支梁的内力图，请学生根据已学习的单筋矩形截面定义知识进行讨论，判断分析支座截面和跨中截面受拉区的位置、受力纵筋的位置、截面形状和受压区的形状
学习资源	课件、案例
学习成果及评价标准	学习成果： (1) 通过学生小组讨论，绘出连续梁支座截面、简支梁跨中截面单筋矩形截面配筋图，比较分析受拉部位，受力筋位置，截面受压区形状 (2) 总结单筋矩形截面的内涵：截面受压区为矩形；截面受力钢筋仅布置在受拉区，而受拉区因构件受力类型不同，在截面的部位不同 评价标准：学生积极参与讨论，能够正确绘制不同部位梁截面配筋图，回答问题正确，平时成绩＋2 分；回答问题不完整，＋1 分；回答错误，不得分

活动 2 知识建模图：

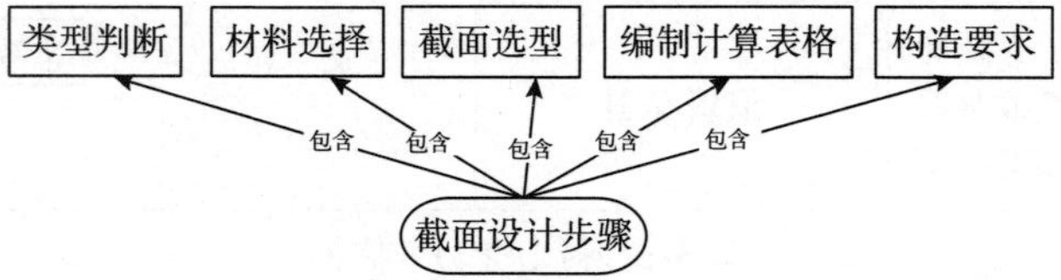

活动目标	截面设计步骤（运用）

活动 2 任务序列（导入任务）

师生交互过程	教师提问：工程中单筋矩形截面受弯构件的正向设计如何进行

活动 2 任务序列（任务一）

任务一知识组块：

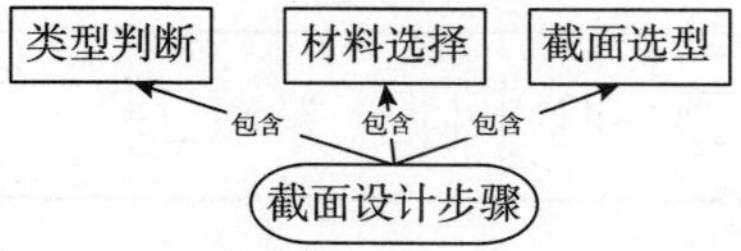

任务描述	教师布置学习任务，学生课下自主学习，掌握单筋矩形截面设计步骤中前三项的理论
任务时长	30 分钟
学习地点	课下

续表

<table>
<tr><td>教学方法
（或学习方法）</td><td colspan="3">□讲授　□小组讨论　☑答疑　□实验　□实训　☑自主学习　□其他（请填写）________</td></tr>
<tr><td>师生交互过程</td><td colspan="3">教师布置课下学习任务，学生自主学习，教师利用微信、电话等网络通信工具解答学生学习存在的问题</td></tr>
<tr><td>学习资源</td><td colspan="3">MOOC学习视频、教材截面设计相关内容</td></tr>
<tr><td>学习成果及评价标准</td><td colspan="3">学习成果：
（1）观看MOOC，提交学习进度截图（慕课平台记录学习时长和进度）
（2）学习教材4.5.3截面设计中材料选型、截面选型原则和方法的内容，记录学习笔记
评价标准：完成学习任务，平时成绩＋2分；未完成学习任务，不得分</td></tr>
<tr><td colspan="4">活动2任务序列（任务二）</td></tr>
<tr><td colspan="2" rowspan="3">任务二知识组块：
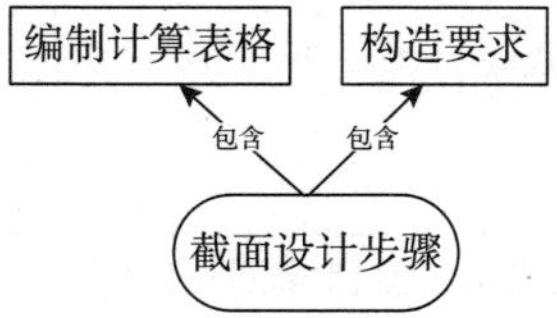
</td><td>任务描述</td><td>采用教师讲授、学生小组讨论，掌握单筋矩形截面设计步骤的核心环节：计算表格编制和配筋合理性的判断方法</td></tr>
<tr><td>任务时长</td><td>30分钟</td></tr>
<tr><td>学习地点</td><td>课上</td></tr>
<tr><td>教学方法
（或学习方法）</td><td colspan="3">☑讲授　☑小组讨论　□答疑　□实验　□实训　□自主学习　□其他（请填写）________</td></tr>
<tr><td>师生交互过程</td><td colspan="3">教师提问：
（1）单筋矩形截面承载力的计算公式是什么
（2）截面设计问题的核心是什么
（3）配筋应满足的要求是什么
学生思考、小组讨论，然后回答问题
教师板书：从方程中求解未知量的思路，推导编制计算表格，说明计算参数的意义，配筋计算合理性的判断方法，学生听讲</td></tr>
<tr><td>学习资源</td><td colspan="3">课件、教材、截面设计相关内容、规范</td></tr>
</table>

续表

学习成果及评价标准	学习成果：学生思考、小组讨论，然后回答问题 评价标准：回答问题正确，平时成绩+2 分；回答问题不完整，+1 分，回答错误，不得分

活动 3 知识建模图：

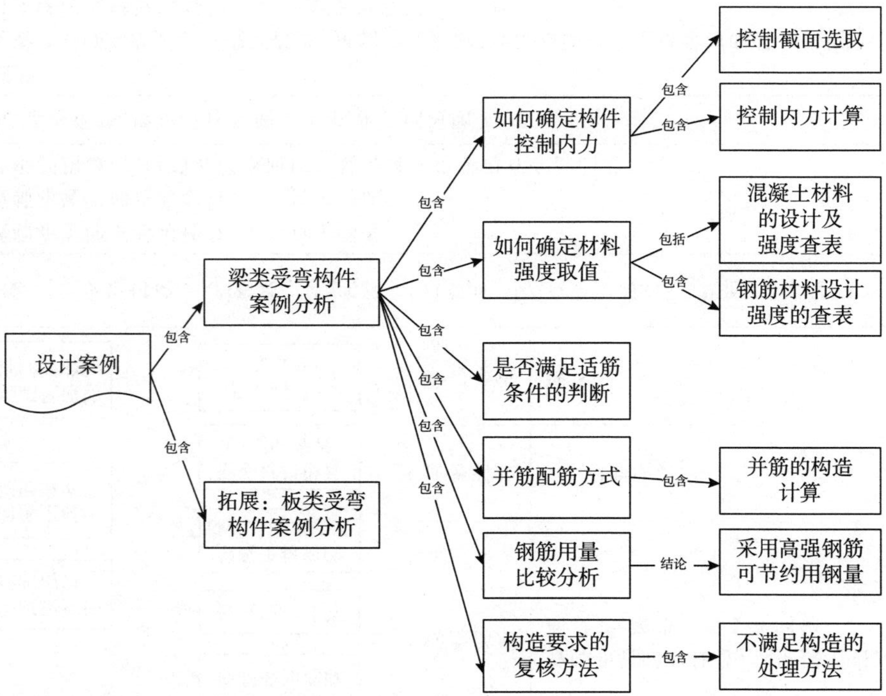

活动目标	单筋矩形截面设计(运用)
活动 3 任务序列(导入任务)	
师生交互过程	通过工程应用案例学习与分析，解决工程中单筋矩形截面正向设计的应用问题

续表

<table>
<tr><td colspan="3">活动 3 任务序列(任务一)</td></tr>
<tr><td rowspan="3">任务一知识组块：
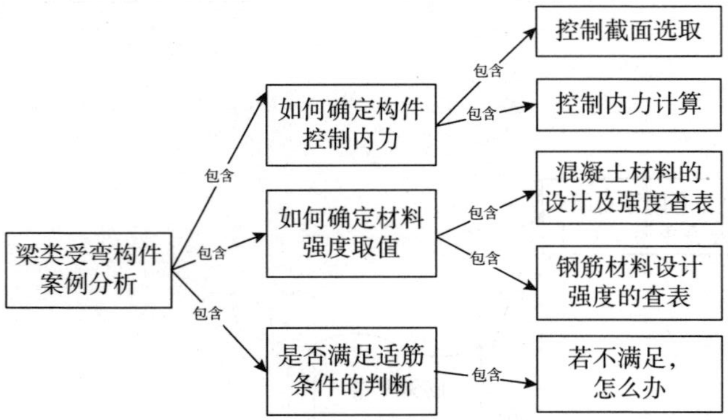
</td><td>任务描述</td><td>教师布置学习任务,学生课下自主学习,运用理论单筋矩形截面设计,解决一般工程问题</td></tr>
<tr><td>任务时长</td><td>100 分钟</td></tr>
<tr><td>学习地点</td><td>课下</td></tr>
<tr><td>教学方法
(或学习方法)</td><td colspan="2">□讲授　□小组讨论　☑答疑　□实验　☑实训　☑自主学习　□其他(请填写)________</td></tr>
<tr><td>师生交互过程</td><td colspan="2">(1) 教师布置课下学习任务,学生自主学习
(2) 教师布置实训练习题目,学生自主完成
(3) 教师利用微信、电话等网络通信工具解答学生学习存在的问题</td></tr>
<tr><td>学习资源</td><td colspan="2">MOOC 学习视频、教材设计案例 4.1、作业实训习题 4.27</td></tr>
<tr><td>学习成果及评价标准</td><td colspan="2">学习成果：
(1) 观看 MOOC,提交学习进度截图,完成设计案例学习(慕课平台记录学习时长和进度)
(2) 自主学习教材设计案例 4.1,记录学习笔记
(3) 自主完成作业实训习题 4.27,作业配筋设计方法、步骤正确完整,计算成果合理,即正确掌握了单筋矩形截面设计的运用
评价标准:完成学习任务 1、2,平时成绩+2 分;未完成,不得分。按时完成学习任务 3 并提交实训作业,设计方法、步骤正确完整,计算成果合理,该次作业得 A(5 分);计算方法正确,步骤不完整,计算结果正确,得 B(3 分);计算方法基本正确,步骤不完整,计算不准确,得 C(1 分);未完成,不得分(0 分)</td></tr>
</table>

续表

<table>
<tr><td colspan="3">活动 3 任务序列(任务二)</td></tr>
<tr><td rowspan="3">任务二知识组块：
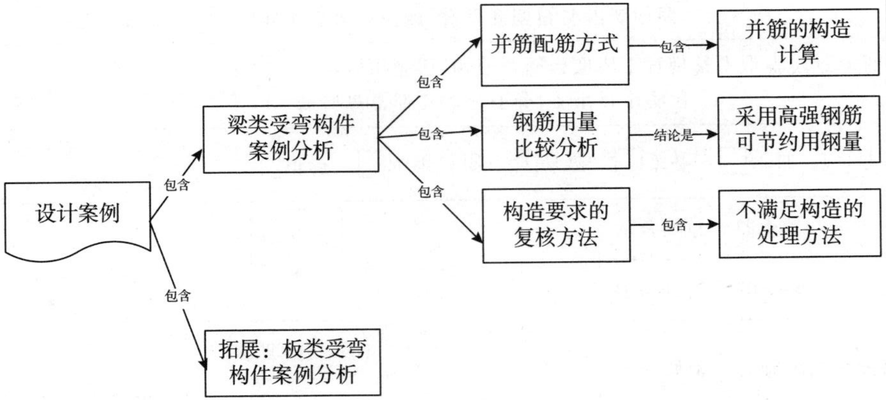
</td><td>任务描述</td><td>通过案例分析、小组讨论，灵活运用原理进行单筋矩形截面设计，解决特殊工程问题</td></tr>
<tr><td>任务时长</td><td>30 分钟</td></tr>
<tr><td>学习地点</td><td>课上</td></tr>
<tr><td>教学方法
(或学习方法)</td><td colspan="2">☑讲授　☑小组讨论　☐答疑　☐实验　☑实训　☐自主学习　☐其他(请填写)________</td></tr>
<tr><td>师生交互过程</td><td colspan="2">教师提问：如果无合适钢筋规格可选，该怎么处理？引导学生思考，分小组讨论，然后给出答案——可选择替代品种或直径的钢筋，即存在并筋形式，或改变钢筋强度级别的设计情况
教师讲解(案例分析)：并筋设计、钢筋用量比较分析及配筋构造的复核
实训：拓展板类受弯构件的正截面设计运用，小组讨论计算，汇报成果</td></tr>
<tr><td>学习资源</td><td colspan="2">课件、教材设计案例 4.4、规范、补充案例</td></tr>
<tr><td>学习成果及评价标准</td><td colspan="2">学习成果：小组讨论汇报实训计算成果，方法正确，计算合理，表示掌握了单筋矩形截面设计的工程应用
评价标准：积极参与讨论，回答问题正确，平时成绩＋2 分；回答问题不完整，＋1 分；回答错误，0 分</td></tr>
</table>

续表

活动 4 知识建模图：

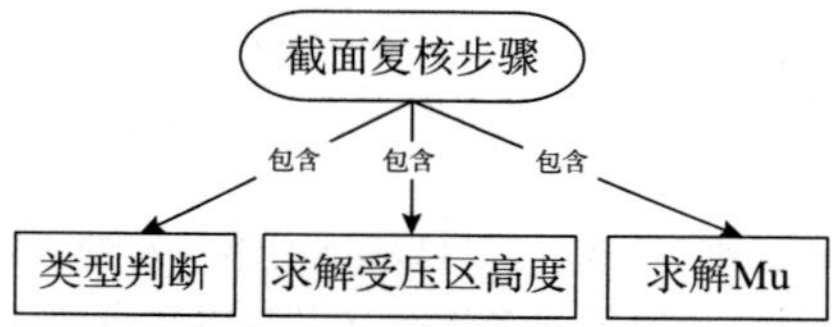

活动目标	截面复核步骤(理解)		
活动 4 任务序列(导入任务)			
师生交互过程	教师提问:工程中单筋矩形截面受弯构件的逆向设计如何进行		
活动 4 任务序列(任务一)			
任务一知识组块：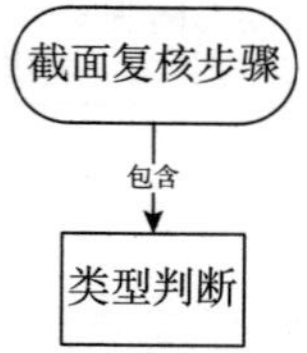		任务描述	教师布置学习任务,学生课下自主学习,掌握单筋矩形截面复核的理论
		任务时长	20 分钟
		学习地点	课下
教学方法 (或学习方法)	□讲授 □小组讨论 ☑答疑 □实验 □实训 ☑自主学习 □其他(请填写)________		
师生交互过程	(1) 教师布置课下学习任务,学生自主学习 (2) 教师利用微信、电话等网络通信工具解答学生学习存在的问题		
学习资源	MOOC 学习视频、教材截面设计相关内容		
学习成果及评价标准	学习成果: (1) 观看 MOOC,提交学习进度截图(慕课平台记录学习时长和进度) (2) 自主学习教材 4.5.3 截面复核的内容,记录学习笔记 评价标准:完成学习任务,平时成绩+2 分;未完成,不得分		

续表

<table>
<tr><td colspan="3">活动 4 任务序列(任务二)</td></tr>
<tr><td colspan="1" rowspan="3">任务二知识组块：
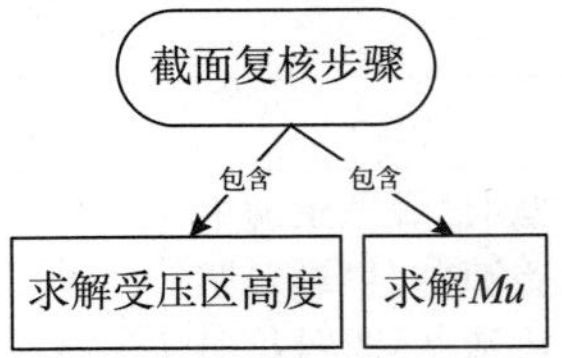</td><td>任务描述</td><td>教师讲授、学生小组讨论，掌握单筋矩形截面复核步骤中的核心环节——Mu 确定的判断方法</td></tr>
<tr><td>任务时长</td><td>20 分钟</td></tr>
<tr><td>学习地点</td><td>课上</td></tr>
<tr><td>教学方法
(或学习方法)</td><td colspan="2">☑讲授　☑小组讨论　□答疑　□实验　□实训　□自主学习　□其他(请填写)</td></tr>
<tr><td>师生交互过程</td><td colspan="2">教师提问：
(1) 单筋矩形截面承载力公式是针对哪种破坏形态建立的
(2) 截面复核问题的核心是什么
(3) 承载力的大小取决于谁
学生思考、小组讨论，然后回答问题
教师板书：从方程中求解未知量的思路，推导压区高度和极限弯矩的方法和公式，截面承载力是否满足要求的复核及判别</td></tr>
<tr><td>学习资源</td><td colspan="2">课件、教材设计案例、规范</td></tr>
<tr><td>学习成果及评价标准</td><td colspan="2">学习成果：学生思考、小组讨论，然后回答问题
评价标准：积极参与讨论，回答问题正确，平时成绩+2 分；回答问题不完整，+1 分；回答错误，0 分</td></tr>
<tr><td colspan="3">活动 5 知识建模图(课上、课下)：
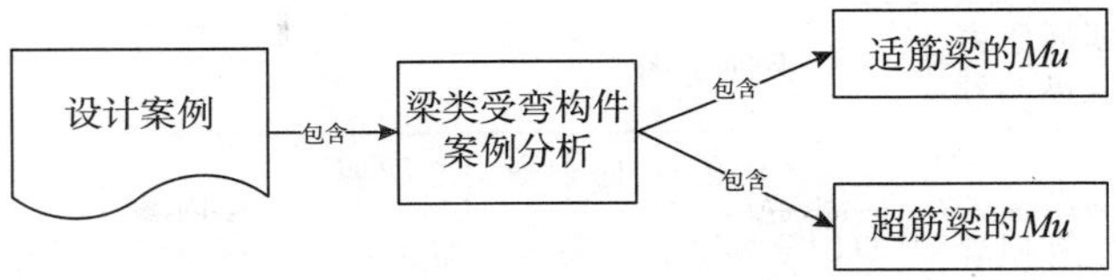</td></tr>
<tr><td>活动目标</td><td colspan="2">单筋矩形截面复核(运用)</td></tr>
</table>

续表

<table>
<tr><td colspan="4">活动 5 任务序列(导入任务)</td></tr>
<tr><td>师生交互过程</td><td colspan="3">通过工程应用案例的学习与分析,解决工程中单筋矩形截面逆向设计(截面复核)的应用</td></tr>
<tr><td colspan="4">活动 5 任务序列(任务一)</td></tr>
<tr><td colspan="2" rowspan="3">任务一知识组块:
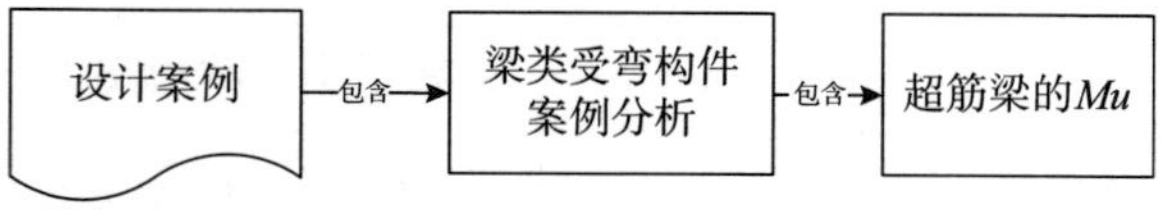
</td><td>任务描述</td><td>教师布置学习任务,学生课下自主学习,掌握单筋矩形截面复核与适筋梁复核的应用</td></tr>
<tr><td>任务时长</td><td>30 分钟</td></tr>
<tr><td>学习地点</td><td>课下</td></tr>
<tr><td>教学方法
(或学习方法)</td><td colspan="3">□讲授　□小组讨论　☑答疑　□实验　☑实训　☑自主学习　□其他(请填写)</td></tr>
<tr><td>师生交互过程</td><td colspan="3">(1) 教师布置课下学习任务,学生自主学习
(2) 教师布置实训练习题目,学生自主完成
(3) 教师利用微信、电话等网络通信工具解答学生学习存在的问题</td></tr>
<tr><td>学习资源</td><td colspan="3">MOOC 学习视频、教材设计案例 4.2、作业实训习题 4.25(1)(2)(3)</td></tr>
<tr><td>学习成果及评价标准</td><td colspan="3">学习成果:
(1) 观看 MOOC,提交学习进度截图,完成设计案例学习(慕课平台记录学习时长和进度)
(2) 自主学习教材设计案例 4.2,记录学习笔记
(3) 自主完成作业实训习题 4.27、4.25(1)(2),步骤正确完整,计算成果合理,即正确掌握了单筋矩形截面复核的运用
评价标准:完成学习任务 1 和 2,平时成绩+2 分;未完成,不得分。完成学习任务 3,按时提交实训作业,计算方法、步骤正确完整,计算成果合理,该次作业得 A(5 分);计算方法正确,步骤不完整,计算结果正确,得 B(3 分);计算方法基本正确,步骤不完整,计算不准确,得 C(1 分),未完成,不得分(0 分)</td></tr>
<tr><td colspan="4">活动 5 任务序列(任务二)</td></tr>
<tr><td colspan="2" rowspan="3">任务二知识组块:
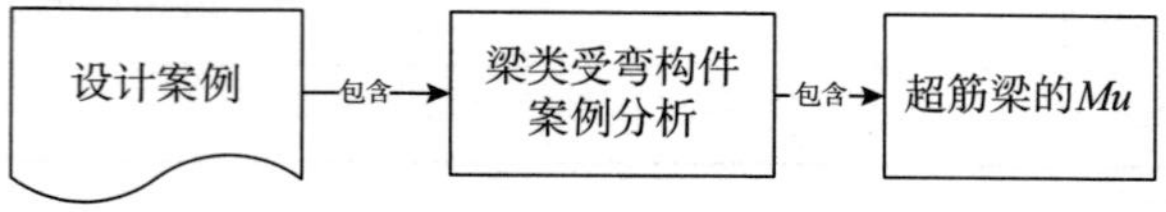
</td><td>任务描述</td><td>通过案例分析,教师讲授,小组讨论,深刻理解单筋矩形截面复核的本质是适筋</td></tr>
<tr><td>任务时长</td><td>10 分钟</td></tr>
<tr><td>学习地点</td><td>课上</td></tr>
</table>

续表

教学方法 (或学习方法)	☑讲授 ☑小组讨论 □答疑 □实验 ☑实训 □自主学习 □其他(请填写)________
师生交互过程	教师讲解: (1) 超筋梁的极限承载力取决于混凝土的界限受压区高度实训(5 分钟) (2) 超筋梁正截面复核运用(5 分钟),小组讨论计算,汇报成果
学习资源	课件、教材设计案例 4.3、作业实训习题 4.25(3)
学习成果及评价标准	学习成果:小组讨论汇报实训题目计算成果 评价标准:积极参与讨论,实训题目计算成果方法正确、结果合理,平时成绩+2 分;实训题目计算成果不完整或计算成果不准确,+1 分;回答错误 0 分

4.3.3　平法识图与钢筋算量课程教学设计

1. 课程简介

平法识图与钢筋算量是工程管理专业一门重要的专业基础课程，该课程的主要内容为混凝土结构平面整体表示方法与钢筋算量，主要培养学生对建筑结构空间的想象能力和图解能力，使学生掌握梁、柱、板、墙等典型构件制图规则与标准构造，初步掌握梁、柱、板、墙等典型构件的钢筋工程量计算方法，培养科学、严谨的工作态度。为后续的建筑工程计量与计价Ⅰ等项目化教学课程提供支撑。

2. 教学设计与实施

本课程计划改变原教学内容的编排顺序，将知识点以模块化、任务化的形式开展教学，加大学生课下学习时间，优化学习任务的设计，加大学习任务的数量，课上以老师答疑解惑、讲解重点、学生讨论为主，着力提高学习效果与学习效率。

1）框架梁

建筑云课线上学习内容：梁平法施工图制图规则（集中标注、原位标注）、框架梁纵向筋配筋构造、框架梁箍筋配筋构造等。

课下学习任务：某框架梁、屋面框架梁、非框架梁全部钢筋计算。

课上学习内容：以完成三类梁钢筋计算任务为目标，引导学生推出所需知识点，以思维导图的方式，引导学生将线上学习和课下学习所获的知识要点形成系列知识脉络。

2）框架柱

建筑云课线上学习内容：柱平法施工图制图规则（列表注写、截面注写方式）、框架柱纵向筋配筋构造、框架柱箍筋配筋构造等。

课下学习任务：某框架柱全部钢筋的计算。

课上学习内容：以完成框架柱全部钢筋的计算为任务目标，重点讲解非连接区、钢筋连接、箍筋计算等，引导学生以思维导图方式总结柱平法表示方法与构造要求要点。

3）有梁板

建筑云课线上学习内容：有梁板平法施工图制图规则、有梁板配筋构造等。

课下学习任务：某框架结构有梁板全部钢筋的计算。

课上学习内容：以完成有梁板底部受力筋、负弯矩钢筋、分布筋等钢筋计算任务为目标，将平面注写与传统注写方式做对比，重点讲解锚固、搭接和分布筋的构造与计算，引导学生把平面注写、板钢筋构造、计算要点等以思维导图方式总结出来。

4）剪力墙

建筑云课线上学习内容：剪力墙平法施工图制图规则、墙配筋构造等。

课下学习任务：某剪力墙结构主要构件钢筋的计算。

课上学习内容：重点讲解剪力墙柱、剪力墙梁、剪力墙身的构造要求与钢筋计算要点，引导学生把三类构件的知识要点以表格形式列出。

具体设计与实施方案见表 4-25（线上学习内容不计入课程学时）。

表 4-25　平法识图与钢筋算量课程设计与实施方案

模块	线上学习内容	课下学习任务	课上学习内容	学时分配（线上＋课下＋课上）/小时
基础知识	（1）建筑结构基本知识 （2）结构施工图基本知识 （3）钢筋基本知识	（1）建筑结构基本知识 （2）结构施工图基本知识 （3）钢筋基本知识	（1）课前测验（知识摸底） （2）答疑 （3）补充有关前沿知识 （4）重点解释钢筋端部弯钩增加值、施工下料长度与预算长度等差异，钢筋锚固的原理与确定方法，抗震等级与设防烈度等基本概念	1＋1＋2
梁	（1）梁平面注写制图规则（集中注写、原位注写） （2）抗震框架梁配筋构造	（1）梁平面注写制图规则（集中注写、原位注写） （2）抗震框架梁配筋构造 （3）抗震框架梁、抗震屋面框架梁、非框架梁钢筋计算（教师指定任务）	（1）课前测验（查看预习情况） （2）答疑 （3）根据作业提交情况和测验情况，梳理薄弱知识点，重点讲解端支座锚固、箍筋加密区设置、屋面框架梁构造 （4）引导学生将章节知识点串联，形成思维导图和知识脉络图 （5）对钢筋计算易错点分析，学生分组对量	2＋10＋8
柱	（1）柱平法注写制图规则（列表注写、截面注写） （2）抗震框架柱配筋构造	（1）柱平法注写制图规则（列表注写、截面注写） （2）抗震框架柱配筋构造 （3）某框架柱钢筋计算（教师指定任务）	（1）课前测验（查看预习情况） （2）根据作业提交情况和测验情况，梳理薄弱知识点，重点讲解非连接区、箍筋加密原则、基础内插筋等 （3）引导学生将章节知识点串联，形成思维导图知识脉络图 （4）对钢筋计算易错点进行分析，学生分组对量 （5）答疑	2＋8＋6
板	（1）板平法注写制图规则 （2）有梁板配筋构造	（1）板平法注写制图规则 （2）有梁板配筋构造 （3）某有梁板钢筋计算（教师指定任务）	（1）课前测验（查看预习情况） （2）根据作业提交情况和测验情况，梳理薄弱知识点，重点讲解 （3）引导学生将章节知识点串联，形成思维导图知识脉络图 （4）楼板配筋传统表示方法 （5）学生分组对量、答疑	2＋6＋6

续表

模块	线上学习内容	课下学习任务	课上学习内容	学时分配（线上＋课下＋课上）/小时
墙	(1) 剪力墙平法注写制图规则 (2) 剪力墙配筋构造	(1) 剪力墙平法注写制图规则 (2) 剪力墙配筋构造 (3) 某剪力墙钢筋计算（教师指定任务）	(1) 课前测验（查看预习情况） (2) 根据作业提交情况和测验情况，梳理薄弱知识点，重点讲解几类剪力墙柱、剪力墙梁受力原理与配筋构造 (3) 引导学生将章节知识点串联，形成思维导图知识脉络图 (4) 地下室外墙配筋表示方法、剪力墙身钢筋计算 (5) 学生分组对量、答疑	2＋12＋8
总结		准备分组汇报	目标任务完成情况总评、知识脉络总析、学习总结汇报	0＋4＋2

3. 教学评价

本课程成绩评定依据平时（作业、线上学习）、期末考试成绩等进行。期末考试成绩占总评成绩的60%，平时成绩占总评成绩的40%（含作业20%，线上学习20%）。具体见表4-26。

表4-26 课程目标考核与评价方式及成绩比例

序号	课程目标	毕业要求指标点	考核与评价方式			成绩比例/%
			作业	线上学习	考试	
1	熟悉钢筋混凝土结构施工图基本组成，熟悉混凝土结构梁、柱、板、墙等构件受力原理；掌握钢筋类型与表示方法；掌熟悉钢筋连接方式、弯钩，混凝土保护层等基本概念	1.3	—	5	10	15
2	掌握钢筋混凝土结构梁、柱、板、墙等构件的平面整体表示方法和制图规则；熟悉钢筋混凝土结构梁、柱、板、墙等基本构件的构造要求	2.2	—	10	20	30
3	掌握钢筋混凝土结构梁、柱、板、墙等基本构件钢筋的计算方法	3.2	20	5	30	55
合计		3个	20	20	60	100

4. 课程教学单元设计

平法识图与钢筋算量课程教学单元设计见表4-27。

表 4-27 平法识图与钢筋算量课程教学单元设计

第 1 次课
知识建模图：

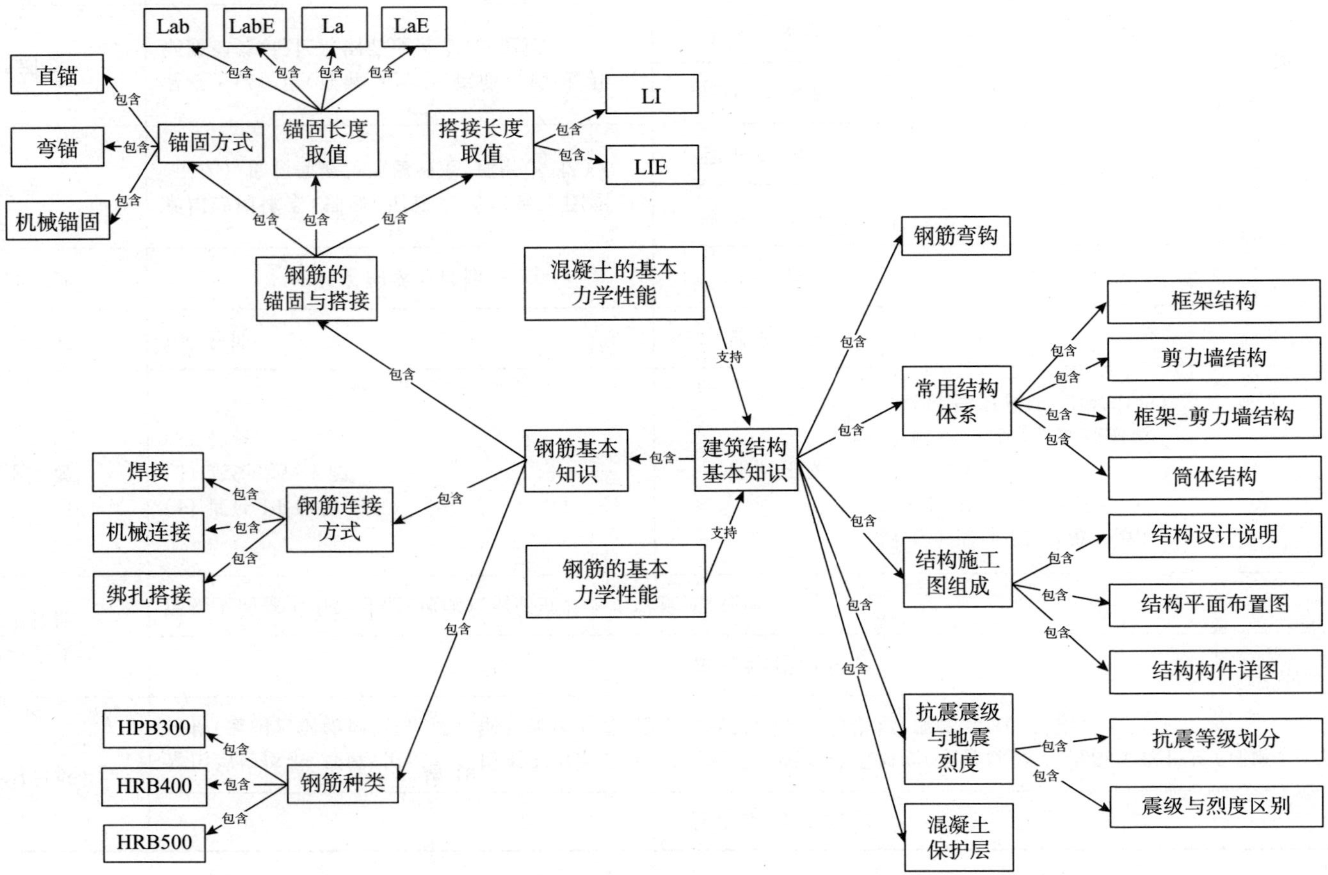

续表

学习目标	知识点(学习水平)			
	常用结构体系(理解、记忆)、结构施工图组成(记忆)、抗震等级与地震烈度(理解、记忆)、混凝土保护层(理解、记忆)、钢筋弯钩(运用)、钢筋种类(记忆)、钢筋连接方式(记忆)、钢筋的锚固与搭接(理解、记忆、运用)			
学习先决知识技能	知识点(学习水平)			
	混凝土的基本力学性能(理解)、钢筋的基本力学性能(理解)			
课上资源	(1) 课件 PPT(第一章) (2) 某结构施工图 (3) 教材	课下资源	(1) 课件 PPT(第一章) (2) 某结构施工图 (3) 教材 (4) 22G101-1 标准图集 (5) 学习视频(学习中心)	
课上时间	100 分钟	课下时间	180 分钟	
活动序列	任务的学习目标	时　间	学 习 资 源	学习地点
活动 1	常用结构体系(理解、记忆)、结构施工图组成(记忆)、抗震等级与地震烈度(理解、记忆)	课上 60 分钟 课下 60 分钟	(1) 课件 PPT(第一章) (2) 某结构施工图 (3) 教材 (4) 22G101-1 标准图集 (5) 学习视频(学习中心)	课上＋课下
活动 2	混凝土保护层(理解、记忆)、钢筋弯钩(运用)、钢筋种类(记忆)、钢筋连接方式(记忆)	课上 20 分钟 课下 0 分钟		课上
活动 3	钢筋的锚固与搭接(理解、记忆、运用)	课上 20 分钟 课下 100 分钟		课上＋课下

续表

活动 1 知识建模图(课上、课下):

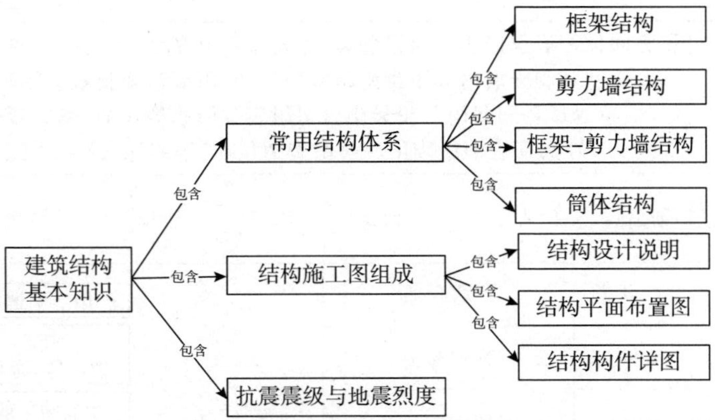

活动目标	常用结构体系(框架结构、剪力墙结构、框架剪力墙结构、筒体结构)(记忆)、结构施工图组成(记忆)、结构设计说明(记忆)、结构平面布置图(记忆)、结构构件详图(理解、运用)、抗震等级与地震烈度(理解、记忆)
活动 1 任务序列(导入任务)	
师生交互过程	通过随机提问方式,了解学生对钢筋混凝土梁、柱、板、墙等基本构件的基本力学性能的掌握情况,以及学生对钢筋的力学性能的掌握情况 引出问题:混凝土和钢筋两种材料的力学性能特点完全不同,这两种材料共同作用的出发点(原因)是什么
活动 1 任务序列(任务一)	

任务一知识组块:

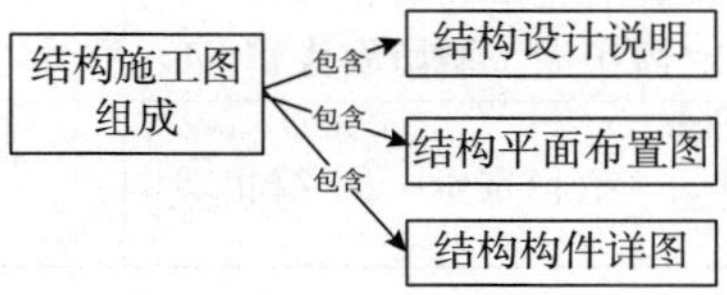

任务描述	通过讲授与个别提问,使学生掌握结构施工图的组成,了解结构设计说明、结构平面布置图和结构构件详图包含的主要内容
任务时长	25 分钟
学习地点	课上

续表

教学方法 （或学习方法）	☑讲授　□小组讨论　□答疑　□实验　□实训　□自主学习　□其他（请填写）________
师生交互过程	（1）以某结构施工图为例，引导学生翻看、总结结构施工图的组成部分有哪些 （2）教师讲授结构设计说明、结构平面布置图、结构构件详图包含的主要内容 （3）提出问题：结构设计说明、结构平面布置图、构件详图三部分内容的关系是什么 （4）学生通过讨论、查阅手机等方式给出答案，教师根据学生回答情况对问题进行归纳
学习资源	（1）课件 PPT（第一章） （2）某结构施工图 （3）教材

活动 1 任务序列（任务二）

任务二知识组块：

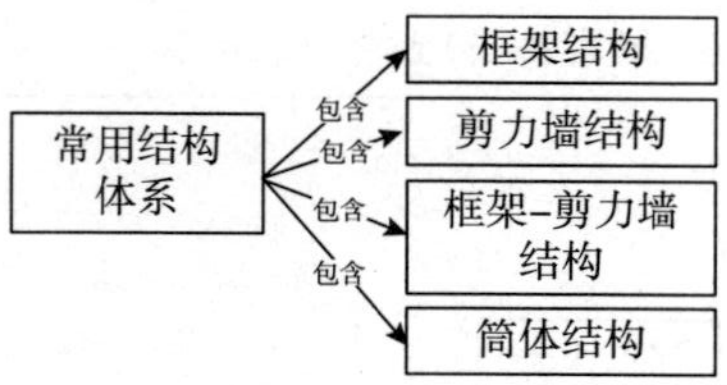

任务描述	通过讲授与个别提问，使学生掌握常用结构体系，了解框架结构、剪力墙结构、框架-剪力墙结构、筒体结构的特点与优缺点
任务时长	25 分钟
学习地点	课上

教学方法 （或学习方法）	☑讲授　☑小组讨论　□答疑　□实验　□实训　□自主学习　□其他（请填写）________
师生交互过程	（1）教师展示 PPT，介绍框架结构、剪力墙结构等常用结构体系的特点 （2）教师讲授框架结构、剪力墙结构等结构体系中各拆分构件的受力特点 （3）提出问题：讨论并分析框架结构、剪力墙结构等集中结构体系的异同 （4）学生通过讨论、查阅手机等方式给出答案，教师根据学生回答情况对问题进行归纳
学习资源	（1）课件 PPT（第一章） （2）某结构施工图 （3）教材

续表

<table>
<tr><td colspan="3">活动 1 任务序列(任务三)</td></tr>
<tr><td rowspan="3">任务三知识组块：
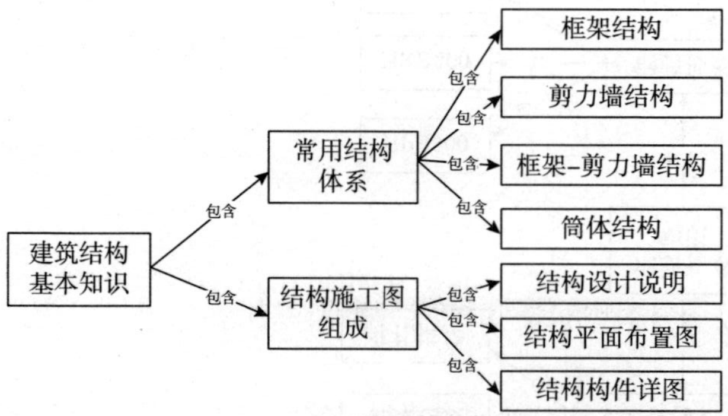</td><td>任务描述</td><td>通过自主学习，了解常用结构体系、结构施工图组成情况</td></tr>
<tr><td>任务时长</td><td>60 分钟</td></tr>
<tr><td>学习地点</td><td>课下</td></tr>
<tr><td>教学方法
(或学习方法)</td><td colspan="2">□讲授　□小组讨论　□答疑　□实验　□实训　☑自主学习　□其他(请填写)________</td></tr>
<tr><td>师生交互过程</td><td colspan="2">(1) 教师提前在学习中心发布学习视频和测试题
(2) 学生自主学习视频内容
(3) 学生自主完成测试题</td></tr>
<tr><td>学习资源</td><td colspan="2">(1) 课件 PPT(第一章)
(2) 某结构施工图
(3) 教材</td></tr>
<tr><td colspan="3">活动 1 任务序列(任务四)</td></tr>
<tr><td rowspan="3">任务四知识组块：
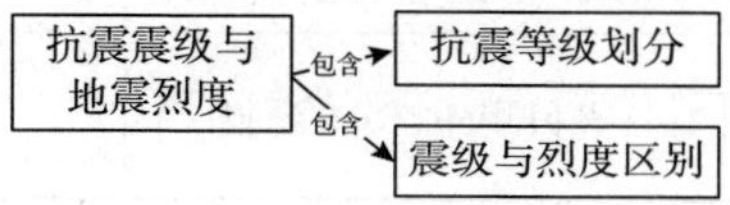</td><td>任务描述</td><td>通过讲授与个别提问，使学生掌握地震等级、抗震等级、抗震设防烈度的区别与联系，了解抗震等级在结构设计中的作用</td></tr>
<tr><td>任务时长</td><td>10 分钟</td></tr>
<tr><td>学习地点</td><td>课上</td></tr>
</table>

续表

教学方法 （或学习方法）	☑讲授　☑小组讨论　□答疑　□实验　□实训　□自主学习　□其他（请填写）________
师生交互过程	（1）教师展示 PPT，介绍地震等级、烈度的区别 （2）教师通过生活中的实例，提出问题：同一次地震，不同位置的烈度不同，那么在结构设计中，应以震级还是烈度来进行抗震设计呢？生活中常说的某建筑能抗八级地震，这种说法是否正确 （3）学生就老师提出的问题进行讨论 （4）教师总结，指出“生活常识”与“专业知识”的不同
学习资源	（1）课件 PPT（第一章） （2）教材

活动 2 知识建模图（课上、课下）：

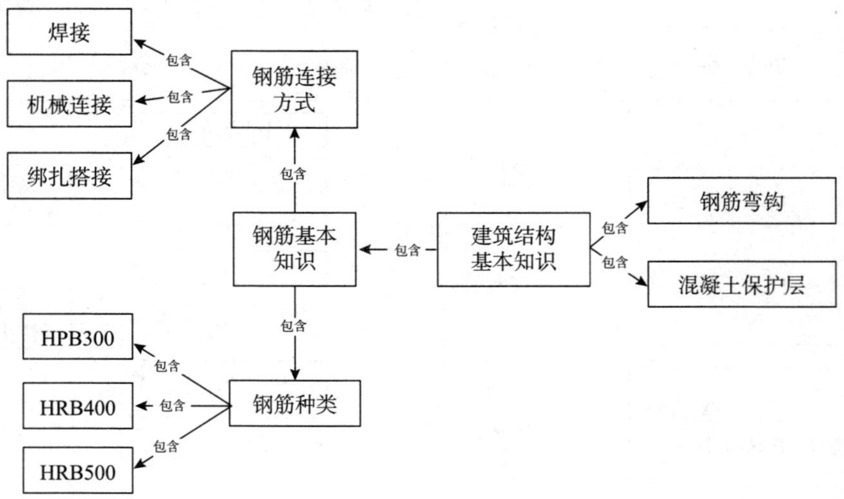

活动目标	混凝土保护层（理解、记忆）、钢筋弯钩（运用）、钢筋种类（记忆）、钢筋连接方式（记忆）

续表

<table>
<tr><td colspan="3">活动 2 任务序列(任务一)</td></tr>
<tr><td rowspan="3">任务一知识组块:
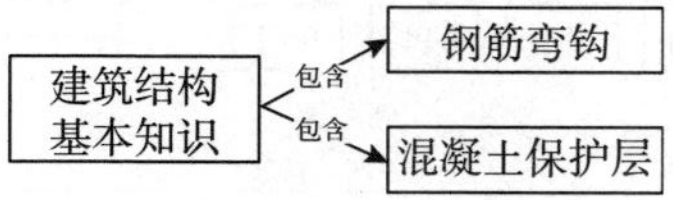</td><td>任务描述</td><td>通过实例讲解与分组讨论,使学生了解混凝土保护层设置的原则,掌握基本构件保护层设置的最小要求;了解钢筋设置弯钩的原因和作用原理,掌握135°弯钩和180°弯钩的长度计算方法</td></tr>
<tr><td>任务时长</td><td>10 分钟</td></tr>
<tr><td>学习地点</td><td>课上</td></tr>
<tr><td>教学方法
(或学习方法)</td><td colspan="2">☑讲授 □小组讨论 □答疑 □实验 □实训 □自主学习 □其他(请填写)________</td></tr>
<tr><td>师生交互过程</td><td colspan="2">(1) 教师提问:钢筋混凝土构件为什么要设置保护层? 钢筋为什么要设置弯钩? 什么情况下要设弯钩
(2) 学生分组讨论
(3) 教师根据学生回答情况进行总结,归纳问题要点
(4) 学生阅读给定结构施工图,找出图中各类构件的混凝土保护层厚度分别是多少</td></tr>
<tr><td>学习资源</td><td colspan="2">(1) 课件 PPT(第一章)
(2) 某结构施工图
(3) 教材</td></tr>
<tr><td colspan="3">活动 2 任务序列(任务二)</td></tr>
<tr><td rowspan="3">任务二知识组块:
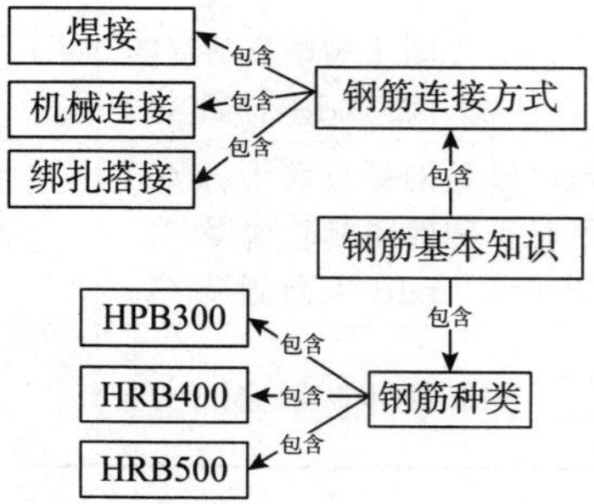</td><td>任务描述</td><td>通过讲授与个别提问,使学生掌握常用的钢筋连接方式、钢筋种类及表示方法</td></tr>
<tr><td>任务时长</td><td>10 分钟</td></tr>
<tr><td>学习地点</td><td>课上</td></tr>
</table>

续表

教学方法 （或学习方法）	☑讲授　☑小组讨论　□答疑　□实验　□实训　□自主学习　□其他(请填写)________
师生交互过程	(1) 教师展示 PPT,介绍常用钢筋的种类与特点,重点讲解钢筋的表示方法 (2) 教师讲解钢筋的三种连接方式及各自特点 (3) 学生通过查阅资料,总结三种连接方式的适用条件
学习资源	(1) 课件 PPT(第一章) (2) 某结构施工图 (3) 教材

活动 3 知识建模图(课上、课下):

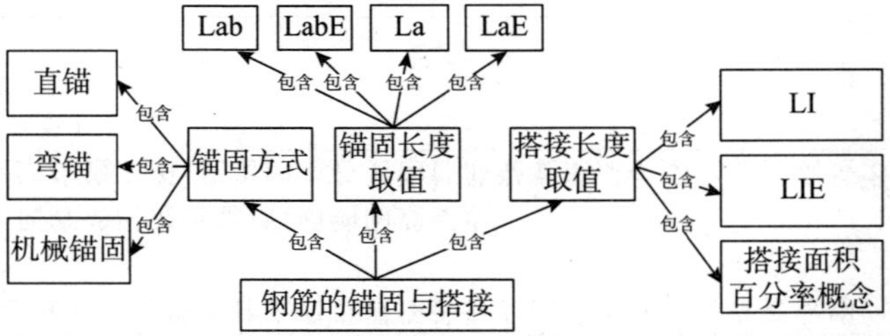

活动目标	钢筋的锚固方式(理解、记忆)、锚固长度取值(记忆)、搭接长度取值(记忆)

活动 3 任务序列(任务一)

任务一知识组块:

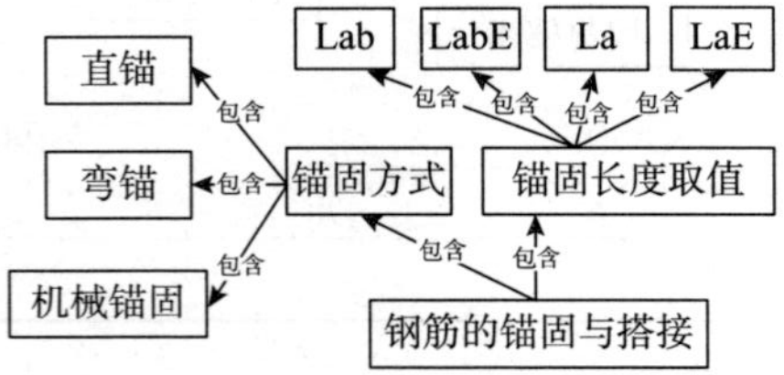

任务描述	通过实例讲解与分组讨论,使学生了解钢筋锚固长度的定义和锚固方式;了解锚固长度的确定原则,掌握锚固长度查表和计算方法
任务时长	15 分钟
学习地点	课上

续表

教学方法（或学习方法）	☑讲授 ☑小组讨论 □答疑 □实验 □实训 □自主学习 □其他（请填写）________
师生交互过程	(1) 教师提问：钢筋的锚固有什么作用？钢筋锚固与生活中的哪类现象相似 (2) 学生分组讨论：弯锚与直锚原理的相同与不同之处 (3) 教师讲解三种锚固方式的适用条件 (4) 教师讲解 Lab、LabE、La、LaE 四个锚固长度的概念与联系 (5) 教师给定例题，学生根据已知条件查表计算 Lab、LabE、La、LaE 取值
学习资源	(1) 课件 PPT（第一章） (2) 某结构施工图 (3) 教材

活动 3 任务序列（任务二）

任务二知识组块：

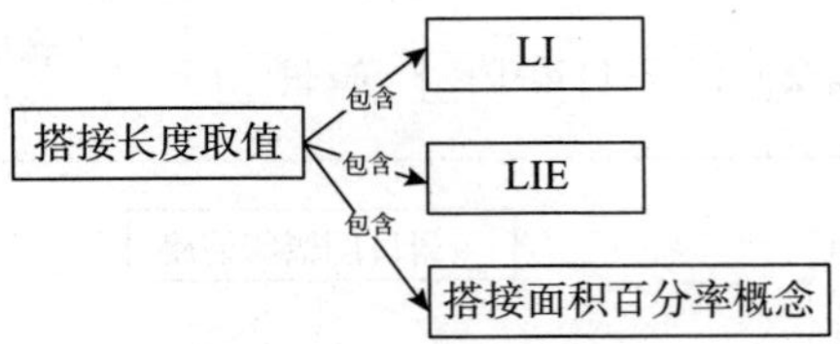

任务描述	通过教师讲授与实例讲解，使学生掌握钢筋搭接长度查表与计算方法，了解搭接面积百分率概念
任务时长	5 分钟
学习地点	课上

教学方法（或学习方法）	☑讲授 ☑小组讨论 □答疑 □实验 □实训 □自主学习 □其他（请填写）________
师生交互过程	(1) 教师展示 PPT，介绍钢筋搭接长度的概念、查表与计算方法 (2) 学生完成教师给定的例题，查表计算钢筋搭接长度
学习资源	(1) 课件 PPT（第一章） (2) 某结构施工图 (3) 教材

续表

<table>
<tr><td colspan="3">活动 3 任务序列(任务三)</td></tr>
<tr><td rowspan="3">任务三知识组块：
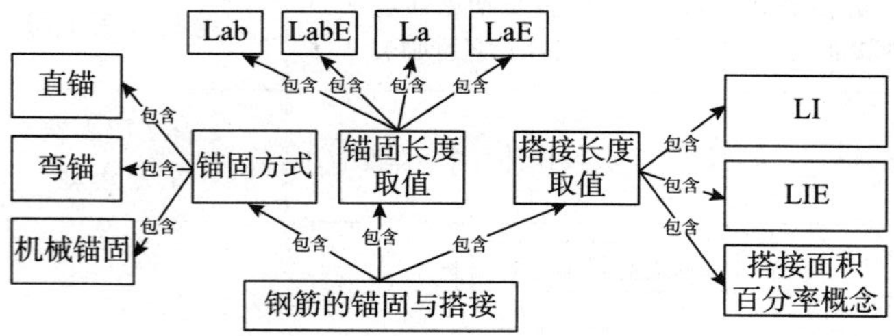</td><td>任务描述</td><td>学生通过自主学习，了解钢筋的锚固长度、搭接长度的基本概念，钢筋锚固长度如何取值，四个锚固长度相关概念之间的联系，钢筋搭接长度与搭接面积百分率的基本概念</td></tr>
<tr><td>任务时长</td><td>100 分钟</td></tr>
<tr><td>学习地点</td><td>课下</td></tr>
<tr><td>教学方法
（或学习方法）</td><td colspan="2">□讲授　□小组讨论　□答疑　□实验　□实训　☑自主学习　□其他(请填写)________</td></tr>
<tr><td>师生交互过程</td><td colspan="2">(1) 教师通过学习中心发布学习任务、学习视频
(2) 学生课下通过看视频、查阅资料、互相讨论等方式自主学习，完成教师布置的学习任务</td></tr>
<tr><td>学习资源</td><td colspan="2">(1) 课件 PPT(第一章)
(2) 某结构施工图
(3) 学习中心学习视频
(4) 教材
(5) 22G101-1 标准图集</td></tr>
<tr><td>学习成果及评价标准</td><td colspan="2">学习成果：
(1) 能根据给定条件，通过查表、计算，计算钢筋的锚固长度(Lab、LabE、La、LaE)
(2) 能根据给定条件，通过查表、计算，计算钢筋的搭接长度
(3) 熟悉钢筋的种类、表示方法、连接方式，以及结构施工图各部分的内容
评价标准：
(1) 能准确完成给定例题的锚固长度、搭接长度的计算，根据计算完成的准确程度按 0～100 分由系统自动判定
(2) 能完成钢筋基本知识、结构施工图基本知识的测验题，根据计算完成准确程度按 0～100 分由系统自动判定</td></tr>
</table>

4.3.4 房屋建筑学课程教学设计

1. 课程简介

房屋建筑学是工程管理专业开设的一门专业必修课，是一门理论性、实践性都较强的课程。通过本课程的学习可以使学生了解房屋各组成部分的要求及一般房屋建筑设计原理；掌握房屋构造的基本理论，能够选择合理的构造方案进行构造设计；熟练识读一般的工业与民用建筑施工图纸，有效处理建筑中的构造问题，合理地组织和指导施工，使其满足设计要求；能按照设计意图绘制一般的建筑施工图。在课程学习的过程中，教师注意培养学生认真细心严谨负责的工作作风和态度。

2. 教学设计与实施

本课程实施了“单元知识系统化、教学过程工作化、学习过程任务书化、学习评价标准化”的教学改革，在教学内容和教学方法上实施了“教、学、做一体化”的教学模式，实现线上线下混合式教学。在学时分配上，本课程理论课为40学时，课下线上学习为80学时以上。

1）线上教学设计

本课程线上教学环节使用翻转校园、广联达建筑云课以及中国大学MOOC“房屋建筑学”在线开放课程（国家级在线开放课程）。这些课程资源丰富，翻转校园提供了课程课件、教案、电子教材、随堂测验、建筑、构造设计工程实例等；建筑云课、中国大学慕课在线开放课程提供了教学课件、教学视频、结构构件演示动画、单元测试、期末测试、实践项目视频、实践项目考核测试、讨论区、作业区等。

课前，教师通过翻转校园发布单元预习要求与任务，学生通过建筑云课、中国大学MOOC“房屋建筑学”在线开放课程提供的教学视频、教学课件等进行线上自主学习；课中，教师线下围绕“八大知识单元”和“四大实践任务”的具体教学目标，开展系统化、工作化、任务化、标准化的教学；课后，教师通过翻转校园进行随堂测验，通过在线开放课程线上布置作业、考核测试和讨论，学生自我反思，通过课程讨论区深度讨论与交流，并上交的各模块对应的构件设计方案、构件详图及“四大实践任务”的绘图成果，由教师答疑指导与反馈学生的学习成果。

2）线下教学设计

本课程线下教学环节围绕“八大知识单元”和“四大实践任务”进行，突出系统化、工作化、任务化、标准化的教学学习方法，强化学生“博学、审问、慎思、明辨、笃行”的学习方法与能力，促进学生积极思考，化被动学习为主动学习，理解并掌握知识，学会技能、养成态度。教师线下下达学习任务和考核标准，要求学生进行线上自学；在课堂上做到精讲多练、讲练结合，突出精讲、强调多练、答疑解惑，同时选择相应的建筑工程设计和构造应用实例让学生参与分析，激发学生的创新思维，培养学生识图绘图的能力。

针对“四大实践任务”，由教师引导学生查阅目前建筑业的发展现状和趋势，让学生进行创新设计，鼓励学生积极参加国家级、省级等各个级别的绘图大赛，加深对建筑行业和建筑新技术发展的了解，适应相关工作岗位的能力需要，增加学生的专业学习信心和专业实践能力，深化课堂教学和工作工位的对接，从而实现“真学、真做、真本领”。

3. 教学评价

本课程以通用能力培养为导向的全过程评价方法，将学生的“通用能力”评价融入了教学过程的评价中，评价内容包括过程性评价和期末考评两部分。

过程性评价主要针对“八大知识单元”的知识、技能、态度培养目标要求，通过翻转校园进行知识检测，根据各个构造方案和构造详图的完成情况来评价学生的技能水平和专业的工作态度（责任心、自主性、团队合作等），客观全面地体现学生在学习过程中的表现；本课程的过程性评价分为教师评价和学生评价两部分，教师评价的方法是根据在教学过程中设置的“四大实践任务”和“八大知识单元”的学习成果评价标准，结合每个模块中的学习目标和四个实践任务的完成情况，全面检查学生对知识目标的理解情况、课堂表现情况，以及在执行任务过程中的创新性设计、知识运用情况、图纸质量、人员合作表现情况等涉及体现出通用能力水平的各方面，给出教师的评价分。学生评价的方法则是通过设置学生互评表和小组互评表的方式，在每个模块教学和实践任务设置的过程中，通过学生自身参与的体验感，给他人及自己一个评价；结合他人及自己在课程学习及任务完成时的个人表现、学习成效情况、团队协作情况等做出评价，打出学生互评分和自评分。通过设置学生评价的环节，既可以得到更多客观评价结果，又可以增强学生的主人翁意识，实现教学方法和评价功能的互导性。

本课程的终结性评价是按照过程性评价（含构件设计 10%、绘图 20%、自主学习 20%）50%权重、期末考评 50%权重计算得出的。对学生的评价不再仅仅是考查学生知识目标的掌握情况，还对学生在学习过程中体现出的协作能力、分析能力等进行了全面考察，从而真正达到全面培养人才的目标。本课程评价标准具体见表 4-28。

表 4-28 课程目标考核与评价方式及成绩比例

序号	课程目标	毕业要求指标点	考核与评价方式				成绩比例/%
			构件设计	自主学习	绘图	考试	
1	掌握房屋构造的基本理论，了解房屋各组成部分的要求。能够选择合理的构造方案，进行构造设计	3.3	5	5	10	15	35
2	熟练识读一般的工业与民用建筑施工图纸，有效处理建筑中的构造问题，合理地组织和指导施工，使其满足设计要求	2.3	5	5	5	20	35

续表

序号	课程目标	毕业要求指标点	考核与评价方式				成绩比例/%
			构件设计	自主学习	绘图	考试	
3	掌握一般房屋的设计原则、设计程序和设计方法，能按照设计意图绘制一般的建筑施工图	3.1		10	5	15	30
合　计		3 个	10	20	20	50	100

4. 课程教学单元设计

房屋建筑学课程教学单元设计见表 4-29。

4.3.5　土木工程材料课程教学设计

1. 课程简介

土木工程材料是土建类专业核心的专业基础课程。课程聚焦材料知识与实操技能，串联理论与实践，系统讲解土木工程材料在生产组成、分类、技术性质，以及在工程中从选用到应用的全部流程。通过本课程的学习，学生不仅能掌握常用材料的特性与用法，更能培养学生终身学习的习惯和积极探索的精神，将知识灵活融入施工管理、造价管控、建筑设计等工作，为后续项目化教学课程的学习与职业发展筑牢基石。

2. 教学设计与实施方案

本课程的教学宗旨是以学生为中心，支撑后续的系列项目化课程。基本知识由学生线下自学，教师课上讲解课程重点、难点。通过本课程的学习，可以夯实学生土木工程材料的选择、管理等基础应用能力，服务好建筑施工技术与组织、招投标与合同管理，建筑工程计量与计价等项目化课程。

本课程的教学设计环节为：课前发布学习任务→学生查阅相关资料进行线上学习→提出疑问→教师课程讲解→学生课堂讨论→学生反思（反思课堂学习内容、学习状态、学习效率、学习收获、主要的疑问）→设计出章节思维导图并对各种材料之间的区别和联系进行总结→理论联系实际（进行土木工程材料实验）→写出实验报告→理论知识、实践知识的总结和回顾。

本课程通过将知识点以模块化、任务化的形式开展教学，增加学生课下学习时间，优化学习任务的设计，增加学习任务的数量。课上以教师答疑解惑、讲解重点、学生讨论为主，着力提高学习效果与学习效率。

1）水泥

建筑云课线上学习内容：水泥的生产、水泥的技术标准、水泥的特性、水泥的选用。

表 4-29　房屋建筑学课程教学单元设计

第 13 次课

知识建模图：

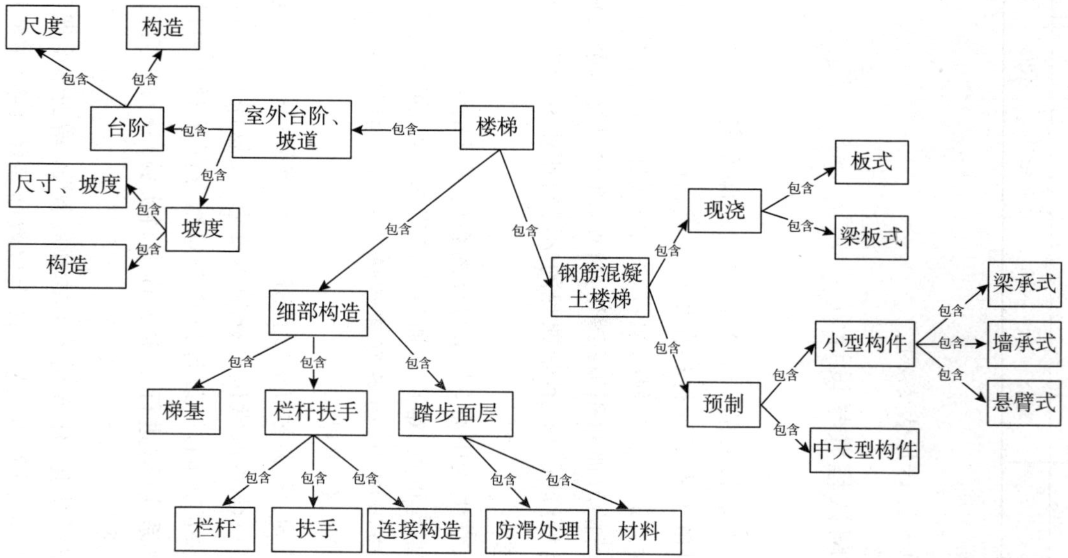

学习目标	知识点(学习水平)
	(1) 钢筋混凝土楼梯(理解、运用)、现浇板式楼梯(理解、运用)、现浇梁板式楼梯(理解)、预制梁承式楼梯、预制墙承式楼梯、预制悬臂式楼梯(理解) (2) 楼梯的细部构造(理解、运用)、梯基(理解、应用)、踏步面层(理解、运用)、栏杆扶手(理解、应用) (3) 室外台阶、坡道(理解、运用)
学习先决知识技能	知识点(学习水平)
	楼梯的基本组成与构造(记忆)

续表

课上资源	《房屋建筑学》《建筑制图统一标准》	课下资源	MOOC 慕课视频；校园建筑中的楼梯、室外台阶与坡道实例；翻转校园测验	
课上时间	100 分钟	课下时间	200 分钟	
活动序列	任务的学习目标	时　间	学 习 资 源	学习地点
活动 1	钢筋混凝土楼梯（理解、运用）	课上 50 分钟 课下 100 分钟	MOOC 慕课视频、校园建筑中的楼梯、室外台阶与坡道实例；翻转校园测验	课下＋课上
活动 2	楼梯的细部构造（理解、运用）	课上 30 分钟 课下 60 分钟	MOOC 慕课视频、校园楼梯的调研、翻转校园测验	课下＋课上
活动 3	室外台阶、坡道（理解、运用）	课上 20 分钟 课下 40 分钟	MOOC 慕课视频、校园楼梯的调研、翻转校园测验	课下＋课上

活动 1 知识建模图：

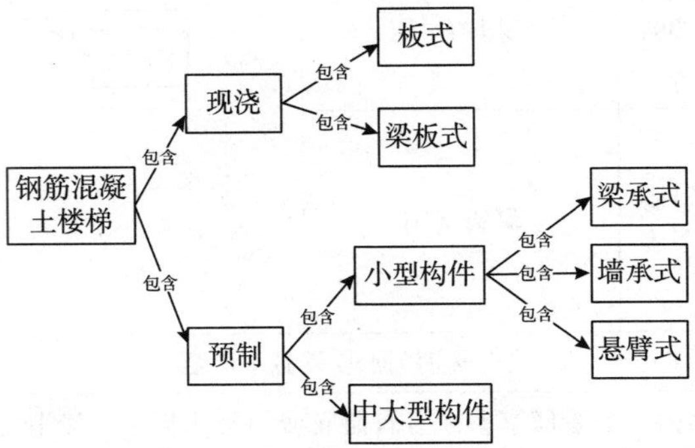

活动目标	楼梯的组成和类型（记忆、理解）

续表

<table>
<tr><td colspan="3">活动 1 任务序列(导入任务)</td></tr>
<tr><td>师生交互过程</td><td colspan="2">教师提问,楼梯的作用是什么？生活中我们都见到过什么样式的楼梯？同学们思考回答,引出课题</td></tr>
<tr><td colspan="3">活动 1 任务序列(任务一)</td></tr>
<tr><td rowspan="3">任务一知识组块：
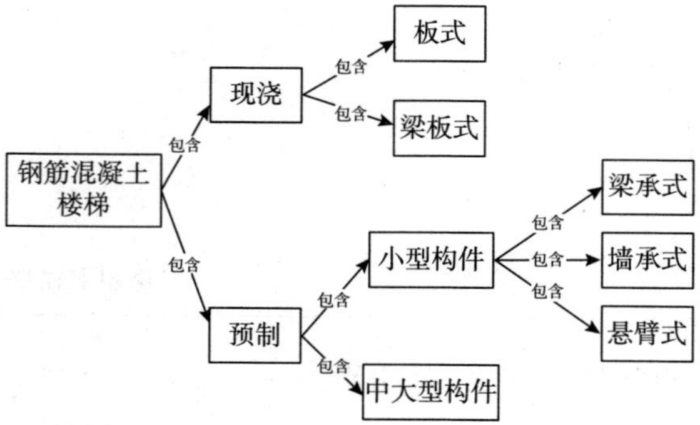
</td><td>任务描述</td><td>学生自主学习,观察校园建筑的钢筋混凝土楼梯的结构形式,熟悉认识各种不同类型的楼梯</td></tr>
<tr><td>学习时长</td><td>100 分钟</td></tr>
<tr><td>学习地点</td><td>课下</td></tr>
<tr><td>教学方法
(或学习方法)</td><td colspan="2">□讲授　□小组讨论　□答疑　□实验　□实训　☑自主学习　☑其他(请填写)
观察校园建筑中不同形式钢筋混凝土楼梯的组成构件,传力方式</td></tr>
<tr><td>师生交互过程</td><td colspan="2">(1) 教师发布自主学习任务
(2) 学生接收自主学习任务,从 MOOC 上学习视频,观察校园建筑的楼梯形式和构成,做测试题检测学习情况</td></tr>
<tr><td>学习资源</td><td colspan="2">校园建筑钢筋混凝土楼梯;MOOC 钢筋混凝土楼梯、测试题</td></tr>
<tr><td>学习成果及评价标准</td><td colspan="2">学习成果：
(1) 完成翻转校园测试题
(2) 完成观察任务,撰写调研记录
(3) 完成学习视频的任务
评价标准:通过 App 统计测试题正确率、视频学习时长;观察校园建筑的楼梯,完成调研报告,调研楼梯 5 部及以上,格式规范,记录成绩为 A(5 分);调研楼梯 2～4 部,格式基本规范,记录成绩为 B(3 分);调研楼梯 1 部,格式基本规范,记录成绩为 C(1 分);未调研,记录成绩为 0 分</td></tr>
</table>

续表

活动 1 任务序列(任务二)		
任务二知识组块： 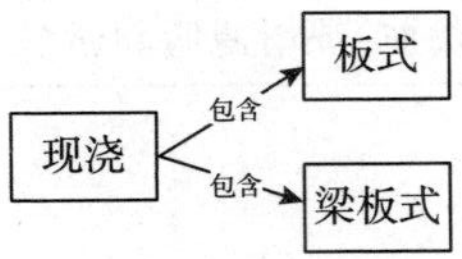	任务描述	通过课堂讨论和教师讲授，认识理解不同种类的现浇钢筋混凝土楼梯及其构造组成
	任务时长	30 分钟
	学习地点	课上
教学方法 (或学习方法)	☑讲授　☑小组讨论　□答疑　□实验　□实训　□自主学习　□其他(请填写)	
师生交互过程	教师提问：什么是现浇钢筋混凝土楼梯？该种楼梯的组成构件有哪几部分？板式楼梯和梁板式楼梯的本质区别是什么 学生行为：回答问题、不同类型的建筑楼梯实物展示 学习方法：分组讨论 教师引导总结	
学习资源	课件、教材、翻转校园测验、校园建筑的钢筋混凝土楼梯	
学习成果及评价标准	学习成果：回答问题、不同类型的建筑楼梯实物展示 评价标准：学生参与讨论积极，回答问题正确，有见解，平时成绩＋2 分；回答简单、不准确，平时成绩＋1 分；回答问题错误为 0 分	

活动 1 任务序列(任务三)		
任务三知识组块： 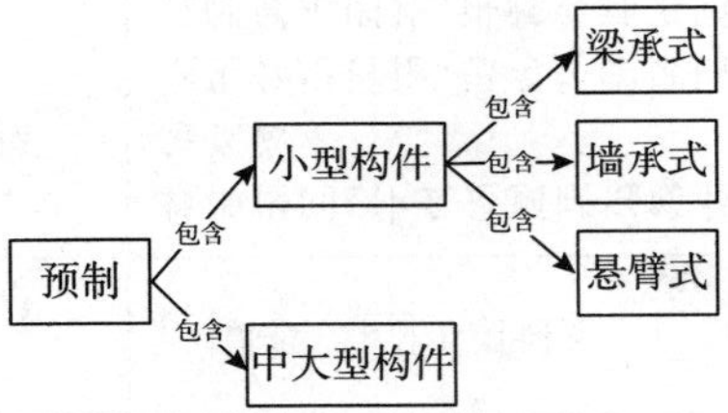	任务描述	采用教师讲授的学习方式，达到认识理解不同种类的预制钢筋混凝土楼梯及其构造组成
	任务时长	20 分钟
	学习地点	课上

续表

教学方法（或学习方法）	☑讲授　☑小组讨论　□答疑　□实验　□实训　□自主学习　□其他（请填写）
师生交互过程	教师提问：什么是预制钢筋混凝土楼梯？该种楼梯的组成构件有哪几部分？按其承重方案不同有哪些分类？具体的构造怎么做 学生分组讨论，思考并尝试回答问题 教师展示图片，讲解各种不同预制钢筋混凝土楼梯的构造
学习资源	课件、教材、翻转校园测验、校园建筑的钢筋混凝土楼梯
学习成果及评价标准	学习成果：学生小组讨论，回答问题； 评价标准：学生积极参与讨论，回答问题正确，有依据，平时成绩＋2分；回答问题不准确或不完整，平时成绩＋1分；回答问题错误为0分

活动2知识建模图：

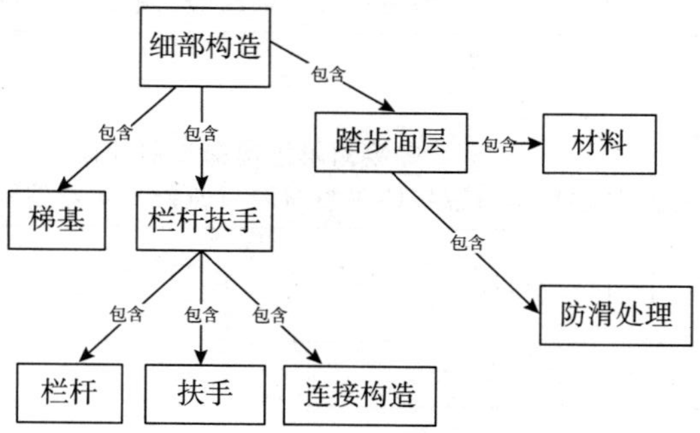

活动目标	楼梯的细部构造（理解、运用）
活动2任务序列（导入任务）	
师生交互过程	教师提问：为了满足疏散要求，楼梯各组成部分的尺寸有要求吗？ 同学们思考后，教师提问

续表

<table>
<tr><td colspan="3">活动 2 任务序列(任务一)</td></tr>
<tr><td rowspan="3">任务一知识组块：
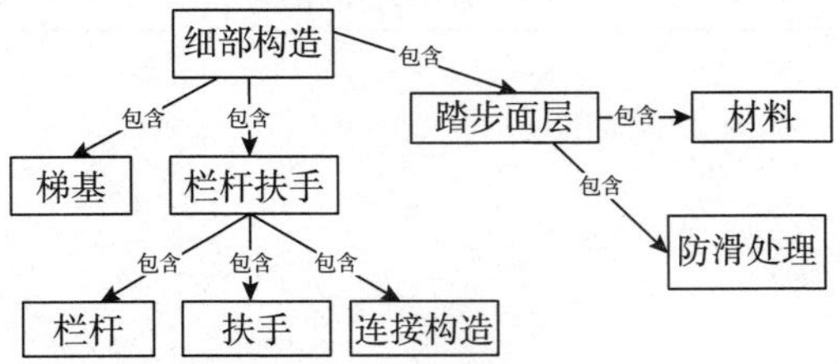</td><td>任务描述</td><td>学生通过自主学习，了解楼梯细部构造的要求</td></tr>
<tr><td>任务时长</td><td>60 分钟</td></tr>
<tr><td>学习地点</td><td>课下</td></tr>
<tr><td>教学方法
(或学习方法)</td><td colspan="2">☐讲授　☐小组讨论　☑答疑　☐实验　☐实训　☑自主学习　☐其他(请填写)校园楼梯细部构造调研</td></tr>
<tr><td>师生交互过程</td><td colspan="2">教师布置学习任务，学生课下自主学习，教师课下答疑</td></tr>
<tr><td>学习资源</td><td colspan="2">(1) MOOC 慕课视频
(2) 教材；翻转校园测验，校园建筑楼梯</td></tr>
<tr><td>学习成果及评价标准</td><td colspan="2">学习成果：
(1) 完成 MOOC 慕课视频学习，初步掌握楼梯设计方法
(2) 测试题为选择题，学生答对题目，即视为已经初步掌握相关知识
评价标准：慕课学习平台统计学习时长和学习进度；翻转校园 App 统计测验得分</td></tr>
<tr><td colspan="3">活动 2 任务序列(任务二)</td></tr>
<tr><td rowspan="3">任务二知识组块：
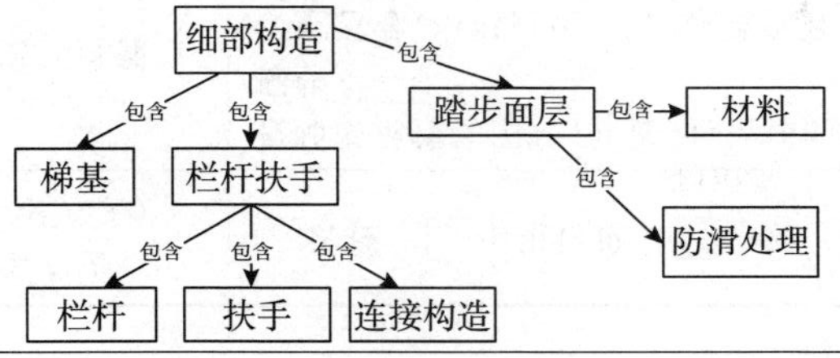</td><td>任务描述</td><td>采用教师讲授、小组讨论的教学策略与方法，通过观察不同形式的楼梯，达到掌握楼梯细部构造的学习效果</td></tr>
<tr><td>任务时长</td><td>30 分钟</td></tr>
<tr><td>学习地点</td><td>课上</td></tr>
</table>

续表

教学方法 （或学习方法）	☑讲授 ☑小组讨论 □答疑 □实验 □实训 □自主学习 □其他（请填写）
师生交互过程	教师展示楼梯图片，并提问：楼梯的细部构造包括哪些内容？具体构造要求是什么？什么是梯基？梯基的作用和构造有哪些 学生思考，小组讨论，并回顾课前预习视频和调研，回答问题 教师给出图片展示，引导学生归纳总结
学习资源	课件、教材
学习成果及评价标准	学习成果：设计案例学习，分组讨论，按步骤尝试进行设计，记录计算过程 评价标准：学生能跟随教师思路进行楼梯设计各步骤的操作，设计结果合理，平时成绩＋2分；设计结果错误少于2处，平时成绩＋1分；设计计算错误多于3处，为0分

活动3知识建模图：

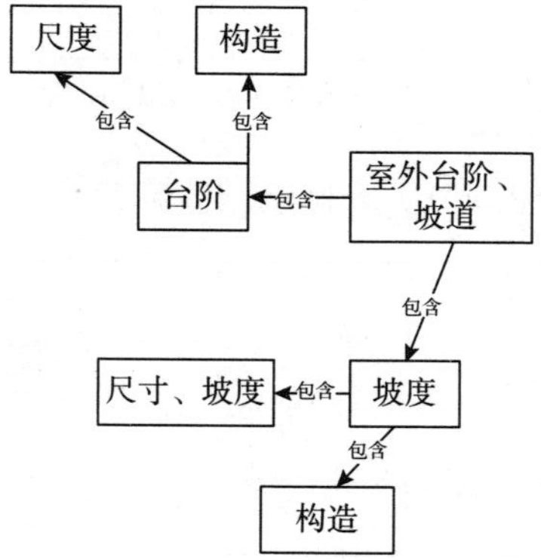

活动目标	掌握室外台阶和坡道的设计构造（理解、运用）
活动3任务序列（导入任务）	
师生交互过程	教师提问：楼梯的作用是什么？建筑室内和室外怎么联系？有哪些不同的处理方式？学生思考，尝试回答，引出课题

续表

<table>
<tr><td colspan="3">活动 3 任务序列(任务一)</td></tr>
<tr><td rowspan="3">任务一知识组块：
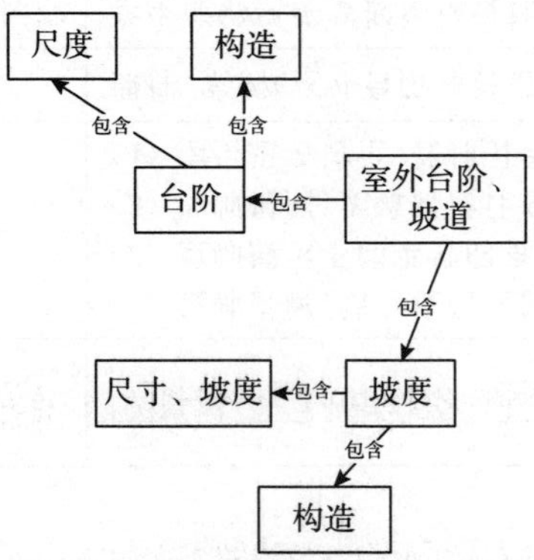</td><td>任务描述</td><td>通过学生自主学习的学习策略，达到掌握楼梯设计步骤和方法的学习效果</td></tr>
<tr><td>任务时长</td><td>40 分钟</td></tr>
<tr><td>学习地点</td><td>课下</td></tr>
<tr><td>教学方法
(或学习方法)</td><td colspan="2">□讲授　□小组讨论　☑答疑　□实验　□实训　☑自主学习　☑其他(请填写)观察校园建筑室内室外的台阶和坡道</td></tr>
<tr><td>师生交互过程</td><td colspan="2">教师提前发布学习任务，学生接收学习任务，通过 MOOC 慕课视频学习，完成测试题检测学习情况，进行校园建筑室外台阶和坡道的调研</td></tr>
<tr><td>学习资源</td><td colspan="2">同活动 2 任务一</td></tr>
<tr><td>学习成果及评价标准</td><td colspan="2">学习成果：
(1) 认真学习任务书要求，明确设计任务
(2) 确定设计步骤，说明楼梯设计关键参数取值
评价标准：学生积极参与讨论，能够正确回答楼梯设计步骤，关键参数取值正确合理，平时成绩＋2 分，能够正确回答楼梯设计步骤，关键参数取值回答不准确，平时成绩＋1 分，回答楼梯设计步骤错误，关键参数取值不合理，0 分</td></tr>
</table>

续表

<table>
<tr><td colspan="3">活动 3 任务序列(任务二)</td></tr>
<tr><td rowspan="3">任务二知识组块：
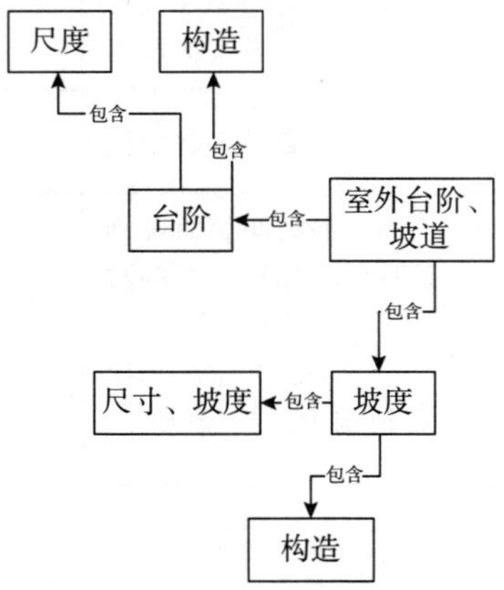</td><td>任务描述</td><td>通过教师讲解和学生讨论，掌握楼梯设计步骤</td></tr>
<tr><td>任务时长</td><td>20 分钟</td></tr>
<tr><td>学习地点</td><td>课上</td></tr>
<tr><td>教学方法
(或学习方法)</td><td colspan="2">☑讲授 ☑小组讨论 □答疑 □实验 □实训 □自主学习 □其他(请填写)</td></tr>
<tr><td>师生交互过程</td><td colspan="2">(1) 教师讲解：结合校园建筑室外台阶和坡道设置案例
(2) 教师展示不同类型的室外台阶和坡道设置图片
(3) 教师提问：无障碍设计在坡道设计及室外台阶设计的要点？有哪些具体规定
(4) 学生思考讨论，教师引导总结</td></tr>
<tr><td>学习资源</td><td colspan="2">课件、案例(室外台阶和坡道、无障碍设计)、教材</td></tr>
<tr><td>学习成果及评价标准</td><td colspan="2">学生能够熟练掌握楼梯设计方法按步骤完成设计，设计并能绘制楼梯平面图，绘制成果表达正确、符合制图规范</td></tr>
</table>

课下学习任务：某环境条件下，装饰水泥和结构用水泥的选用、采购、进场、检测及评价。

课上学习任务：以完成水泥的合理选用为目标，把不同水泥的生产、特性、技术要求进行对比，重点讲解六种常用水泥的生产、特性及选用，结合工程施工现场拓展材料的进场、抽样及检测，引导学生将水泥的知识点脉络以思维导图形式规划出来。

2）钢材

建筑云课线上学习内容：钢材的冶炼、分类、主要技术性能（力学性能和工艺性能），钢材的标准及应用，建筑用钢材的种类与特点。

课下学习任务：某框架结构用钢的选取。

课上学习任务：以完成钢材的合理选用为目标，分析钢材的组成、分类、技术指标要求、力学及工艺性能，结合工程施工现场，拓展钢材的进场、抽样及检测，引导学生将钢材的知识脉络以思维导图形式梳理出来。

3）混凝土

建筑云课线上学习内容：普通混凝土的组成，混凝土拌合物的性质，混凝土的强度、耐久性，混凝土外加剂，混凝土配合比设计。

课下学习任务：某剪力墙结构混凝土配合比设计。

课上学习任务：以完成既定条件下混凝土配合比设计计算为目标，讲解工程实践中对混凝土的订货、配比、运输、浇筑、振捣成型、进场、抽样检测等，拓展学生知识面，体验式锻炼工程思维，引导学生细化混凝土的知识脉络。

4）其他材料

水泥、钢材、混凝土等核心材料的学习为其他材料的学习奠定了基础，通过总结核心材料的学习模式、思路、方法、技巧，结合建筑云课线上学习砂浆、石材、塑料、沥青、高分子合成材料、木材等材料，可以拓展学生知识面，节省学习时间，提高学习效率。

本课程具体设计与实施方案见表 4-30（线上学习内容不计入课程学时）。

表 4-30　土木工程材料课程设计与实施方案

模块	线上学习内容	课下学习任务	课上学习内容	学时分配（线上＋线下＋课上）/小时
基础知识	（1）材料基本物理性质 （2）材料的力学性质 （3）材料的耐久性 （4）材料与水有关的性质	（1）工程材料的采购 （2）工程材料的管理 （3）工程材料询价 （4）工程材料试验制度	（1）课前测验（知识摸底） （2）答疑 （3）补充有关前沿知识 （4）讨论材料的力学性质、耐久性质、与水有关的性质与材料的组成关系	2＋4＋2

续表

模块	线上学习内容	课下学习任务	课上学习内容	学时分配(线上＋线下＋课上)/小时
水泥	(1) 水泥的生产及组成 (2) 水泥的特性 (3) 水泥的技术要求	(1) 特种水泥 (2) 工程事故分析(水泥相关) (3) 不同环境条件下，水泥的选取方案设计	(1) 课前测验(查看预习情况) (2) 答疑 (3) 根据作业提交情况和测验情况，梳理薄弱知识点，重点讲解常用水泥的特性 (4) 引导学生将章节知识点串联，形成思维导图和知识脉络图 (5) 对水泥的选用易错点进行分析，学生分组互相设置条件，进行水泥的选配	5＋8＋4
钢材	(1) 钢材的冶炼及分类 (2) 钢材的主要技术性能 (3) 钢材技术指标要求	(1) 工程图纸中钢材的表达 (2) 钢材的进场、抽样检测及保存 (3) 不同环境条件、结构条件下钢材的选取	(1) 课前测验(查看预习情况) (2) 根据作业提交情况和测验情况，梳理薄弱知识点，重点讲解建筑用钢 (3) 引导学生将章节知识点串联，形成思维导图和知识脉络图 (4) 对钢材的力学及工艺性能进行重点讲解 (5) 答疑	5＋6＋5
混凝土	(1) 混凝土的组成材料及要求 (2) 新拌混凝土的性能 (3) 硬化混凝土的强度耐久性	(1) 工程图纸中混凝土的表达 (2) 混凝土的选用 (3) 混凝土配合比设计	(1) 课前测验(查看预习情况) (2) 根据作业提交情况和测验情况，梳理薄弱知识点，重点讲解混凝土的性能 (3) 引导学生将章节知识点串联，形成思维导图和知识脉络图 (4) 对混凝土的配合比设计进行案例分析 (5) 答疑	6＋8＋6
其他材料	(1) 砂浆 (2) 木材 (3) 气硬性胶凝材料 (4) 沥青 (5) 石材 (6) 合成树脂	(1) 工程图纸中砂浆的表达 (2) 砂浆、木材合成树脂等在历年造价师考试真题考点 (3) 沥青的配合比设计	(1) 课前测验(查看预习情况) (2) 根据作业提交情况和测验情况，梳理薄弱知识点，重点讲解气硬性胶凝材料的特性，沥青、砂浆等的特性 (3) 引导学生将章节知识点串联，形成思维导图和知识脉络图 (4) 答疑	6＋8＋7

3. 教学评价

本课程的成绩评定依据平时(作业、实验)、期末考试成绩等进行。期末考试成绩占总评成绩的 60%,平时成绩占总评成绩的 40%(含自学 5%、作业 15%、实验 20%),具体见表 4-31。

表 4-31 课程目标考核与评价方式及成绩比例

序号	课程目标	毕业要求指标点	考核与评价方式				成绩比例/%
			考试	自学	作业	实验	
1	了解和理解“建筑材料”中石灰、石膏、水泥、混凝土、砂浆、砌体、砌块、钢材、沥青、高分子材料、木材、建筑功能材料等材料的组成、结构、组织构造、生产工艺、加工原理、技术性能、质量检验及应用范围等	1.1、1.3、6.2、7.1、10.2、12.1	40	3	5	20	68
2	能够分析各种因素对土木工程材料技术性质的影响,并能结合实际工程,正确选用材料,对于现场制作的材料,要能够根据材料性能要求设计计算材料配合比,能够为建筑设计选择合适的材料	1.1、1.3	10	1	5	0	16
3	在学习主要建筑材料的过程中,使学生的思维和分析方法得到训练,并能归纳和总结,逐步形成建筑材料课程的学习观和方法论	12.1	10	1	5	0	16
合计		—	60	5	15	20	100

4. 课程教学单元设计

土木工程材料课程教学单元设计如表 4-32 所示。

表 4-32　土木工程材料课程教学单元设计

第 2 次课

知识建模图：

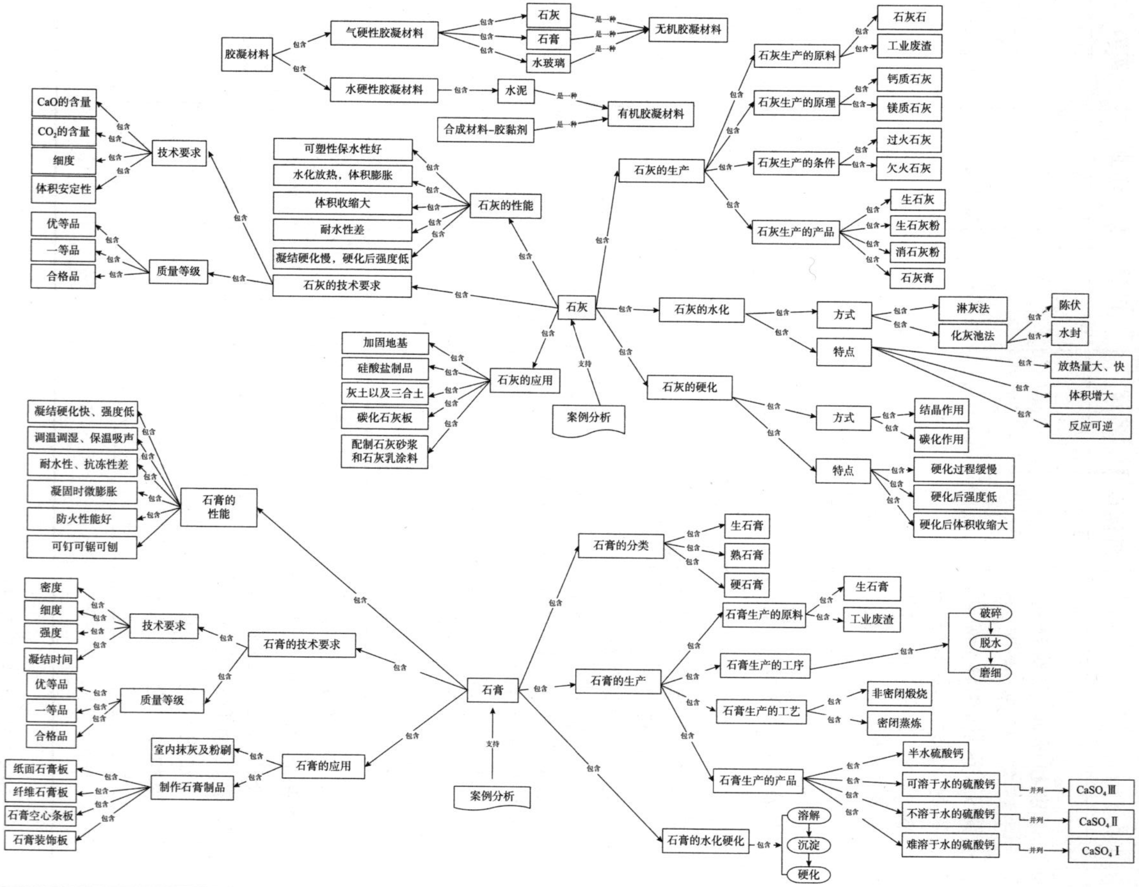

扫码看大图

续表

学习目标	知识点(学习水平)			
	胶凝材料(记忆、理解)、气硬性胶凝材料(记忆、理解)、水硬性胶凝材料(记忆、理解)、无机胶凝材料(记忆、理解)、有机胶凝材料(记忆、理解)、石灰的生产(记忆、理解)、石灰生产的原理(记忆、理解、运用)、石灰生产的条件(记忆、理解)、石灰生产的产品(记忆、理解)、石灰的水化(记忆、理解、运用)、石灰的硬化(记忆、理解、运用)、石灰的性能(记忆、理解、运用)、石灰的技术要求(记忆、理解)、石灰的应用(记忆、理解、运用)、石膏的分类(记忆、理解)、石膏的生产(记忆、理解)、石膏生产的原料(记忆、理解)、石膏生产的工序(记忆、理解)、石膏生产的工艺(记忆、理解)、石膏生产的产品(记忆、理解)、石膏的水化硬化(记忆、理解、运用)、石膏的性能(记忆、理解、运用)、石膏的技术要求(记忆、理解)、石膏的应用(记忆、理解、运用)			
学习先行知识技能	知识点(学习水平)			
	材料的基本状态参数(理解)、材料与水有关的性质(理解)、材料的力学性质(理解)、材料的热性质(理解)			
课上资源	教材(武汉理工大学出版社的《土木工程材料》)中气硬性胶凝材料章节、教学课件PPT	课下资源	(1) 教材中气硬性胶凝材料章节 (2) 建筑云课中气硬性胶凝材料章节	
课上时间	100分钟	课下时间	200分钟	
活动序列	活动的学习目标	时　间	学 习 资 源	学习地点
活动1	胶凝材料(记忆、理解)、气硬性胶凝材料(记忆、理解)、水硬性胶凝材料(记忆、理解)、无机胶凝材料(记忆、理解)、有机胶凝材料(记忆、理解)	课下10分钟 课上5分钟	教材中相关章节、建筑云课相关视频	课上+课下
活动2	石灰的生产(记忆、理解)、石灰生产的原理(记忆、理解、运用)、石灰生产的条件(记忆、理解)、石灰生产的产品(记忆、理解)	课上10分钟 课下30分钟	教材中相关章节、建筑云课相关视频	课上+课下
活动3	石灰的水化(记忆、理解、运用)、石灰的硬化(记忆、理解、运用)	课上10分钟	教材中相关章节、建筑云课相关视频	课上
活动4	石灰的性能(记忆、理解、运用)、石灰的技术要求(记忆、理解)	课上15分钟	教材中相关章节、建筑云课相关视频	课上

续表

活动序列	活动的学习目标	时　间	学 习 资 源	学习地点
活动 5	石灰的应用(记忆、理解、运用)	课上 10 分钟 课下 60 分钟	教材中相关章节、建筑云课相关视频	课上
活动 6	石膏的分类(记忆、理解)、石膏的生产(记忆、理解)、石膏生产的原料(记忆、理解)、石膏生产的工序(记忆、理解)、石膏生产的工艺(记忆、理解)、石膏生产的产品(记忆、理解)	课上 20 分钟 课下 40 分钟	教材中相关章节、建筑云课相关视频	课上＋课下
活动 7	石膏的水化硬化(记忆、理解、运用)、石膏的性能(记忆、理解、运用)、石膏的技术要求(记忆、理解)	课上 10 分钟 课下 20 分钟	教材中相关章节、建筑云课相关视频	课上＋课下
活动 8	石膏的应用(记忆、理解、运用)	课上 20 分钟 课下 40 分钟	教材中相关章节、建筑云课相关视频	课上＋课下

活动 1 知识建模图：

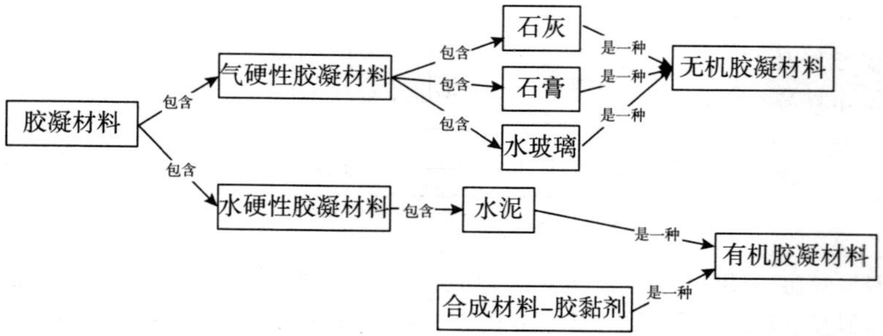

活动目标	胶凝材料(记忆、理解)、气硬性胶凝材料(记忆、理解)、水硬性胶凝材料(记忆、理解)、无机胶凝材料(记忆、理解)、有机胶凝材料(记忆、理解)
师生交互过程	(1) 发放翻转校园测试题,测试后针对性解答学生问题 (2) 教师提问:该部分属于哪个知识模块？引出新知识模块,即气硬性胶凝材料 (3) 教师提问:什么是胶凝材料？分类有哪些？根据视频自学情况,展开教学

续表

<table>
<tr><td colspan="4">活动 1 任务序列(任务一)</td></tr>
<tr><td colspan="2" rowspan="3">任务一知识组块:
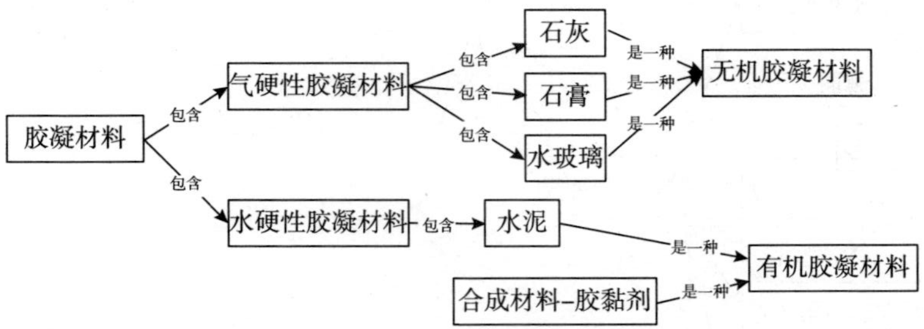
</td><td>任务描述</td><td>自学教材中相关章节的内容,理解记忆胶凝材料;理解记忆气硬性胶凝材料;理解记忆水硬性胶凝材料;理解记忆无机胶凝材料;理解记忆有机胶凝材料</td></tr>
<tr><td>任务时长</td><td>10 分钟</td></tr>
<tr><td>学习地点</td><td>课下</td></tr>
<tr><td>教学策略
(或学习策略)</td><td colspan="3">□讲授　□小组讨论　□答疑　□实验　□实训　☑自主学习　□翻转课堂　□其他(请填写)</td></tr>
<tr><td>师生交互过程</td><td colspan="3">(1) 教师提前发布自学任务
(2) 学生完成相关自学任务</td></tr>
<tr><td>学习资源</td><td colspan="3">教材中气硬性胶凝材料章节,教学课件 PPT 中气硬性胶凝材料内容</td></tr>
<tr><td>学习成果及评价标准</td><td colspan="3">翻转校园测试:将课前翻转校园测试的客观成绩记录到平时成绩中,期末按测试的次数进行统计</td></tr>
<tr><td colspan="4">活动 1 任务序列(任务二)</td></tr>
<tr><td colspan="2" rowspan="3">任务二知识组块:
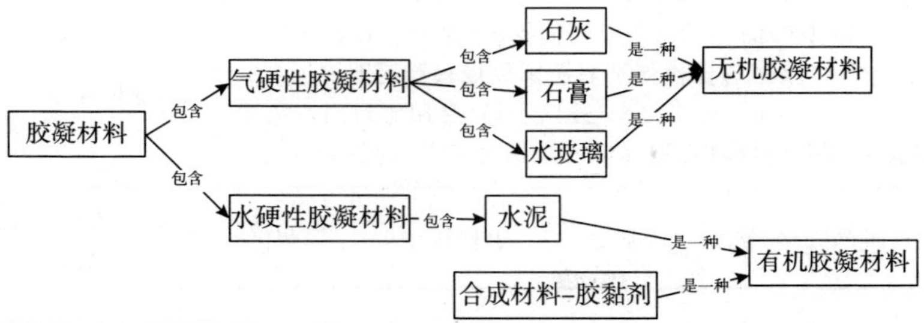
</td><td>任务描述</td><td>进一步理解记忆胶凝材料;理解记忆气硬性胶凝材料;理解记忆水硬性胶凝材料;理解记忆无机胶凝材料;理解记忆有机胶凝材料</td></tr>
<tr><td>任务时长</td><td>5 分钟</td></tr>
<tr><td>学习地点</td><td>课上</td></tr>
</table>

续表

教学策略 （或学习策略）	☑讲授　□小组讨论　□答疑　□实验　□实训　□自主学习　□翻转课堂　☑其他（请填写）问答
师生交互过程	（1）教师提问：什么是胶凝材料？胶凝材料的分类有哪些 学生根据自学内容，讨论回答：一、二、三、四 （2）气硬性胶凝材料与水硬性胶凝材料的区别 学生根据自学内容，讨论回答：一、二、三、四（5 分钟）
学习资源	（1）教材中气硬性胶凝材料章节 （2）MOOC 慕课平台：建筑材料、材料改变生活——新型建筑材料等相关章节的视频及资料
学习成果及评价标准	课堂中进行全面随机提问，学生回答正确平时成绩＋2 分，回答不完整、不具体平时成绩＋1 分，回答不上来平时成绩－2 分

活动 2 知识建模图：

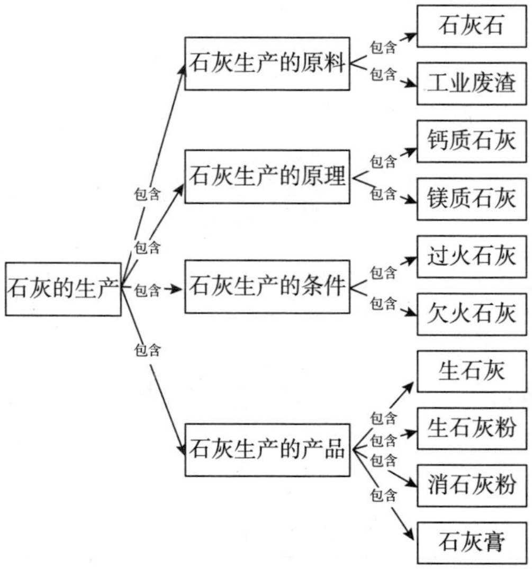

续表

<table>
<tr><td>活动目标</td><td colspan="3">石灰的生产(记忆、理解)、石灰生产的原理(记忆、理解、运用)、石灰生产的条件(记忆、理解)、石灰生产的产品(记忆、理解)</td></tr>
<tr><td colspan="4">活动 2 任务序列(任务一)</td></tr>
<tr><td colspan="2" rowspan="3">任务一知识组块:
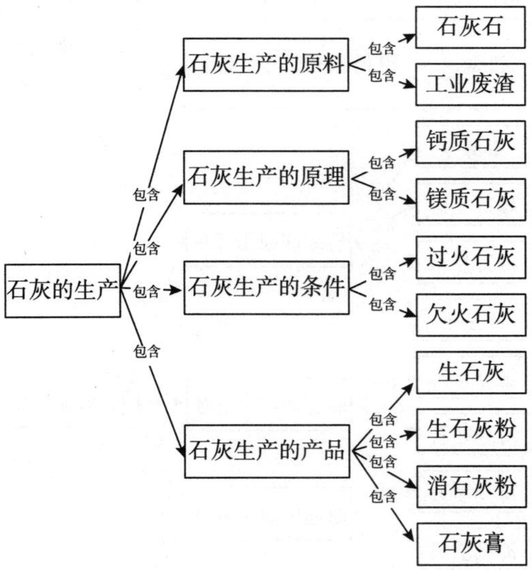
</td><td>任务描述</td><td>理解记忆石灰的生产、记忆、理解、应用石灰生产的原理、理解记忆石灰生产的条件、理解记忆石灰生产的产品</td></tr>
<tr><td>任务时长</td><td>10 分钟</td></tr>
<tr><td>学习地点</td><td>课上</td></tr>
<tr><td>教学策略
(或学习策略)</td><td colspan="3">☑讲授 □小组讨论 □答疑 □实验 □实训 □自主学习 □翻转课堂 ☑其他(请填写)问答</td></tr>
<tr><td>师生交互过程</td><td colspan="3">(1) 根据古诗《石灰吟》,分析石灰的出处(千锤万凿出深山)、石灰的烧成(烈火焚烧若等闲)、石灰的外观(粉身碎骨浑不怕)、石灰的颜色(要留清白在人间)。一问一答间,意会古人的儒雅高洁品格,引出现代化学反应式 $CaCO_3 = CaO + CO_2$(5 分钟)
(2) 根据石灰的生产过程提出石灰的产品问题,由学生回答,引出钙质石灰、镁质石灰、过火石灰、欠火石灰的概念(5 分钟)</td></tr>
<tr><td>学习资源</td><td colspan="3">(1) 教材中气硬性胶凝材料章节(pp. 25-26)
(2) 建筑云课中气硬性胶凝材料石灰章节</td></tr>
</table>

续表

学习成果及评价标准	课堂中进行全面随机提问，学生回答正确平时成绩＋2 分，回答不完整、不具体平时成绩＋1 分，回答不上来平时成绩－2 分
活动 2 任务序列(任务二)	
任务二知识组块：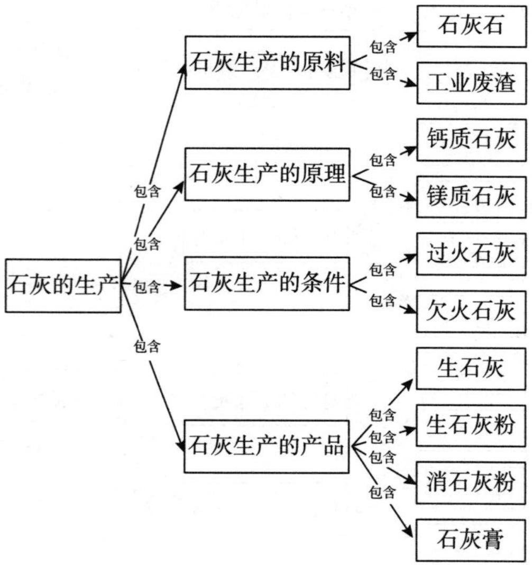	任务描述：课下收集石灰生产的视频，加深对生产过程的认识 任务时长：30 分钟 学习地点：课下
教学策略 (或学习策略)	□讲授　□小组讨论　□答疑　□实验　□实训　☑自主学习　□翻转课堂　□其他(请填写)
师生交互过程	教师发布学习任务、学生课下网络查找相关学习视频
学习资源	(1) 教材中气硬性胶凝材料章节 (2) 建筑云课中气硬性胶凝材料章节 (3) 百度视频、哔哩哔哩等视频网站
学习成果及评价标准	将查找到的石灰生产视频上传到学习中心，上传的学生平时成绩＋2 分，未上传的平时成绩－2 分

续表

<table>
<tr><td colspan="3">活动 3 知识建模图：
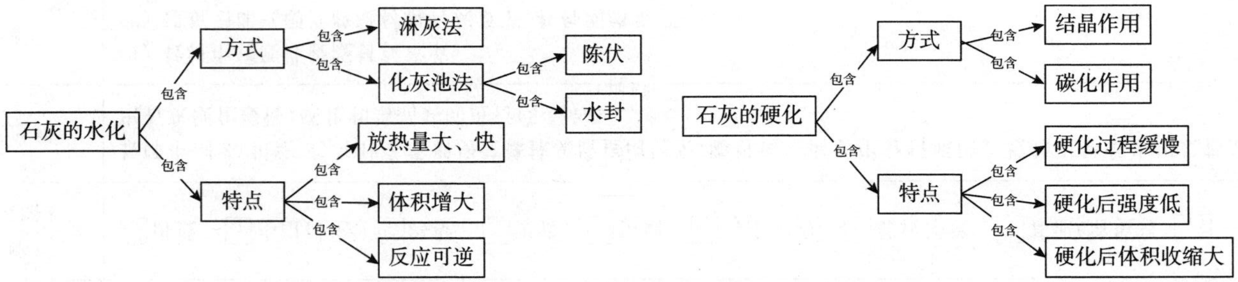
</td></tr>
<tr><td>活动目标</td><td colspan="2">石灰的水化(记忆、理解、运用)、石灰的硬化(记忆、理解、运用)</td></tr>
<tr><td colspan="3">活动 3 任务序列(任务一)</td></tr>
<tr><td rowspan="3">任务一知识组块：
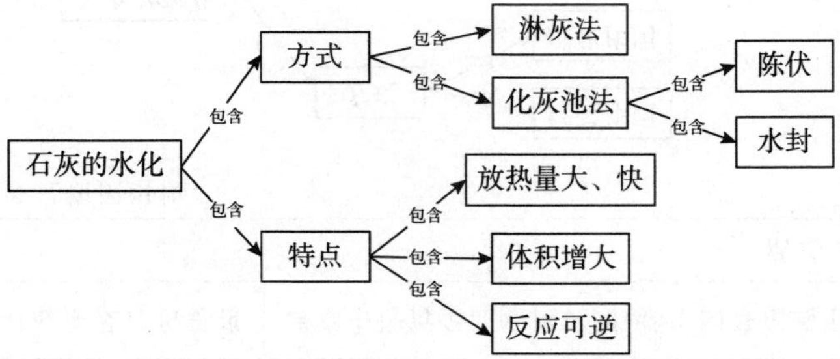
</td><td>任务描述</td><td>通过学生讨论及教师讲授，理解记忆并应用石灰的水化</td></tr>
<tr><td>任务时长</td><td>5 分钟</td></tr>
<tr><td>学习地点</td><td>课上</td></tr>
<tr><td>教学策略
(或学习策略)</td><td colspan="2">☑讲授 ☑小组讨论 □答疑 □实验 □实训 □自主学习 □翻转课堂 □其他(请填写)问答</td></tr>
<tr><td>师生交互过程</td><td colspan="2">(1) 举例河南美食变蛋的生产引出石灰的水化过程放热
(2) 教师提出问题：什么是水化？水化过程的特点有哪些
学生根据自学内容，讨论并回答</td></tr>
</table>

续表

<table>
<tr><td>师生交互过程</td><td colspan="3">(3) 教师总结归纳，并提出化灰池法为何要陈伏和水封？
学生讨论并回答</td></tr>
<tr><td>学习资源</td><td colspan="3">(1) 教材中气硬性胶凝材料章节
(2) 建筑云课气硬性胶凝材料——石灰章节，各种网络资源</td></tr>
<tr><td>学习成果及评价标准</td><td colspan="3">课堂中进行全面随机提问，学生回答正确平时成绩+2 分，回答不完整、不具体平时成绩+1 分，回答不上来平时成绩−2 分</td></tr>
<tr><td colspan="4">活动 3 任务序列(任务二)</td></tr>
<tr><td colspan="2" rowspan="3">任务二知识组块：
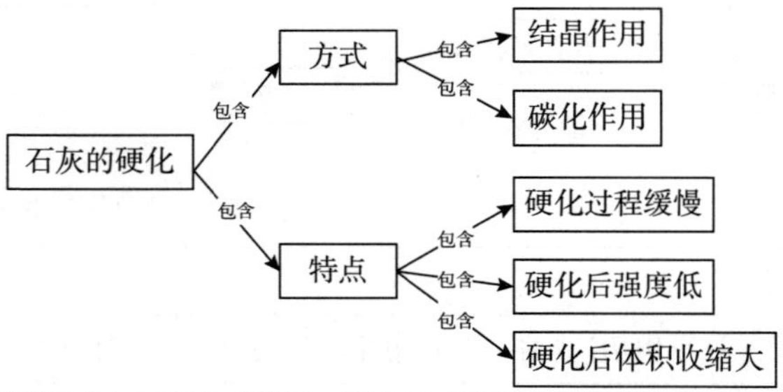
</td><td>任务描述</td><td>通过学生讨论及教师讲授，理解记忆并运用石灰的硬化</td></tr>
<tr><td>任务时长</td><td>5 分钟</td></tr>
<tr><td>学习地点</td><td>课上</td></tr>
<tr><td>教学策略
(或学习策略)</td><td colspan="3">☑讲授　☑小组讨论　□答疑　□实验　□实训　□自主学习　□翻转课堂　□其他(请填写)问答</td></tr>
<tr><td>师生交互过程</td><td colspan="3">教师举例 20 世纪 80 年代冬季新房装修抹灰后室内烧炭，随机请一名学生分析原因。教师引导学生用发散思维思考，引出石灰硬化缓慢，碳化和结晶共同进行(5 分钟)</td></tr>
<tr><td>学习资源</td><td colspan="3">(1) 教材中气硬性胶凝材料章节
(2) 建筑云课气硬性胶凝材料石灰章节，各种网络资源</td></tr>
<tr><td>学习成果及评价标准</td><td colspan="3">课堂中进行全面随机提问，学生回答正确平时成绩+2 分，回答不完整、不具体平时成绩+1 分，回答不上来平时成绩−2 分</td></tr>
</table>

续表

活动 4 知识建模图：

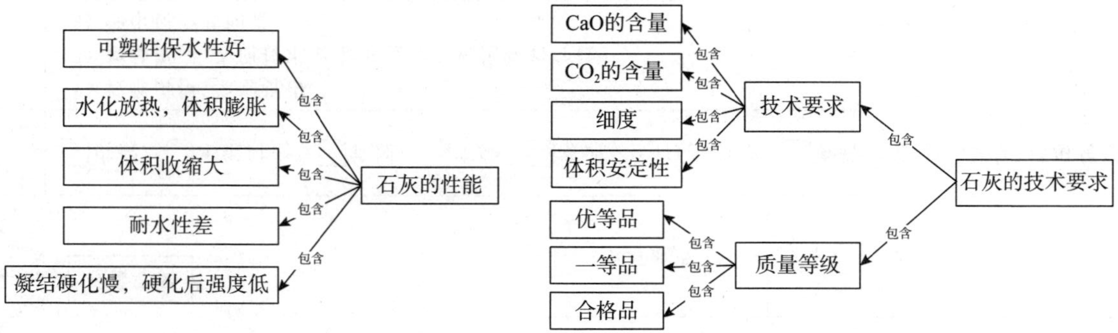

活动目标	石灰的性能(记忆、理解、运用)、石灰的技术要求(记忆、理解)

活动 4 任务序列(任务一)

任务一知识组块：

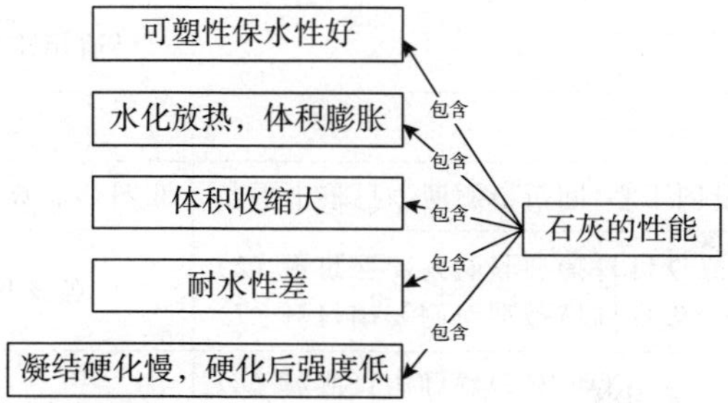

任务描述	通过学生讨论及教师讲授，理解记忆石灰的性能并应用
任务时长	5 分钟
学习地点	课上
教学策略(或学习策略)	☑讲授 □小组讨论 □答疑 □实验 □实训 □自主学习 □翻转课堂 ☑其他(请填写)问答

续表

<table>
<tr><td>师生交互过程</td><td colspan="3">(1) 学生根据石灰水化硬化过程中的特点，总结石灰的特性
(2) 学生思考讨论，石灰能不能在有水的环境下使用
(3) 教师总结归纳(5 分钟)</td></tr>
<tr><td>学习资源</td><td colspan="3">(1) 教材中气硬性胶凝材料章节
(2) 建筑云课气硬性胶凝材料石灰章节，各种网络资源</td></tr>
<tr><td>学习成果及评价标准</td><td colspan="3">课堂中进行全面随机提问，学生回答正确平时成绩+2 分，回答不完整、不具体平时成绩+1 分，回答不上来平时成绩−2 分</td></tr>
<tr><td colspan="4">活动 4 任务序列(任务二)</td></tr>
<tr><td colspan="2" rowspan="3">任务二知识组块：
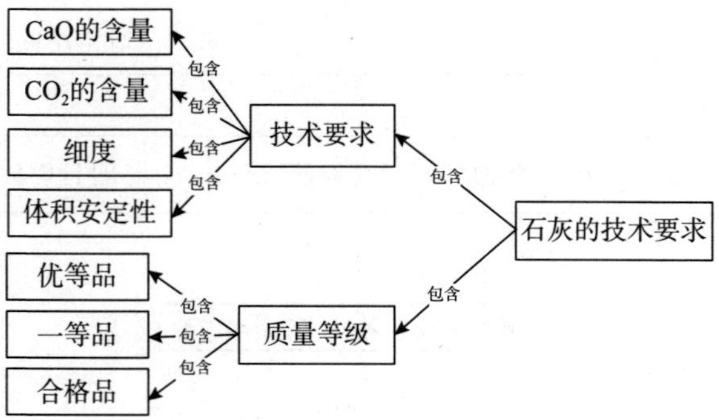
</td><td>任务描述</td><td>通过学生讨论及教师讲授，理解记忆石灰的技术要求</td></tr>
<tr><td>任务时长</td><td>10 分钟</td></tr>
<tr><td>学习地点</td><td>课上</td></tr>
<tr><td>教学策略
(或学习策略)</td><td colspan="3">☑讲授 □小组讨论 □答疑 □实验 □实训 □自主学习 □翻转课堂 □其他(请填写)问答</td></tr>
<tr><td>师生交互过程</td><td colspan="3">(1) 教师讲授，学生听讲
(2) 教师提问：为何技术要求里包含二氧化碳的含量？
(3) 学生讨论并回答</td></tr>
<tr><td>学习资源</td><td colspan="3">(1) 教材中气硬性胶凝材料章节
(2) 建筑云课气硬性胶凝材料石灰章节，各种网络资源</td></tr>
</table>

续表

<table>
<tr><td>学习成果及评价标准</td><td colspan="3">课堂中进行全面随机提问的方式，学生回答正确平时成绩＋2 分，回答不完整、不具体平时成绩＋1 分，回答不上来平时成绩－2 分</td></tr>
<tr><td colspan="4">活动 5 知识建模图：
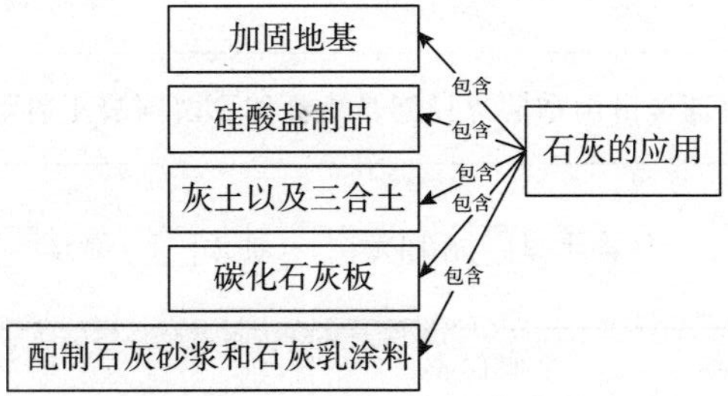
</td></tr>
<tr><td>活动目标</td><td colspan="3">石灰的应用（记忆、理解、运用）</td></tr>
<tr><td colspan="4">活动 5 任务序列（任务一）</td></tr>
<tr><td colspan="2" rowspan="3">任务一知识组块：
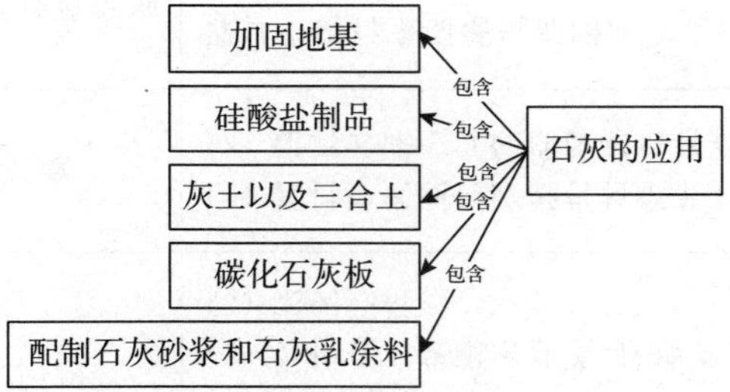
</td><td>任务描述</td><td>通过讲解、讨论，使学生理解记忆石灰的应用并应用</td></tr>
<tr><td>任务时长</td><td>10 分钟</td></tr>
<tr><td>学习地点</td><td>课上</td></tr>
<tr><td>教学策略
（或学习策略）</td><td colspan="3">☑讲授 ☑小组讨论 □答疑 □实验 □实训 □自主学习 □翻转课堂 □其他（请填写）问答</td></tr>
</table>

续表

<table>
<tr><td>师生交互过程</td><td colspan="3">(1) 提出在所有石灰的应用中,用到石灰的优点是哪些？给到学生,我们用材料,需要用优点,避免在缺点环境下使用,即所谓扬长避短
(2) 为什么石灰耐水性差,还能在地下使用？学生寻找答案,老师公布总结
(3) 案例分析</td></tr>
<tr><td>学习资源</td><td colspan="3">(1) 教材中气硬性胶凝材料章节
(2) 建筑云课中气硬性胶凝材料石灰章节,各种网络资源</td></tr>
<tr><td>学习成果及评价标准</td><td colspan="3">课堂中进行全面随机提问的方式,学生回答正确平时成绩＋2 分,回答不完整、不具体平时成绩＋1 分,回答不上来平时成绩－2 分</td></tr>
<tr><td colspan="4">活动 5 任务序列(任务二)</td></tr>
<tr><td colspan="2" rowspan="3">任务二知识组块:
同任务一</td><td>任务描述</td><td>课下收集石灰应用的照片、视频等资料</td></tr>
<tr><td>任务时长</td><td>60 分钟</td></tr>
<tr><td>学习地点</td><td>课下</td></tr>
<tr><td>教学策略
(或学习策略)</td><td colspan="3">□讲授　□小组讨论　□答疑　□实验　□实训　☑自主学习　□翻转课堂　□其他(请填写)</td></tr>
<tr><td>师生交互过程</td><td colspan="3">教师在课堂发表任务,学生课下按照规定的要求查阅石灰的应用相关照片视频</td></tr>
<tr><td>学习资源</td><td colspan="3">(1) 教材中气硬性胶凝材料章节
(2) 建筑云课中气硬性胶凝材料石灰章节,各种网络资源</td></tr>
<tr><td>学习成果及评价标准</td><td colspan="3">按照规定的时间节点将查找到的石灰应用视频、图片上传到学习中心,按照规定上传资料的学生平时成绩＋2 分,未按照规定上传资料－2 分</td></tr>
</table>

续表

活动 6 知识建模图：

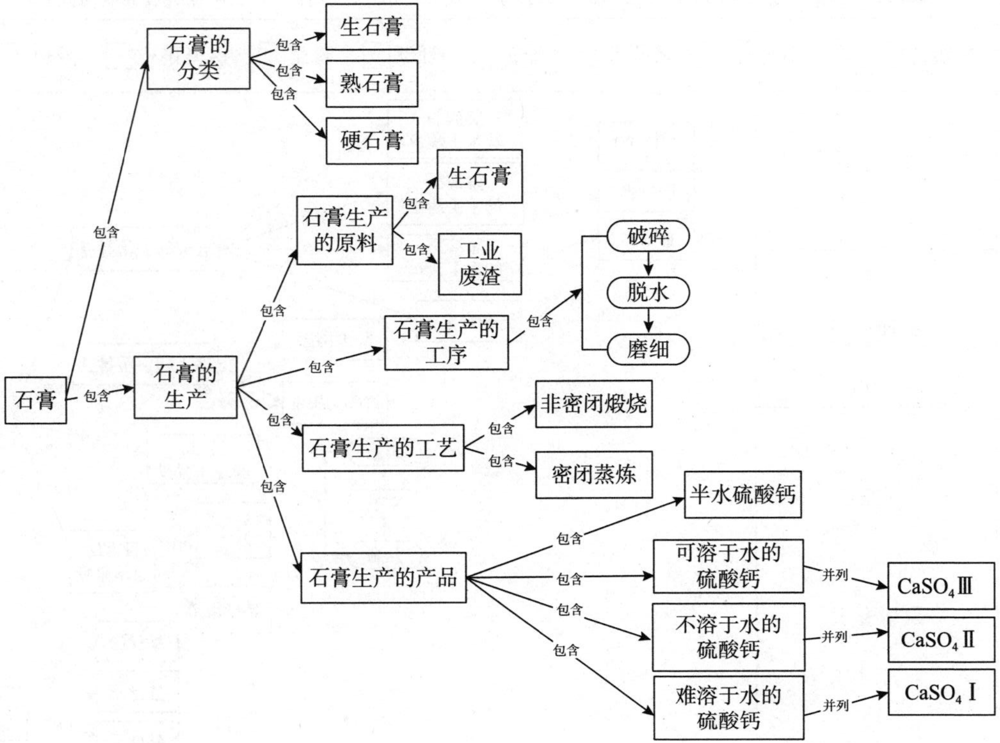

活动目标	石膏的分类（记忆、理解）、石膏的生产（记忆、理解）、石膏生产的原料（记忆、理解）、石膏生产的工序（记忆、理解）、石膏生产的工艺（记忆、理解）、石膏生产的产品（记忆、理解）

续表

<table>
<tr><td colspan="3">活动 6 任务序列(任务一)</td></tr>
<tr><td rowspan="3">任务一知识组块：
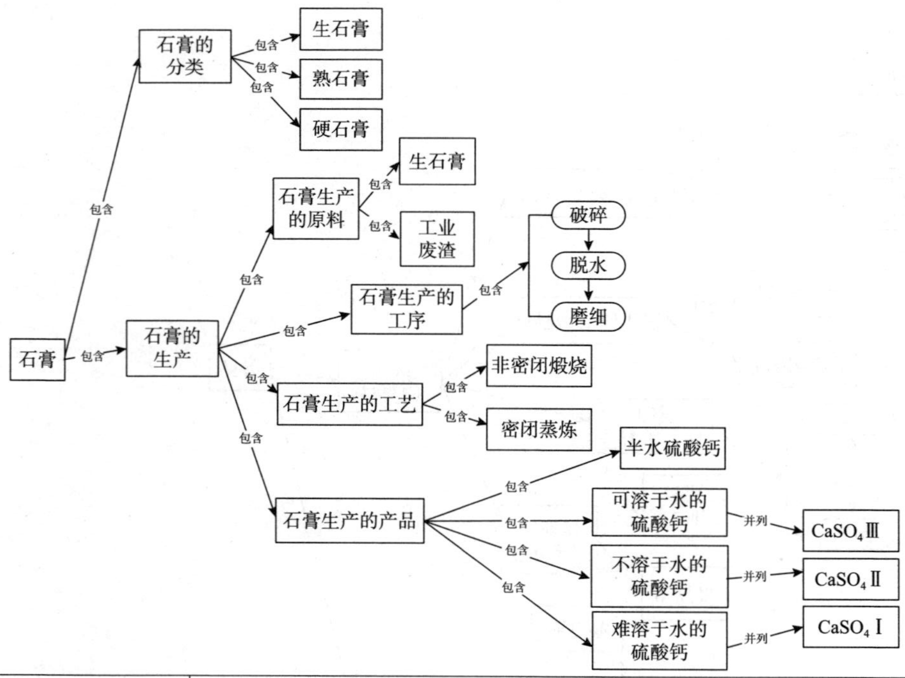
</td><td>任务描述</td><td>理解记忆石膏的分类、理解记忆石膏的生产、理解记忆石膏生产的原料、理解记忆石膏生产的工序、理解记忆石膏生产的工艺、理解记忆石膏生产的产品</td></tr>
<tr><td>任务时长</td><td>20 分钟</td></tr>
<tr><td>学习地点</td><td>课上</td></tr>
<tr><td>教学策略
(或学习策略)</td><td colspan="2">☑讲授　□小组讨论　□答疑　□实验　□实训　□自主学习　□翻转课堂　☑其他(请填写)问答</td></tr>
<tr><td>师生交互过程</td><td colspan="2">(1) 教师介绍石膏使用历史，从应用上引起学生的探究兴趣，让学生指出石膏在现代建筑中的应用
(2) 学生讨论对比两种工艺得到的产品有何异同
(3) 学生分析原因，其他学生进行补充
(4) 教师进行总结分析</td></tr>
</table>

续表

<table>
<tr><td>学习资源</td><td colspan="3">(1) 教材中气硬性胶凝材料章节
(2) MOOC 慕课视频:建筑材料、材料改变生活——新型建筑材料</td></tr>
<tr><td>学习成果及评价标准</td><td colspan="3">课堂中进行全面随机提问,学生回答正确平时成绩+2 分,回答不完整、不具体平时成绩+1 分,回答不上来平时成绩-2 分</td></tr>
<tr><td colspan="4">活动 6 任务序列(任务二)</td></tr>
<tr><td colspan="2" rowspan="3">任务二知识组块:
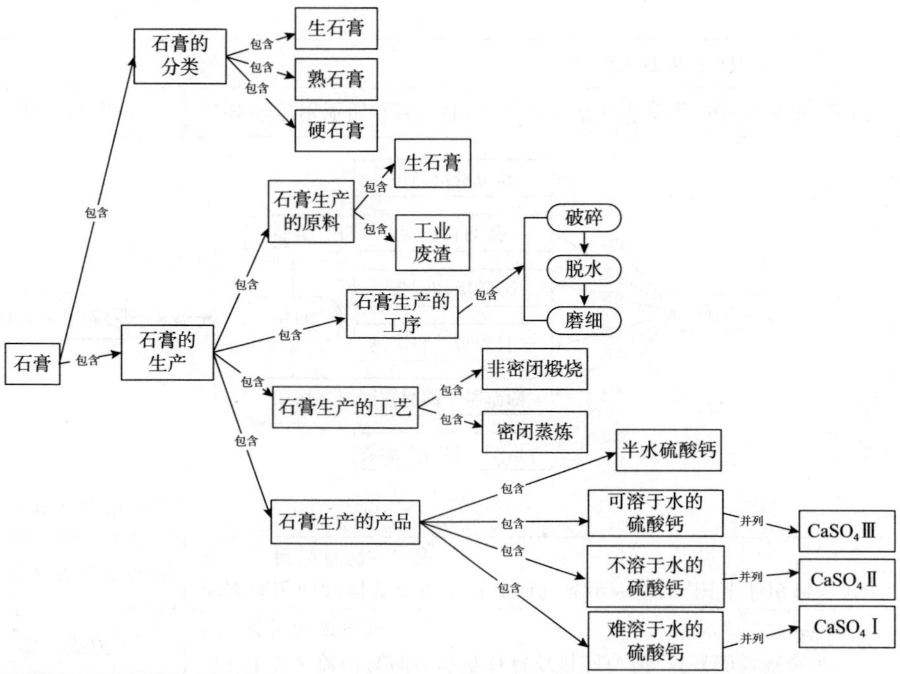
</td><td>任务描述</td><td>课下收集石膏生产的视频,加深对生产过程的认识</td></tr>
<tr><td>任务时长</td><td>40 分钟</td></tr>
<tr><td>学习地点</td><td>课下</td></tr>
<tr><td>教学策略
(或学习策略)</td><td colspan="3">□讲授 □小组讨论 □答疑 □实验 □实训 ☑自主学习 □翻转课堂 □其他(请填写)</td></tr>
</table>

续表

师生交互过程	教师课堂发布任务，学生课下收集相关资料，上传学习中心
学习资源	(1) 建筑云课中气硬性胶凝材料石膏的应用、石膏的检测标准 (2) 各种网络视频
学习成果及评价标准	按照规定的时间节点将查找到的石膏生产视频、图片上传到学习中心，按照规定上传资料的学生平时成绩+2分，未按照规定上传资料的−2分

活动7知识建模图：

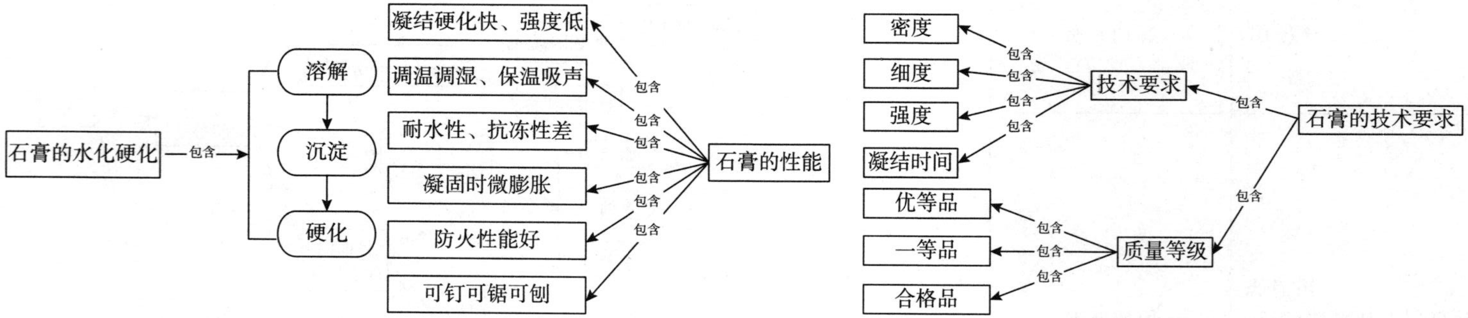

活动目标	石膏的水化硬化(记忆、理解、运用)、石膏的性能(记忆、理解、运用)、石膏的技术要求(记忆、理解)

活动7任务序列(任务一)

任务一知识组块：

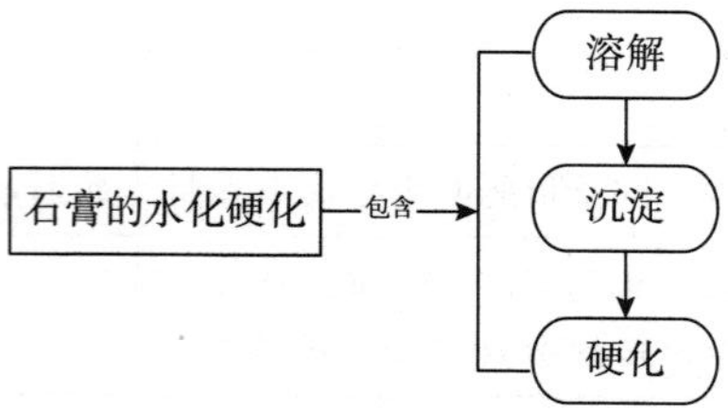

任务描述	自学教材中气硬性胶凝材料章节；建筑云课气硬性胶凝材料石膏相关章节的视频及资料学习，课堂讲授，小组讨论，理解记忆石膏的水化硬化并能够应用
任务时长	10分钟
学习地点	课上

续表

教学策略（或学习策略）	☑讲授　☑小组讨论　□答疑　□实验　□实训　□自主学习　□翻转课堂　☑其他（请填写）问答
师生交互过程	（1）教师讲授，学生聆听，教师提问，石膏与石灰的水化硬化过程有何异同（5 分钟） （2）学生讨论回答，教师总结（5 分钟）
学习资源	（1）教材中气硬性胶凝材料章节 （2）建筑云课中气硬性胶凝材料石膏的应用、石膏的检测标准 （3）各种网络视频
学习成果及评价标准	课堂中进行全面随机提问，学生回答正确平时成绩＋2 分，回答不完整、不具体平时成绩＋1 分，回答不上来平时成绩－2 分

活动 7 任务序列（任务二）

任务二知识组块：

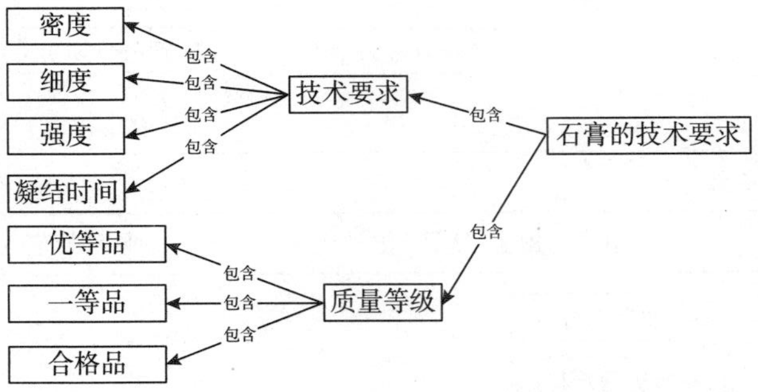

任务描述	自学教材中气硬性胶凝材料章节；建筑云课气硬性胶凝材料石膏的应用、石膏的检测标准；各种网络视频，课堂讲授，小组讨论，理解记忆石膏的性能并应用；理解记忆石膏的技术要求
任务时长	20 分钟
学习地点	课下
教学策略（或学习策略）	☑讲授　☑小组讨论　□答疑　□实验　□实训　□自主学习　□翻转课堂　☑其他（请填写）问答
师生交互过程	（1）学生分析石膏的优点与缺点有哪些？如何扬长避短？学生讨论，并回答 （2）教师提问石膏的凝结时间短，如何应对？学生讨论，并回答
学习资源	（1）教材中气硬性胶凝材料章节 （2）建筑云课中气硬性胶凝材料石膏的应用、石膏的检测标准 （3）各种网络视频

续表

学习成果及评价标准	课堂中进行全面随机提问，学生回答正确平时成绩+2 分，回答不完整、不具体平时成绩+1 分，回答不上来平时成绩−2 分

活动 8 知识建模图：

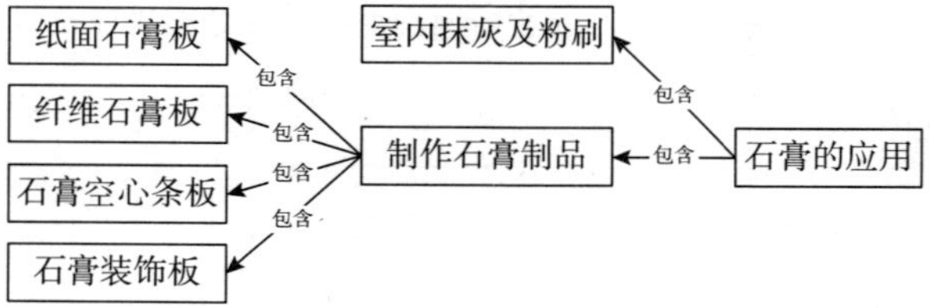

活动目标	石膏的应用(记忆、理解、运用)

活动 8 任务序列(任务一)

任务一知识组块：

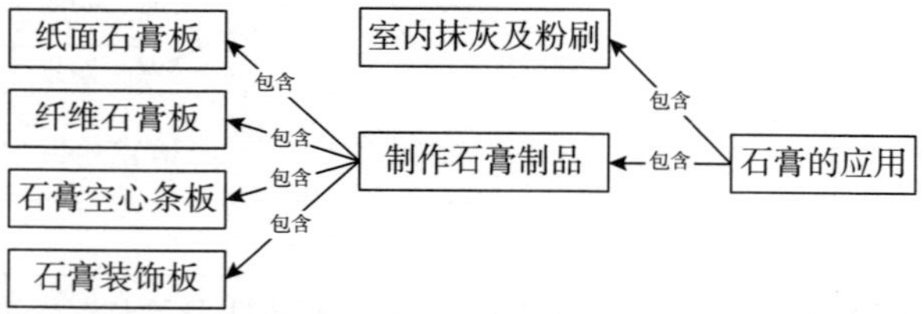

任务描述	通过讲解、讨论，让学生理解记忆石膏的应用并应用
任务时长	20 分钟
学习地点	课上
教学策略 (或学习策略)	☑讲授　☑小组讨论　□答疑　□实验　□实训　□自主学习　□翻转课堂　☑其他(请填写)问答
师生交互过程	(1) 教师提出在所有石灰在应用中应该注意的事项(8 分钟) (2) 教师提问石膏制品是否可以在室外使用？学生讨论并回答(6 分钟) (3) 教师给出石膏应用的案例，请同学分析应用的机理和原因(6 分钟)
学习资源	(1) 教材中气硬性胶凝材料章节 (2) 建筑云课中气硬性胶凝材料石膏的应用、石膏的检测标准 (3) 各种网络视频

续表

<table>
<tr><td>学习成果及评价标准</td><td colspan="3">课堂中进行全面随机提问，学生回答正确平时成绩+2 分，回答不完整、不具体平时成绩+1 分，回答不上来平时成绩−2 分</td></tr>
<tr><td colspan="4">活动 8 任务序列（任务二）</td></tr>
<tr><td colspan="2" rowspan="3">任务二知识组块：
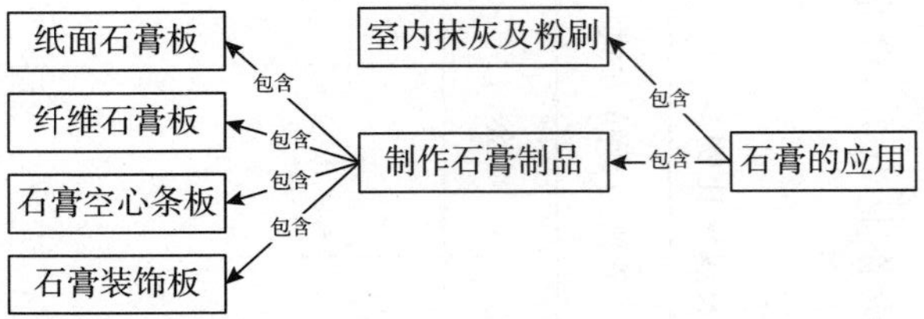
</td><td>任务描述</td><td>课下收集石膏应用的照片、视频等资料</td></tr>
<tr><td>任务时长</td><td>40 分钟</td></tr>
<tr><td>学习地点</td><td>课下</td></tr>
<tr><td>教学策略
（或学习策略）</td><td colspan="3">□讲授　□小组讨论　□答疑　□实验　□实训　☑自主学习　□翻转课堂　□其他（请填写）</td></tr>
<tr><td>师生交互过程</td><td colspan="3">教师课堂发布任务，学生课下收集相关资料，上传学习中心</td></tr>
<tr><td>学习资源</td><td colspan="3">（1）教材中气硬性胶凝材料章节
（2）建筑云课中气硬性胶凝材料石膏的应用、石膏的检测标准
（3）各种网络视频</td></tr>
<tr><td>学习成果及评价标准</td><td colspan="3">按照规定的时间节点将查找到的石膏的应用相关视频图片上传到学习中心，按照规定上传资料的学生平时成绩+2 分，未按照规定上传资料的−2 分</td></tr>
</table>

4.3.6 工程造价管理课程教学设计

1. 课程简介

工程造价管理是工程管理专业一门重要的专业基础课程，通过本课程的开设，可以使学生了解工程造价的基本知识、计价方法和依据，初步掌握决策阶段、设计阶段、招投标阶段、施工阶段、竣工验收阶段的造价编制与控制。为后续建筑工程计量与计价和安装工程计量与计价等课程的学习打下扎实的基础。

2. 教学设计与实施

本课程主要分为工程造价概论、建设工程造价构成、工程造价计价方法及依据、建设项目决策阶段工程造价管理、建设项目设计阶段工程造价管理、建设项目施工阶段工程造价管理、建设项目竣工验收阶段工程造价管理七个部分。前三个部分主要是理论讲解，教学方式主要是学生预习和线上听课，老师答疑解惑，课下理解和记忆，形成思维导图和知识脉络图。后面四个部分析建设项目每个阶段的工程造价管理，教学方式主要以案例分析为主，学生课前线上听课，预习相关案例，课上以学生为中心，小组讨论，因为每一个案例都是实际工作中可能会遇到的问题，为了更贴合实际，专门编制了案例讨论规划图讨论每一个案例。课后总结案例，练习类似习题。

3. 教学评价

本课程的成绩评定依据平时成绩（作业、测验）和期末考试成绩进行。期末考试成绩占总评成绩的30%，平时成绩占总评成绩的70%（含作业40%，课堂测验30%），具体见表4-33。

表4-33 课程目标考核与评价方式及成绩比例

序号	课程目标	毕业要求指标点	考核与评价方式			成绩比例/%
			作业	测验	考试	
1	掌握工程造价的相关概念；掌握我国现行工程造价的构成；掌握工程造价的计价方法和依据；让学生能够充分领会造价从业人员应具有的职业道德和责任意识，不断提高造价服务水平	8.2		30	5	35

续表

序号	课 程 目 标	毕业要求指标点	考核与评价方式			成绩比例/%
			作业	测验	考试	
2	掌握投资估算的编制方法、建设项目财务评价方法；理解决策阶段工程造价控制的重要性和财务基础数据测算方法；了解建设项目投资决策阶段的工作程序及主要作用	2.2、3.1、3.2	8		5	13
3	掌握价值工程基本原理及在工程设计中的应用；掌握设计概算、施工图预算的编制方法；理解设计概算和施工图预算的作用；理解限额设计方法；掌握设计方案的评价和优化	2.2、3.1、3.2	8		5	13
4	掌握招投标的相关概念；掌握招标控制价的编制方法；掌握投标文件和投标报价的编制方法；掌握工程合同价的确定和施工合同的签订流程；掌握投标报价的策略与技巧	2.2、3.2	8		5	13
5	掌握建安工程价款的支付与结算方法，工程变更价款的确定，索赔处理的原则及索赔费用的计算；理解施工阶段工程造价控制程序，资金使用计划的编制与偏差分析	2.2、3.2	8		5	13
6	掌握竣工验收的程序，保修费用的处理；理解竣工验收的条件和工作内容，竣工财务决算的编制方法与步骤	2.2、3.2	8		5	13
合　计		6 个	40	30	30	100

4. 课程教学单元设计

工程造价管理课程教学单元设计见表 4-34。

表 4-34　工程造价管理课程教学单元设计

第 1 次课	
知识建模图：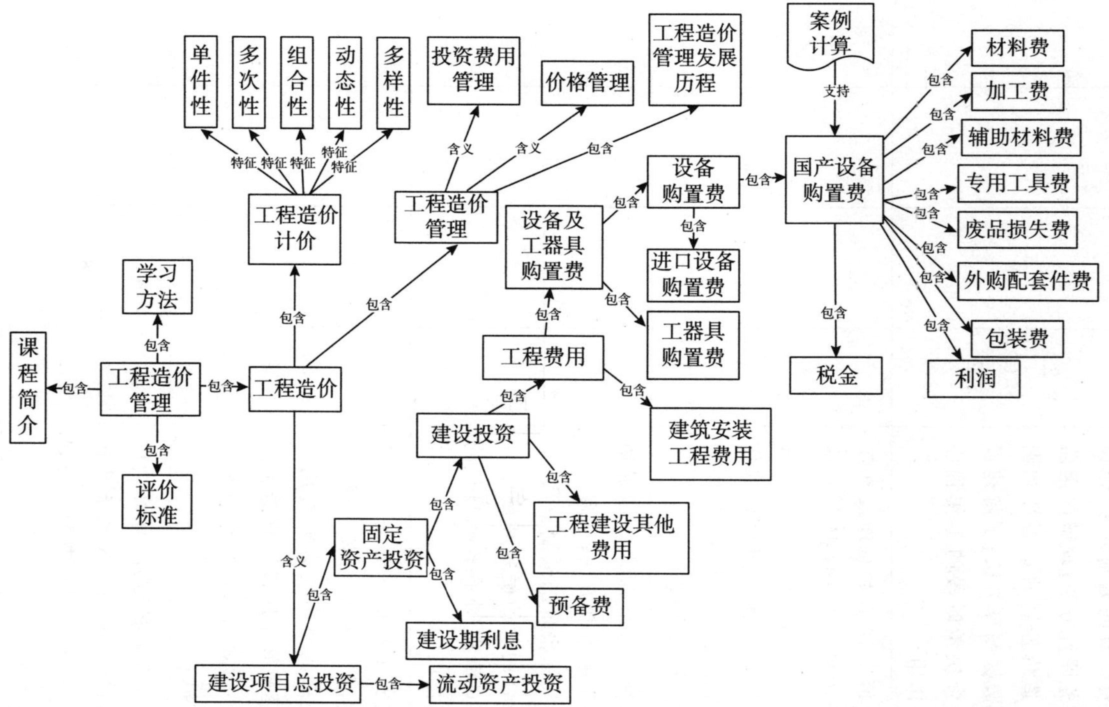	
	知识点（学习水平）
学习目标	课程简介、评价标准和学习方法（记忆）、工程造价含义（理解、记忆）、工程造价的计价特征（理解）、工程造价管理的含义（理解）、工程造价管理的发展历程（理解）、建设项目总投资构成（理解、记忆）、设备及工器具购置费的概念（记忆）、国产设备购置费的计算（记忆、运用）

续表

学习先决知识技能	知识点(学习水平)			
	房屋构造(理解、记忆)、资金的时间价值(理解、记忆)			
课上资源	工程造价管理教材、课件、案例库、测试题	课下资源	本课程教师录制的视频、教材、案例库	
课上时间	100 分钟	课下时间	140 分钟	
活动序列	任务的学习目标	时　间	学　习　资　源	学习地点
活动 1	课程简介、评价标准和学习方法(记忆)	课上 20 分钟	工程造价管理教材、课件	课上
		课下 0 分钟		
活动 2	工程造价含义(理解、记忆)、工程造价的计价特征(理解)	课上 20 分钟	工程造价管理教材、课件、测试题、视频	课上＋课下
		课下 20 分钟		
活动 3	工程造价管理的含义(理解)、工程造价管理的发展历程(理解)	课上 20 分钟	工程造价管理教材、课件、测试题、视频	课上＋课下
		课下 60 分钟		
活动 4	建设项目总投资构成(理解、记忆)	课上 20 分钟	工程造价管理教材、课件、测试题、视频	课上＋课下
		课下 30 分钟		
活动 5	设备及工器具购置费的概念(记忆)、国产设备购置费的计算(记忆、运用)	课上 20 分钟	工程造价管理教材、课件、测试题、视频、案例库	课上＋课下
		课下 30 分钟		

活动 1 知识建模图：

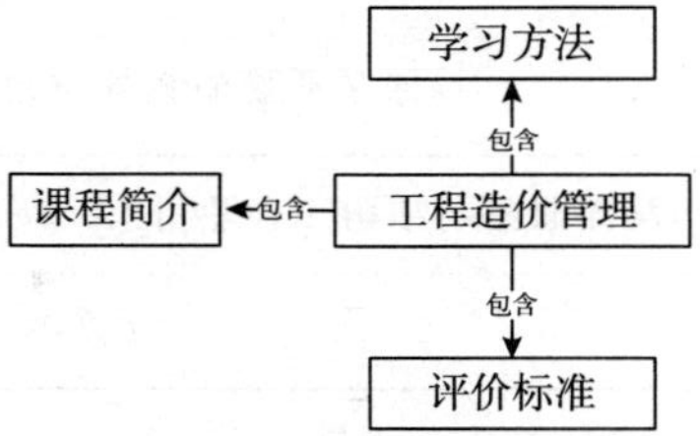

续表

<table>
<tr><td>活动目标</td><td colspan="3">课程简介、评价标准和学习方法（记忆）</td></tr>
<tr><td colspan="4">活动任务序列：学习工程造价管理课程的目的</td></tr>
<tr><td>师生交互过程</td><td colspan="3">教师提问：工程管理专业的学生以后有哪些就业方向？
学生回答
教师陈述：造价是我们工程管理专业的一个方向，大家需要掌握工程计量与计价的方法，为此我们需要先学习我们的专业基础课工程造价管理，掌握工程造价的基础知识以及各个阶段的工程造价管理，为后面建筑工程计量与计价的学习打下扎实的基础</td></tr>
<tr><td colspan="4">活动 1 任务序列（任务一）</td></tr>
<tr><td colspan="2" rowspan="3">任务一知识组块：
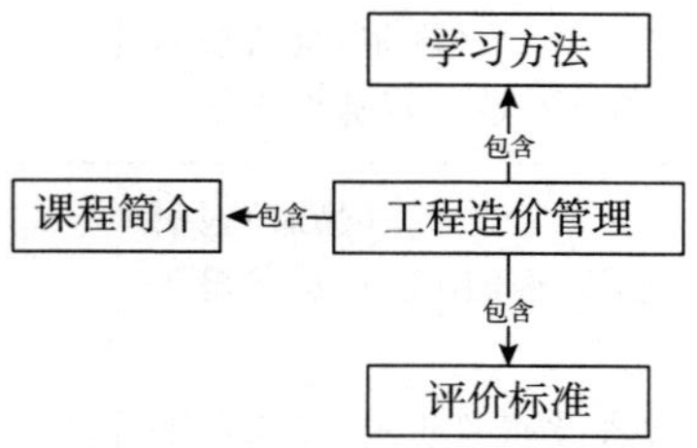</td><td>任务描述</td><td>采用讲授的教学方法，让学生们了解本课程的学习内容、评价标准和学习方法</td></tr>
<tr><td>任务时长</td><td>20 分钟</td></tr>
<tr><td>学习地点</td><td>课上</td></tr>
<tr><td>教学策略
（或学习策略）</td><td colspan="3">☑讲授 □小组讨论 ☑答疑 □实验 □实训 □自主学习 □翻转课堂 □其他（请填写）________</td></tr>
<tr><td>师生交互过程</td><td colspan="3">老师介绍本门课程的学习内容、评价标准和学习方法</td></tr>
<tr><td>学习资源</td><td colspan="3">工程造价管理教材、课件</td></tr>
<tr><td>学习成果及评价标准</td><td colspan="3">无</td></tr>
</table>

续表

活动 2 知识建模图：

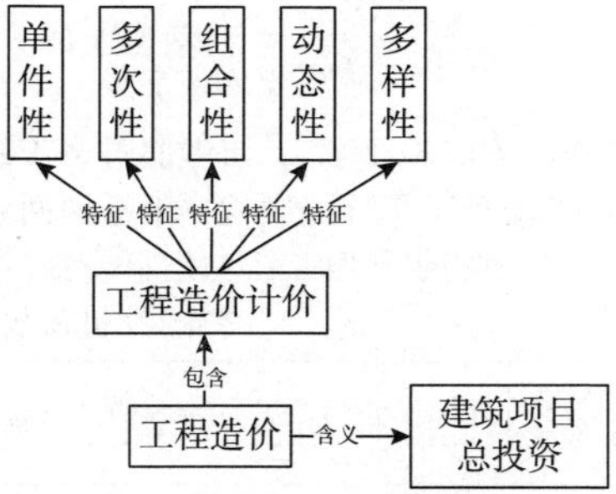

活动目标	工程造价含义（理解、记忆）、建设项目总投资（理解、记忆）、工程造价的计价特征（理解）
师生交互过程	教师讲授：要学习工程造价管理这门课，首先需要了解什么是工程造价、工程造价都包括哪些内容，从施工单位和投资者的角度来讲，工程造价包含的内容是否一样

活动 2 任务序列（任务一）

任务一知识组块：

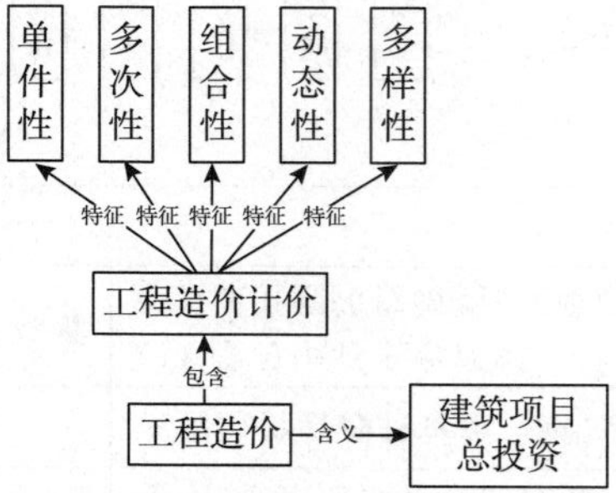

任务描述	预习教材有关工程造价的含义和计价特征，学习教师录制的工程造价管理视频第一讲中关于工程造价的含义和计价特征
任务时长	20 分钟
学习地点	课下

教学策略（或学习策略）	□讲授　□小组讨论　□答疑　□实验　□实训　☑自主学习　□翻转课堂　□其他（请填写）________

续表

<table>
<tr><td>师生交互过程</td><td colspan="3">教师:布置课下学习任务,预习教材有关工程造价的含义和计价特征,学习教师录制的工程造价管理视频第一讲
学生:根据老师布置的任务,进行预习和看相关视频</td></tr>
<tr><td>学习资源</td><td colspan="3">工程造价管理教材第一章、老师录制视频第一讲</td></tr>
<tr><td>学习成果及评价标准</td><td colspan="3">(1) 学习中心平台视频学习(通过 App 统计时长)
(2) 课上翻转校园测试(通过 App 统计成绩)</td></tr>
<tr><td colspan="4">活动 2 任务序列(任务二)</td></tr>
<tr><td colspan="2" rowspan="3">任务二知识组块:
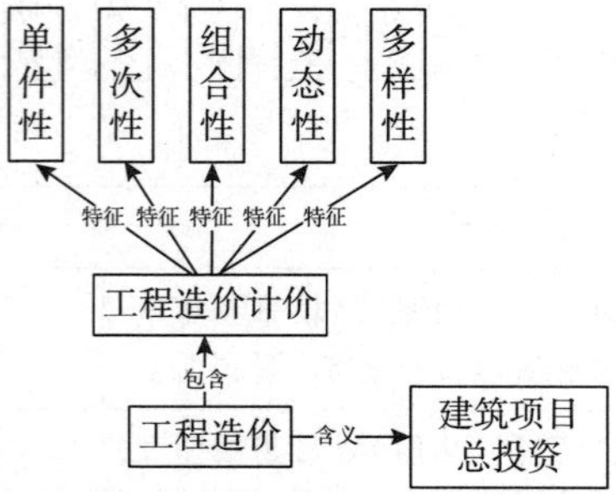
</td><td>任务描述</td><td>通过小组讨论的方法,让学生们学习工程造价的含义和工程造价的计价特征</td></tr>
<tr><td>任务时长</td><td>20 分钟</td></tr>
<tr><td>学习地点</td><td>课上</td></tr>
<tr><td>教学策略
(或学习策略)</td><td colspan="3">☑讲授　☑小组讨论　☑答疑　□实验　□实训　□自主学习　□翻转课堂　□其他(请填写)________</td></tr>
<tr><td>师生交互过程</td><td colspan="3">通过翻转校园对学生们的预习情况进行测试
教师提问:如果要建设一所学校,哪些费用属于工程造价的内容?
学生讨论:罗列出建设过程中不同的费用,设计费用、施工费用、土地费用等
教师提问:站在投资者和站在施工单位的角度,工程造价的费用是否一样
学生讨论它们的区别和联系
教师总结狭义的工程造价和广义的工程造价
教师罗列出工程造价的计价特征,并让学生们思考原因
学生们根据建设项目的特征,讨论工程计价特征
教师进行总结</td></tr>
</table>

续表

<table>
<tr><td>学习资源</td><td colspan="3">翻转校园测试题、工程造价管理教材第一章、课件</td></tr>
<tr><td>学习成果及评价标准</td><td colspan="3">无</td></tr>
<tr><td colspan="4">活动 3 知识建模图(课上、课下):
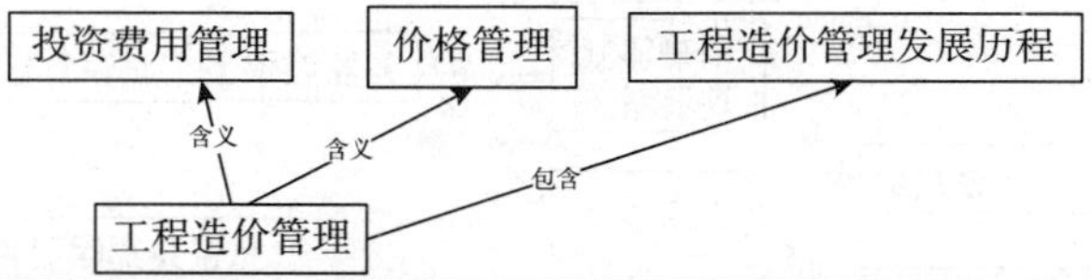
</td></tr>
<tr><td>活动目标</td><td colspan="3">工程造价管理的含义(理解)、投资费用管理(理解)、价格管理(理解)、工程造价管理的发展历程(理解)</td></tr>
<tr><td>师生交互过程</td><td colspan="3">前面学习了工程造价的含义和计价特征,那么工程造价管理的含义是什么以及工程造价管理发展是什么样呢</td></tr>
<tr><td colspan="4">活动 3 任务序列(任务一)</td></tr>
<tr><td colspan="2" rowspan="3">任务一知识组块:
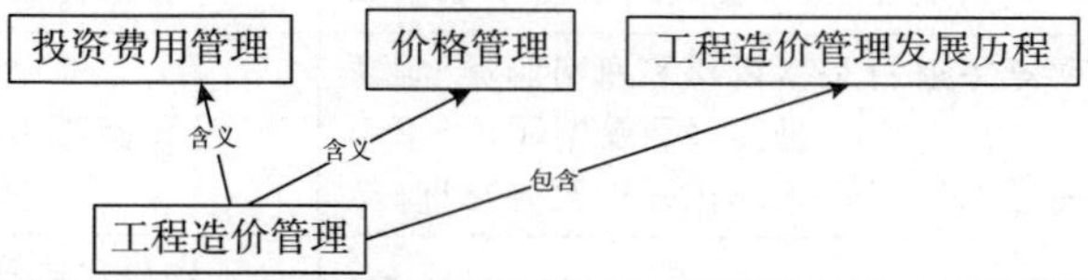
</td><td>任务描述</td><td>预习教材有关工程造价管理的含义和工程造价管理的发展,看教师录制的工程造价管理视频 1.2,在网上查阅中外工程造价管理的发展史</td></tr>
<tr><td>任务时长</td><td>60 分钟</td></tr>
<tr><td>学习地点</td><td>课下</td></tr>
<tr><td>教学策略
(或学习策略)</td><td colspan="3">□讲授 □小组讨论 □答疑 □实验 □实训 ☑自主学习 □翻转课堂 □其他(请填写)________</td></tr>
<tr><td>师生交互过程</td><td colspan="3">教师:布置课下学习任务,包括预习教材有关工程造价管理的含义和工程造价管理的发展,看教师录制的工程造价管理视频 1.2,以及在网上查阅中外工程造价管理的发展史
学生:根据老师布置的任务,预习并观看相关视频,查阅相关文献</td></tr>
<tr><td>学习资源</td><td colspan="3">工程造价管理教材第一章、老师录制视频 1.2、工程造价管理发展相关文献</td></tr>
<tr><td>学习成果及评价标准</td><td colspan="3">(1) 学习中心平台视频学习(通过 App 统计时长)
(2) 工程造价管理发展史汇报 PPT(优秀:PPT 页面清晰,重点突出,有总结有思考;合格:PPT 页面清晰,重点突出;不合格:PPT 页面不清晰,重点不突出)</td></tr>
</table>

续表

<table>
<tr><th colspan="3">活动 3 任务序列(任务二)</th></tr>
<tr><td rowspan="3">任务二知识组块：
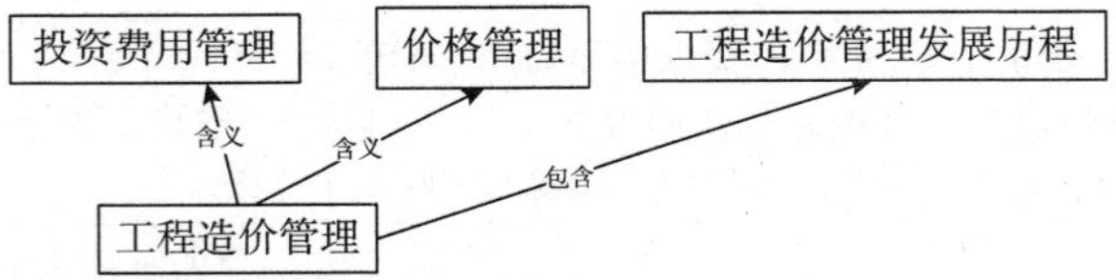
</td><td>任务描述</td><td>通过翻转课堂，了解工程造价管理的含义和工程造价管理的发展</td></tr>
<tr><td>任务时长</td><td>20 分钟</td></tr>
<tr><td>学习地点</td><td>课上</td></tr>
<tr><td>教学策略
(或学习策略)</td><td colspan="2">☑讲授 □小组讨论 □答疑 □实验 □实训 □自主学习 ☑翻转课堂 □其他(请填写)________</td></tr>
<tr><td>师生交互过程</td><td colspan="2">教师：教师选出一组学生上台汇报工程造价管理的含义和工程造价管理的发展史
学生：学生代表进行汇报
教师：教师依据这份报告进行补充完善，让同学们掌握得更全面</td></tr>
<tr><td>学习资源</td><td colspan="2">工程造价管理教材第一章、课件</td></tr>
<tr><td>学习成果及评价标准</td><td colspan="2">工程造价管理发展史汇报 PPT(优秀：PPT 页面清晰，重点突出，有总结有思考；合格：PPT 页面清晰，重点突出；不合格：PPT 页面不清晰，重点不突出)</td></tr>
</table>

活动 4 知识建模图：

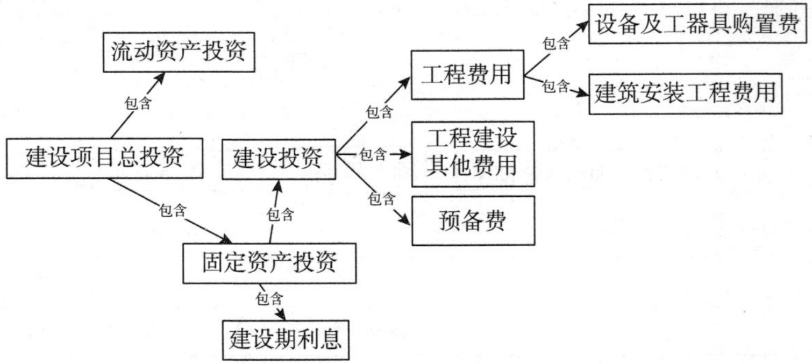

续表

<table>
<tr><td>活动目标</td><td colspan="2">建设项目总投资构成(理解、记忆)、固定资产投资(理解、记忆)、流动资产投资(理解、记忆)</td></tr>
<tr><td colspan="3">活动任务序列:回顾工程造价广义和狭义的含义,引出建设项目总投资</td></tr>
<tr><td>师生交互过程</td><td colspan="2">教师:我们前面学习了工程造价广义的含义和狭义的含义,那我们来看看工程造价广义的含义和狭义的含义具体指哪些费用,先来看看建设项目总投资的构成</td></tr>
<tr><td colspan="3">活动 4 任务序列(任务一)</td></tr>
<tr><td rowspan="3">任务一知识组块:
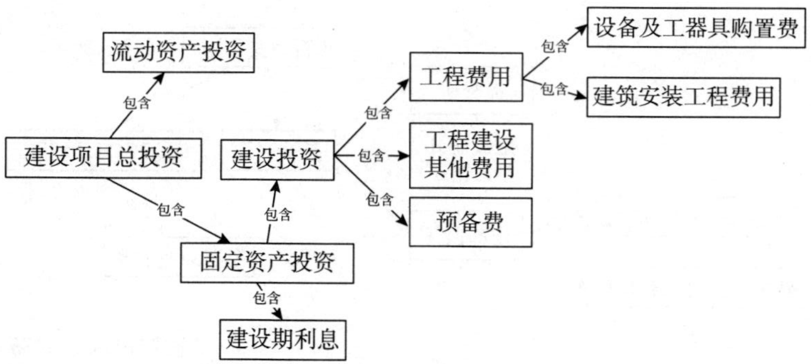
</td><td>任务描述</td><td>预习教材有关建设项目总投资构成,看教师录制的工程造价管理视频 2.1</td></tr>
<tr><td>任务时长</td><td>30 分钟</td></tr>
<tr><td>学习地点</td><td>课下</td></tr>
<tr><td>教学策略
(或学习策略)</td><td colspan="2">□讲授　□小组讨论　□答疑　□实验　□实训　☑自主学习　□翻转课堂　□其他(请填写)________</td></tr>
<tr><td>师生交互过程</td><td colspan="2">教师:布置课下学习任务,包括预习教材有关建设项目总投资的构成,学习教师录制的工程造价管理视频 2.1
学生:根据教师布置的任务,进行预习并观看相关视频</td></tr>
</table>

续表

<table>
<tr><td>学习资源</td><td colspan="3">工程造价管理教材第二章、老师录制视频 2.1</td></tr>
<tr><td>学习成果及评价标准</td><td colspan="3">学习中心平台视频学习(通过 App 统计时长)、翻转校园测试(通过 App 统计成绩)</td></tr>
<tr><td colspan="4">活动 4 任务序列(任务二)</td></tr>
<tr><td colspan="2" rowspan="3">任务二知识组块:
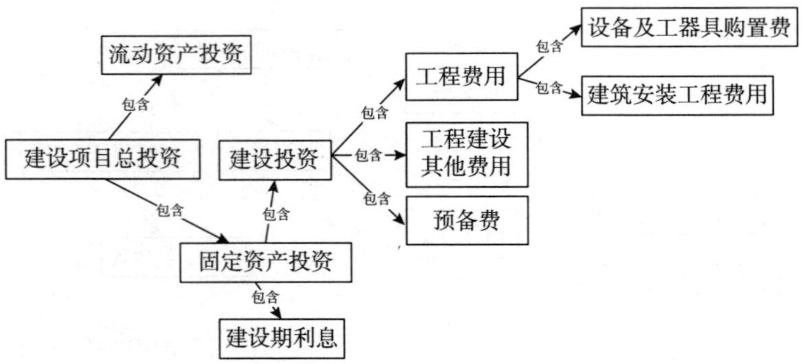
</td><td>任务描述</td><td>通过引导的方法,让学生们掌握建设项目总投资的构成</td></tr>
<tr><td>任务时长</td><td>20 分钟</td></tr>
<tr><td>学习地点</td><td>课上</td></tr>
<tr><td>教学策略
(或学习策略)</td><td colspan="3">☑讲授 □小组讨论 ☑答疑 □实验 □实训 □自主学习 □翻转课堂 ☑其他(请填写)________引导________</td></tr>
<tr><td>师生交互过程</td><td colspan="3">教师:
(1) 检查翻转校园测试
(2) 一步一步引导学生说出建设项目总投资的构成
学生:学生积极主动发言
教师:解释每一项费用的含义</td></tr>
</table>

续表

学习资源	工程造价管理教材第二章、课件
学习成果及评价标准	建设项目总投资构成的记忆（由教师提问，看学生记忆的熟练程度）

活动5知识建模图：

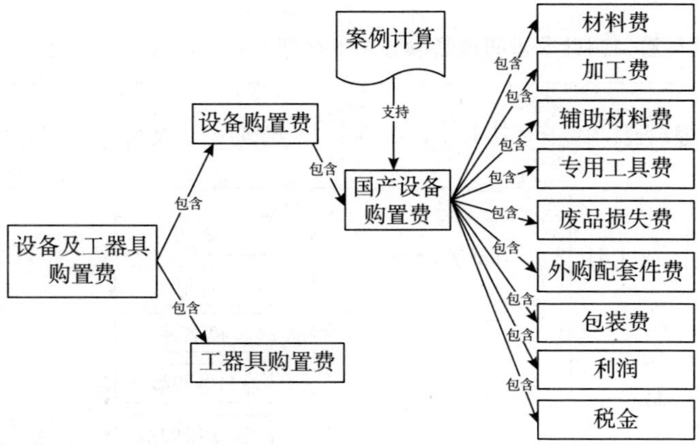

活动目标	设备及工器具购置费的概念（记忆）、国产设备购置费的计算（记忆、运用）、材料费（记忆、运用）、加工费（记忆、运用）、辅助材料费（记忆、运用）、专用工具费（记忆、运用）、废品损失费（记忆、运用）、外购配套件费（记忆、运用）、包装费（记忆、运用）、利润（记忆、运用）、税金（记忆、运用）
活动5任务序列：引入设备及工器具费	
师生交互过程	通过建设项目总投资的构成，引出本节第一部分费用的学习——设备及工器具购置费

续表

<table>
<tr><td colspan="3">活动 5 任务序列(任务一)</td></tr>
<tr><td rowspan="3">任务一知识组块：
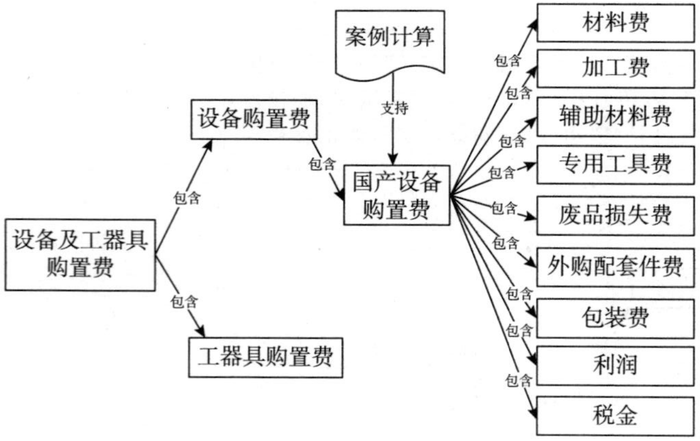
</td><td>任务描述</td><td>预习教材有关设备及工器具购置费的概念和国产设备购置费的计算，学习教师录制的工程造价管理视频 2.2</td></tr>
<tr><td>任务时长</td><td>30 分钟</td></tr>
<tr><td>学习地点</td><td>课下</td></tr>
<tr><td>教学策略
(或学习策略)</td><td colspan="2">□讲授　□小组讨论　□答疑　□实验　□实训　☑自主学习　□翻转课堂　□其他(请填写)________</td></tr>
<tr><td>师生交互过程</td><td colspan="2">教师：布置课下学习任务，预习教材有关设备及工器具购置费的概念和国产设备购置费的计算，学习教师录制的工程造价管理视频 2.2
学生：根据教师布置的任务，进行预习</td></tr>
<tr><td>学习资源</td><td colspan="2">工程造价管理教材第二章、老师录制视频 2.2</td></tr>
<tr><td>学习成果及评价标准</td><td colspan="2">(1) 学习中心平台视频学习(通过 App 统计时长)
(2) 翻转校园测试(通过 App 统计成绩)</td></tr>
</table>

续表

<table>
<tr><td colspan="3">活动 5 任务序列(任务二)</td></tr>
<tr><td rowspan="3">任务二知识组块：
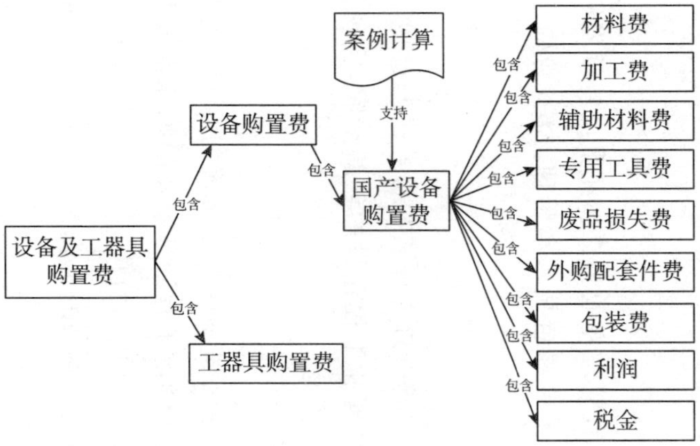
</td><td>任务描述</td><td>通过案例计算的方法，让学生们掌握国产设备购置费的计算</td></tr>
<tr><td>任务时长</td><td>20 分钟</td></tr>
<tr><td>学习地点</td><td>课上</td></tr>
<tr><td>教学策略
(或学习策略)</td><td colspan="2">☑讲授　☐小组讨论　☑答疑　☐实验　☐实训　☐自主学习　☐翻转课堂　☑其他(请填写)________案例计算________</td></tr>
<tr><td>师生交互过程</td><td colspan="2">教师：
(1) 检查翻转校园测试
(2) 总结设备及工器具购置费的概念和国产设备原价的组成内容
教师布置任务：国产设备原价的计算案例
学生们进行计算
教师根据学生们的计算情况进行点评</td></tr>
<tr><td>学习资源</td><td colspan="2">工程造价管理教材第二章、课件、案例库</td></tr>
<tr><td>学习成果及评价标准</td><td colspan="2">国产设备原价的计算案例(根据学生计算的准确度进行评价)</td></tr>
</table>

结　　语

经过十余年的建设与发展，黄河科技学院工程管理专业已经构建了较为成熟的产教融合型课程体系，建设了一支学缘结构、年龄结构和职称结构合理的师资队伍，建成了一批合作紧密的产学研实践教学基地。通过开展导师制、项目化教学等一系列教学改革，使学生自主学习能力逐步增强，学生培养成效与就业质量逐步提升，社会声誉良好，专业建设成效显著。

工程管理专业作为一个融合了工程技术与管理的综合性学科，发展前景广阔。工程管理专业也将顺应市场需求，重点在以下四个方面加强建设。

1. 数字化与智能化技术的深度融合

随着数字化和智能化技术的发展，工程管理专业将广泛运用智能建造等先进技术，实现项目管理的高效化、精准化。例如，借助大数据和人工智能技术，更精准地分析工程数据，提升项目管理效率；利用物联网技术，实现施工现场的智能化监控与管理。

2. 可持续发展理念的应用

面对全球日益严峻的环境挑战，工程管理专业将更加注重可持续发展理念在工程建设中的实践，积极推广环保、节能、减排等绿色技术和管理方法，为构建可持续的工程建设和社会发展贡献力量。

3. 跨界融合的创新发展

随着不同领域间交叉融合的加速，工程管理专业将积极寻求与其他学科的跨界合作，如金融、商业、艺术等，以拓展项目管理和工程建设的创新空间，实现更全面、更综合的发展。

4. 国际化交流与合作的加强

在全球化的浪潮下，工程管理专业将更加注重国际交流与合作，通过引进国际先进的教育理念和管理经验，提升黄河科技学院工程管理专业的国际竞争力。

工程管理专业正迎来一个充满机遇与挑战的时代，本专业将继续深化教育教学改革，不断探索和创新，为培养更多高素质、创新型的工程管理人才而持续努力。

参 考 文 献

[1] 兰峰,高志坚,宁文泽,等."主动面向、科教融合、双轮驱动":工程管理专业新工科改革与引领的探索实践[J]. 高教学刊,2024,10(05):30-34.

[2] 岳颂华. 基于 OBE 理念的课程教学策略与实施[J]. 创新创业理论研究与实践,2023,6(22):172-175.

[3] 毛文,刘清心. 以学生为中心的设计方法课程多元化教学模式探索[J]. 河南教育(高等教育),2023(07):93-94.

[4] 周宛怡."以学生为中心"理念下混合式课程的教学设计与实践[D]. 武汉:武汉体育学院,2023.

[5] 胡志超,王云超,冯薇,等."以学生为中心"的工科混合式教学课程设计探索与实践[J]. 高教学刊,2023,9(02):158-161,165.

[6] 莫崇杰. 基于 OBE 理念的工程管理专业应用型人才培养目标及其评价机制研究[J]. 未来与发展,2021,45(01):80-85,89.

[7] 赵振宇,左剑. 国外高校工程管理类专业本科课程体系建设及其启示[J]. 高等建筑教育,2020,29(04):51-56.

[8] 宫培松,罗仁玉秋,熊峰,等. 基于 OBE-CDIO 理念的工程管理专业 BIM 实践教学改革[J]. 工程管理学报,2020,34(03):153-158.

[9] 广州市机电技师学院. 一体化课程教学设计案例[M]. 北京:清华大学出版社,2020:7-19.

附录　知识建模法

一、知识建模法简介

（一）概念及应用

知识建模法应用非常广泛，是一个复杂的过程，涉及多个步骤和方法。它旨在创建一个专业知识建模图，为培养新型人才搭建坚实的知识体系基础。

知识建模法将知识域可视化或映射为地图。通过可视化技术，理解知识与知识之间的关系。知识建模法是以图的形式表示知识，其中节点代表实体，如人物、地点或事物；线则代表实体之间的关系。知识建模法在操作中通常需要借助 Microsoft Visio 软件。

（二）作用

知识建模法可以将传统的学科知识体系和企业的实践知识体系用一个逻辑联系起来，形成统一的人才培养的知识点数据库；可实时动态更新"有用"的教学知识、企业任务知识等。知识建模法不仅在技术领域发挥着重要的作用，而且在教育教学领域也带来了革命性的变化，其主要作用体现在以下三个方面。

第一，帮助教师进行课程先后序列的排布。

第二，帮助教师进行每课教学任务的分解。

第三，检查专业的人才培养目标与课程结构之间的对应性，以及课程目标与其知识结构的对应性是否清晰、合理。

二、准备工作

在进行知识建模前，教师需提前做好以下准备工作。

(1) 每个专业以一门项目化教学课程及其对应的专业基础课程为分析单位。

(2) 本专业参与项目化教学课程及其对应的专业基础课程的所有教师。

(3) 项目化教学课程相关的所有资料：教材、企业任务说明书、企业任务工单、视频学习资料、其他资料等。

(4) 所有教师携带笔记本电脑，提前安装好 Microsoft Visio 软件。

(5) 以 2～3 位教师为一组，合作一个模块的知识建模，可以按照模块内容或者章节内容进行分工。

三、方法与规则

（一）罗列知识点

罗列专业基础课程中要讲授的所有专业知识点，要注意以下事项。

（1）知识点应该是某种学习的结果。

（2）列出不属于教学资料的先决知识。

（3）有些知识点不在教学材料中，但需要学生掌握。

（4）对于无法确定的知识点，只要团队达成共识，就可以罗列进去。

（5）有可能不能完全将知识点罗列出来，后续还可以进一步补充。

以“中国近代史”课程中的“鸦片战争”章节为例，提取出的知识点包括鸦片战争、半殖民地半封建社会、鸦片战争前的中国、马嘎尔尼使团礼仪之争、林则徐虎门销烟、《南京条约》。

（二）确定知识的类型

知识的类型包括：陈述性知识、事实范例、程序性知识和认知策略。

（1）陈述性知识，又称描述性知识，是关于“是什么”“为什么”“怎么样”的知识，用字母“DK”表示，在知识建模图中用 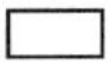 表示。

（2）从本质上讲，事实范例也是一种陈述性知识，如方案、产品、现象、事实、问题、案例、例子，以及命题的推导过程和论证过程，这类知识代表着特定的现实及知识的运用，用字母“FC”表示，在知识建模图中用  表示。

（3）程序性知识，又称操作性知识，是关于“怎么做”的知识，这种知识表达的是实物的运动过程或者某种操作的步骤序列，用字母“PK”表示，在知识建模图中用  表示。

（4）从本质上讲，认知策略也是一种程序性知识，但由于其非常特殊，因此单独归类，包括问题解决策略、学习方法、信息加工策略等，用字母“CS”表示，在知识建模图中用 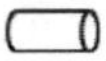 表示。仍以“鸦片战争”章节为例，陈述性知识是近代中国、半殖民地半封建社会、鸦片战争前的中国；事实范例是鸦片战争、马嘎尔尼使团礼仪之争、林则徐虎门销烟、《南京条约》。

（三）绘制知识建模图

使用上述不同类型知识的图例，在 Microsoft Visio 软件中按照知识建模法绘制知识建模图。绘图时，必须标出所有知识点之间的关系，即九种语义关系：各类包含；组成或构成；是一种；具有属性；具有特征；定义；并列；是前提；支持。

绘制知识建模图时，需注意以下事项。

（1）“具有属性”“组成或构成”两种关系必须标在最上位概念节点上；“是一种”关

系不能跨越概念层级。

（2）原则上禁止出现孤立节点。

（3）最终的知识建模图是共创和共识的结果。

（4）对知识建模图进行优化与定稿。

每位教师绘制好知识建模图后，交由另外1～2位教师进行检查，直到达成共识。该课程的知识建模图绘制完毕后，汇总并输出文档。

参考文献

[1] 杨开城，以学习活动为中心的教学设计实训指南[M]. 北京：电子工业出版社，2016.

[2] 杨开城，陈洁，张慧慧. 能力建模：课程能力目标表征的新方法[J]. 现代远程教育研究，2022，34(02)：57-63，84.

[3] 杨开城，孙双. 一项基于知识建模的课程分析个案研究[J]. 现代教育技术，2010，20(12)：20-25.